U0777551

the

IDEAL

广告的理想

总主编 王晓华

广告学专业毕业设计指导手册

Instructions for the Advertising Major Graduation Project

王晓华 主编

of

ADVERTISING

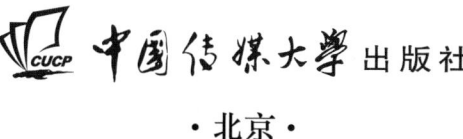

·北京·

总序

让孩子们勇于迎接暴风雨

庚子之年,六十甲子,道魔交战,天地翻覆。海内外疫疠肆虐,国与国坚壁清野。在这个难以宁静的时刻,给这一套"深圳大学广告专业毕业设计"丛书写一篇感言,也并不容易。

这两天,广东又遇到了"龙舟水"的天气。温暖的南海季风和来自北方的冷空气在华南上空交遇对流形成降水锋面,一时间,乌云滚滚,雷声隆隆,这令我蓦然想起俄国作家高尔基的名篇《海燕》中的描写:

"在苍茫的大海上,狂风卷集着乌云。在乌云和大海之间,海燕像黑色的闪电,在高傲地飞翔。……"

海燕,这个壮烈的形象曾经被当作革命精神的隐喻,激励起无数青春少年的热血,即便当革命的烟火消散,人类复归于平凡,人类仍旧难免遇到各种挑战和搏击的考验,海燕的精神总会转化为不同时代的含义。

海燕的精神,是不甘命运的摆布、勇于迎接挑战的精神。深圳大学的广告专业创办和毕业设计改革,何尝不是这种精神的体现?在改革开放的大潮中创办的深圳大学,在全国高校中第一个实行"不包分配,自由择业"的毕业制度改革。改革的本质,是人的解放,而人的解放从择业自由、迁徙自由、创造自由开始。自由,并不就是舒适和快乐的,它也意味着迎接挑战、自讨苦吃、放弃捷径、披荆斩棘。然而,对于生命的价值和意义来说,自由却又是苦乐由我、成败由我、走自己的路、承担自己选择的代价。唯其如此,才觉生命之有分量、成功之有贵重。深圳大学广告毕业设计改革是被人才市场严酷的淘汰率逼出来的。在中国高校的殿堂里,像深圳大学这样年轻的后生仔,很容易被社会所轻视。当然并不能过分地抱怨人们的肤浅和短见。社会认知习惯于看出身、看名牌,这是节省认知成本、减少概率错误的简便途径。不过,这种片面化的社会认知,落到具体的某一个大学毕业生身上,就可能是命运的错位。在1989年创办的深圳大学广告学专业,是没有什么老本可吃的,更没有什么祖上的荣光可显摆,她只能让学生用实力和实绩说话。广告专业的毕业设计,断然告别了传统的象牙塔的高头讲章,断然告别了青灯明月孤芳自赏,将一届又一届的本科生推向广阔的大市场。从1997届第一次实行毕业设计改革开始,到这个庚子年,二十三年长盛不衰,是她勇于投身市场经济的暴风雨,勇于在潮头飞翔的结果。

明知风暴眼,偏向险中行。高尔基曾经将海燕对比海鸥、海鸭和企鹅,面对来临的暴风雨,海燕不是胆怯逃避,不是贪图安逸,而是"充满着对暴风雨的渴望","享受着生活的战斗的快乐"。在深圳大学广告专业毕业生中一直流传着这句话"毕业设计虐我千百遍,我待毕业设计如初恋"。虽说毕业设计是和毕业论文同样的一种毕业考核形式,但普遍的反映是,深圳大学广告专业的毕业设计更难。从1997届一开头,我们给学生提出的要求就异想天开地难:必须是真实的来自社会委托的项目(不准虚拟设计),必须像正规广告公司一样团队作业(不接受没有集体合作的个人作品),必须自筹项目经费(没有市场调研和设计制作的公家经费),必须完整体现广告策划和设计的综合性(不能仅仅做单一环节的设计),必须经过委托单位的成果审核(不可以自说自话而要得到市场检验)。这对于二十来岁、没有社会从业经验的大学毕业生,对于习惯于个人自由放任的天之骄子们来说,岂不是有意设置障碍吗?在这之后的历年毕业设计要求,继续增加了新的难度:必须在集体综合设计的基础上再由每个人独立完成一份研究报告(从个别实践经验提升到规律性观察认知),必须瞄准前沿性选题设计(关注广告和相关创意产业的新变化,融入新技术新观念),必须拓展新领域新方向(开发公益广告、社交广告和自主品牌设计等)。毕业设计的要求每提高一寸,毕业生和社会之间的距离就缩短一尺!当然,给学生加难度,也是深圳大学广告专业的老师们在自讨苦吃。前后大约四个月的毕业设计,不厌其烦地指导、建议、修改,直至亲自带领毕业设计小组下企业、跑市场,他们二十多年如一日地在社会大环境里为一群雏燕伴飞!

有人说,深圳大学的广告专业毕业设计对于当今时代的大学生来说,是一场成年礼。如果亲历校园内的公开答辩现场,便会不由自主被那种青春洋溢的激情、自信、快乐和友爱所深深感染!经历过一场暴风雨,更觉彩虹的灿烂。这一场知识青年的成年礼,对于过往教育的温室效应是一个"格式化"。从此,学生们彻底告别被教科书禁锢头脑的心态,彻底告别唯上唯师唯标准答案的匍匐在地的姿态,彻底告别怯于表达怯于交往的自我封闭状态,在同龄群体当中,在社会交往当中,在义务和责任担当之中,强烈地体验到认同的快乐和幸福。这样的心理体验,绝不是那种精致的个人主义者和精致的功利主义者所能获得的。在这个意义上说,深圳大学的广告毕业设计改革,并非只是一个单纯的教学环节的改革,而是重启了全人教育的模式。这样的成年礼效应毫无疑问地伴随着每一个毕业生的漫长的人生旅程。二十多年来,陆陆续续有同学回到校园,他们反复述说的,正是这次从此改变了他们心性轨迹的暴风雨中的飞翔。

20世纪80年代,曾经有过关于海洋文明和大陆文明的几番争议。改革开放、市场经济、国际化都被理解为是一种面向海洋文明的产物。到了今天的互联网时代,海洋和大陆、实体和虚拟也都融成了一体。广告专业无疑天生地从属于这个新的时代。由于历史发展的各种机缘和条件,在深圳大学新闻传播学科建设的过程中,广告学专业教学改革是起了先导作用的。广告是沟通,是服务,是促销,是推广,是形象,它的应用性特质是不言自明的。然而,深圳大学的广告学专业,既是培养广告人的基地,又不仅仅是培养广告人的基地。从历年的广告毕业设计选题就可以看出来,广告毕业设计已经走出了广告行业的概念,融入了社会大传播的宽广天地之中。通与专、博与精、体与用之间正在形成内外贯通、互为表里的关系。这也使我们深切感到,尽管天高任鸟飞,海阔凭鱼跃,却也要先给初飞者一条跑道。专业教育大概就是这样的作用。从广告而起,又并不局限于广告,将文化价值、传播策略、媒介技术、创意思维贯通起来,让学生们练就一副洞悉社会的火眼金睛,练就一副搏击长空的坚实翅膀。

  海燕是一种小型的海鸟,身长不过13—26厘米,有着极高的忠诚度和极强的适应性,除了咸水域和北冰洋外,它遍布于地球上的各个海洋。海燕的精神,是自由的精神。深圳大学这样一所诞生于南海之滨的大学,恰如为孕育期的海燕群提供了一小块暂栖的陆地。毕业设计是雏燕展翅第一次飞向海洋,而那里才是他们终身寄托的所在。搏击人生的暴风雨从第一场毕业设计开始。年复一年的第一次放飞,为浩瀚的海天输送出一群又一群自由而自信的精灵。

  海燕叫喊着,飞翔着,像黑色的闪电,箭一般地穿过乌云,翅膀掠起波浪的飞沫。

  看吧,它飞舞着,像个精灵,——高傲的、黑色的暴风雨的精灵,——它在大笑,它又在号叫……它笑那些乌云,它因为欢乐而号叫!

  这个敏感的精灵,——它从雷声的震怒里,早就听出了困乏,它深信,乌云遮不住太阳,——是的,遮不住的!

吴予敏

写于2020年5月18日

前　言

"广告的理想"系列丛书由一本教师指导手册和四本学生优秀案例集构成,是深圳大学广告专业师生集体智慧的结晶。广告专业九位教师共同撰写了毕业设计的指导手册,研究生团队对选出的案例进行了初步缩写,李杨副教授对每一个案例进行了仔细的核对、缩写修订和电子文档拣选,用了一年的时间才完成这套书稿。学生毕业设计文本天马行空,从内容到形式都各具特色,缩写版力图在精简文本的同时保留各项目文本原汁原味的特色。现任和前任四位系主任担任了案例集的分类和整合工作,经过认真讨论形成了特色鲜明的四本案例集。

深圳大学的毕业设计改革始于1997届,经过二十多年的不断完善,形成了成熟的人才培养模式,既经受了人才需求市场的检验,又在教育部的各类评估中得到了一致的肯定。近年来在全国教学改革的探索中,每年都有很多院校来观摩答辩现场,索要管理文档,也有不少学校试着采纳深圳大学的毕业设计模式。我们深感毕业设计环节在人才培养体系中的角色定位、专业指导模式、毕业设计管理、答辩流程设计及评分标准设计等是建立在独特的人才培养理念基础上的,并非仅凭简单地给兄弟院校提供管理文件、提供答辩现场视频就能传达清楚,它需要更完善、系统的信息。深圳大学广告专业过去二十多年的毕业设计探索、几代系主任带领老师们坚守、传承与完善的过程,值得总结和提炼。

深圳大学广告专业毕业设计改革之初(1997届)只有15名毕业生,分为4个毕业设计项目组。但是到2018年,毕业生已经达到129人,毕业设计项目数达到18个,专业教师要面对各类主题的项目,指导的工作量和难度可想而知。过去二十多年里,对于是否要坚持毕业设计这种人才培养方式,我们曾经几度动摇又被自己否定,大家还是感觉这种实战训练作为学生毕业前的临门一脚非常有价值,这一环节已经成为师生共同"累并快乐"的过程,是大家共同成长的体验,舍不得放弃。过去二十多年专业归属多次调整,正副系主任更替了六届,办公场所多次搬迁,很多历史文件可能都不见了,但历届学生毕业设计的所有档案却始终如影随形跟随着专业辗转。即便在面对2003年的非典、2020年的新冠病毒疫情时,广告专业的毕业设计也没有终止过。

决定编辑出版这套丛书并非易事,从1997年到2018年,广告专业毕业生共完成了320个毕业设计项目,仅项目文本就有1600多万字,毕业设计答辩现场的提案PPT是极具特色的文档,各种形式的广告作品更集中体现了不同时代学生的创意。因此,如何全面呈现学生毕业设计项目的内容便成了很大的难题。经过反复权衡,我们决定用四本印刷版的案例集收录61个优秀项目的文本缩写版,用电子文档以二维码的方式提供包括PPT、视频、音频及平面设计等在内的各项目的丰富资源。

这些珍贵的作品再现了过去二十多年广告专业学生的青春和理想,它们既是今天广告专业学生毕业设计很好的参照案例,也反映了不同时代广告专业的人才培养成效。它是一面镜子,照出了广告专业在人才培养上的优势和不足。它来自深圳大学,投射的却是中国广告教育的历史进程。

《广告学专业毕业设计指导手册》

《手册》由具有多年毕业设计指导经验的九位教师共同撰写,将他们指导毕业设计的经验分享给同行。

《手册》的内容分为三部分,第一部分为第1—2章,聚焦于毕业设计在人才培养体系中的角色定位以及如何组织与管理毕业设计。

第二部分为第3—12章,从毕业设计项目如何选题入手,总结、提炼了各专业领域的指导原则与方法,由八位不同领域的教师撰写。各章总结、概括了各方向的老师如何在学生的毕业设计中,独立而又协同地指导学生,从而使得学生能在导师团队的共同指导下整合自己大学四年所学完成毕业设计项目。教师们也分享了他们在指导毕业设计的过程中看到的具有普遍性的问题及处理经验。这些总结、提炼对于新加入广告专业的年轻教师而言是非常有价值的间接经验,对于新采用毕业设计模式的院校教师而言,也具有很好的参考价值。

第三部分是附录,为深圳大学二十多年探索形成的行之有效的毕业设计全程管理体系文档、320个毕业设计项目清单及我们对毕业设计环节的教学改革思考。

王晓华

2020年5月于理想家园

附:广告的理想丛书目录

总主编　王晓华

《广告学专业毕业设计指导手册》（主编 王晓华）

各章作者一览表

第一章	广告本科毕业设计的训练目标	王晓华
第二章	广告本科毕业设计的管理	华　薇
第三章	广告本科毕业设计的选题指导	黄玉波
第四章	广告本科毕业设计的市场调研及消费者洞察指导	李　莹
第五章	广告本科专业毕业设计的营销策略指导	李新立
第六章	广告本科毕业设计的策划指导	黄玉波
第七章	广告本科毕业设计的创意指导	何建平
第八章	广告本科毕业设计的文案及文本写作指导	华　薇
第九章	广告本科毕业设计的视觉设计指导	黎　明
第十章	广告本科毕业设计的互动设计指导	吴汶萱
第十一章	广告本科毕业设计的音视频广告指导	何建平
第十二章	广告本科毕业设计的媒介策略与广告效果评估指导	钟书平
附录一	广告毕业设计管理手册	华　薇
附录二	1997—2018届广告专业毕业设计项目清单	王晓华
附录三	融合与实战:广告学专业人才培养模式的反思与改革	黄玉波

《实效先行:创意营销类案例集》（主编 钟书平）

案例目录

年份	案例名称	毕业设计小组名单	责任教师
2000年	天健阳光华苑广告策划	吴瑞雪、罗瑜、刘玮娜、李虹、蔡高敏、冯媛	胡　莹 李新立
2006年	喜之郎CICI 2006年下半年深圳地区品牌推广方案	邹安黎、陈铄、郑航天、武姗姗、杨文祺	全体教师
2009年	四海一家自助餐厅2009年下半年深圳地区营销推广方案	滕菲、邹勋、陈诗雅、张亚利、谢玉媚、曾秀平	张　扬
2011年	玛莎Genesis纯天然植物精油系列新品上市策划	杨柳倩、杜滢、林芷乐、邓国谦、叶子业、奚望	何建平

续表

年份	案例名称	毕业设计小组名单	责任教师
2013 年	Real Bake 原味小点品牌建立与产品推广策划案	杨扬、林颖、蔡仲玮、胡望琦、张映妮、郭经洋、陈翔	阎 评
2015 年	韩国 MILKCOW 冰激凌 2015 年下半年深圳地区推广方案	方婉仪、黄翠雯、陈梓玲、陈媛、陈丹丽、王美娟	陈丽娜 马春辉
2017 年	Lemoment Weddings 2017 年第三季度品牌推广项目提案	冯立、谢利、林慧清、王婷、刘小慧、方颖欣、魏智鹏	黄玉波
2018 年	雷诺表业 2019 年度品牌推广方案	林洁峰、罗子绚、高眺、周慧文、吴顿、钟静超、黎裕玲	黄玉波

《品效合一:品牌传播类案例集》(主编 张燕)

案例目录

年份	案例名称	毕业设计小组名单	责任教师
2008 年	《凤凰周刊·生活》杂志 2008 年下半年深圳地区整合营销传播方案	钱立明、罗丽文、李勋、陈明慧、魏萍、庞倬婷	胡 莹
2009 年	emoi 基本生活 2009 年下半年网络营销推广案	卓伊颖子、殷杰、马舒微、李建怡、胡悦、陈熙伟	华 薇
2012 年	进口大众高尔夫 Cross 系列深圳地区推广方案	陈嘉琳、吴晨玲、袁诗茵、冯诗芸、杨柳青、罗钟浩	陈丽娜
2012 年	腾讯儿童洛克王国 2012 品牌推广案（深圳站）	贺景新、任雨飞、张智、黄晓珊、孟天梦、陈娉、宋灵达	黄玉波
2013 年	光明农场大观园生态旅游项目 2014 年上半年广东地区推广方案	陈韵安、江晓敏、钟广俊、杨文浩、张贺、吴芃妤、阿杂提古力·麦麦提	胡 莹
2014 年	全棉时代棉柔巾 2014 年下半年市场推广方案	李敏儿 王静欣 林玉珊 陈燕虹 戴裕琪 廖天怡 叶淑娟	李新立
2016 届	好色派沙拉 2016 年下半年深广两地品牌推广策划案	张诗苑、吕培兰、王翀、柯雪琪、陈茵茵、潘逸妍、朱梓琪	李蕾蕾
2018 届	2018 深圳航空暑期活动策划方案	曾菱子、曾清、李宏基、潘嘉齐、彭晓欢、林君瑜、张嘉瑜、李淑怡	李 莹

《价值创造：商业创新类案例集》（主编 黄玉波）

案例目录

年份	案例名称	毕业设计小组名单	责任教师
2012 年	回力鞋业 2012 下半年深圳地区品牌更新推广策划	柳嘉欣、凌舒雅、邓利颖、宋杰、黎民豪、罗欣、邹晓媛	李新立
2013 年	手机 SOSO 街景地图 2013 年下半年推广方案	陈创林、陈扬、吴东育、张军、吴锶键、李杏美、刘素素	胡 莹
2015 年	《名侦探柯南 OL》手机游戏 2015 年全国推广策划案	陈志怀、劳业添、莫斯琪、梁桂玲、刘倩、林悦玲、郑雅书	陈振旺
2015 年	实务平台功能规划与 2015 年下半年度珠三角地区推广方案	周积鹏、马荣旭、张宇、靳琳琳、林珊、胡月茵、吴璇玲	陈丽娜 马春辉
2015 年	微信支付 2015 年第三季度珠三角地区整合营销推广方案	张鹏伟、李岗、李思莹、苏子滢、王子樱、张心一、钟燕	黄玉波
2017 届	基于英雄联盟 S7 全球总决赛的电竞文化推广	张锦勋、陈江、陈津瑜、陈淮阳、李宜声、彭斯影、曾乔丹	华 薇
2018 届	太兴好食刻太兴餐饮深圳地区 2018 年第三季度品牌营销方案	陈玉萍、曾晓宜、梁烨、庄烁、袁敏华、陈依澜、陈欣楠	华 薇

《创意向善：社会公益类案例集》（主编 华薇）

案例目录

年份	案例名称	毕业设计小组名单	责任教师
2006 年	OCT 当代艺术中心 2007 年度品牌整合推广方案	陈月丽、刘顿、范帷、莫舒敏、段天添	全体教师
2007 年	深圳市观鸟协会"爱鸟·爱自然"2007 年度主题活动推广方案	徐奕发、梁俊杰、谢赟臻、李锦伟、古燕、程晓珊	陈振旺
2008 年	《城市画报》·IMART 创意市集 2008 年深圳地区公关推广方案	李春丽、郑慧雯、何晓璐、蒋姗姗、陈雪华、姚翼	全体教师
2010 年	深圳国际能源与环境技术促进中心 2010 年下半年深圳地区形象推广方案	彭贵晶、王菁朕、林翠娟、张洁雯、谢水木生、陈菲	胡 莹 黄晓东
2013 年	2013 年磨房网年轻群体市场拓展方案	张启源、周洵、吴兴强、陈衍树、张润荧、潘小明	张 扬
2014 年	腾讯"微爱益起来"公益平台建设及 2014 年下半年推广策划案	陈丹珣 袁耿璋 陈奕瑜 张晓玲 张小瑜 罗露 林倩青	吴予敏 黎 明
2016 届	无印良品 2016 年第三季度「Compact Life for Kids」项目提案	严开健、陈佳华、何林姗、庄里叶、张妙发、周启航、黄斯怡、李熙元	华 薇
2017 届	YOU+国际青年社区 2017 下半年深圳地区品牌推广方案	赵耀东、陈洪璇、张婉婷、马春婷、郭薇薇、李海姗、王雨晴	王晓华

目 录
contents

第一章　广告本科毕业设计的训练目标 / 001
　　第一节　毕业设计要达成的教学目标 / 002
　　第二节　毕业设计教学的指导原则 / 009
　　第三节　毕业设计的框架与流程 / 015

第二章　广告本科毕业设计的管理 / 020
　　第一节　毕业设计概况 / 021
　　第二节　毕业设计的进程管理 / 025
　　第三节　考核与成绩管理 / 031

第三章　广告本科毕业设计的选题指导 / 033
　　第一节　广告毕业设计选题及其意义 / 034
　　第二节　深圳大学广告毕业设计选题流程 / 037
　　第三节　广告系毕业设计项目选题类型 / 047
　　第四节　广告毕业设计选题思路 / 057

第四章　广告本科毕业设计的市场调研及消费者洞察指导 / 060
　　第一节　市场调研及消费者洞察在毕业设计中的地位和作用 / 061
　　第二节　市场调研及消费者洞察总体指导原则 / 061
　　第三节　市场调研和消费者洞察方法的技术指导 / 062

第四节　毕业设计项目市场调研各环节的方法指导　/　066
　　第五节　市场调研和消费者洞察中容易出现的问题　/　070
　　第六节　典型案例　/　071

第五章　广告本科毕业设计的营销策略指导　/　077
　　第一节　原则与问题　/　078
　　第二节　营销策略的把握　/　080
　　第三节　案例评判　/　085

第六章　广告本科毕业设计的策划指导　/　102
　　第一节　广告策划指导中的策划观念及其历史演进　/　103
　　第二节　毕业设计中广告策划具体指导过程　/　114
　　第三节　广告策略中的常见问题与案例评析　/　130

第七章　广告本科毕业设计的创意指导　/　142
　　第一节　创意的来源——生活　/　143
　　第二节　数字营销时代的广告创意　/　148
　　第三节　广告创意的指导　/　150

第八章　广告本科毕业设计的文案及文本写作指导　/　154
　　第一节　广告文案写作过程　/　155
　　第二节　广告文案写作指导与训练　/　158
　　第三节　案例分享　/　171

第九章　广告本科毕业设计的视觉设计指导　/　181
　　第一节　视觉设计指导原则与判断标准　/　182
　　第二节　设计方法　/　185
　　第三节　常见问题　/　190
　　第四节　案例分析　/　191

第十章　广告本科毕业设计的互动设计指导　/　211
　　第一节　互动广告设计的指导原则　/　212

第二节 互动广告设计指导要解决的问题和主要步骤 / 214
第三节 以 H5 类别互动广告为例的设计指导 / 218
第四节 毕业设计中互动广告创意的运用 / 230

第十一章 广告本科毕业设计的音视频广告指导 / 238

第一节 影视语言训练 / 240
第二节 如何用视听语言讲故事 / 243
第三节 音频广告 / 249
第四节 音视频广告指导 / 250

第十二章 广告本科毕业设计的媒介策略与广告效果评估指导 / 254

第一节 媒体策略与广告效果评估的主要教学内容 / 255
第二节 媒体策略与广告效果评估的毕业设计指导方法 / 271

附录一 广告本科毕业设计管理手册 / 279

第一部分 广告学专业本科毕业设计任务与要求 / 279
第二部分 广告学系本科毕业设计各项考核内容评分标准 / 281
第三部分 广告学系本科毕业设计需提交的材料清单及要求 / 282
第四部分 广告学系本科毕业设计过程管理材料提交清单 / 283
第五部分 广告学系本科毕业设计进度安排 / 284

附录二 1997—2018 届广告专业毕业设计项目清单 / 285

附录三 融合与实战：广告学专业人才培养模式的反思与改革 / 286

参考文献 / 295

第一章
广告本科毕业设计的训练目标

本章要点》

1. 毕业设计要达成的教学目标
2. 毕业设计教学的指导原则
3. 毕业设计的框架与流程

广告专业本科毕业设计是广告专业教学与实践非常重要的收官环节，从启动到结束历时六个多月，这是广告专业从教师到学生都全情投入的实践训练过程，它需要师生对这一环节的存在价值有深刻的认知，明确这一环节需要达成的教学训练目标，并为达成目标不断完善训练方法；同时，它还需要设计系统的管理制度来保证这一环节的顺利完成。深圳大学经过二十多年的探索，在这一环节总结了不少有价值的经验，体现为本章的三节内容。

第一节
毕业设计要达成的教学目标

广告专业的本科毕业设计改革始于1997届，最初的目标非常简单：用毕业作品告诉用人单位学生的专业能力。这是从一所新大学、新专业毕业生就业的角度倒逼出来的改革。总结过去二十多年毕业设计改革的不断发展和完善，我们可以清晰地看到本科毕业设计和公开答辩的功能已经远远超出了最初改革的目标——提升毕业生的就业能力，而成为全面检验教学效果和推动教学各环节改革的重要手段。概括而言，广告专业本科毕业设计环节的训练目标可以归纳为如下几点。

一、综合训练四年所学专业知识的应用能力

毕业设计首先训练的是学生对四年所学专业知识的整合与运用能力。

以学生为主体的毕业设计过程是对学生大学四年所学各种专业理论、知识和技能的综合运用能力的训练。大学的教学体系决定了学生接受的是课程、单元板块和各种专业技能训练，学习的是解决各种问题的专门技能和方法。如何整合和运用各种武器去解决现实问题，为社会提供真正的专业服务？这种综合能力的训练无法在专门的课程中完成，也远非某一个教师能够一力承担。而本科教学体系设计的专业实习虽然让学生深入到了业界，为他们了解和熟悉业界的情况创造了机会，但他们实习生的身份和时间限制也决定了广告专业的专业实习无法达成让学生充分发挥自主性和创造力、独立地用专业知识解决问题的目标。因此，通过毕业设计的综合训练，可以让学生在对专业知识温故而知新和解决问题的过程中加深对课程所学知识的整合，充分发挥自己的自主性和创造性，深化自己对四年所学专业知识的理解，提高综合运用能力。

在毕业前用半年的时间，把大学四年所学的专业服务能力以毕业设计作品的方式呈现出来，这个过程是学生们将大学四年的专业训练进行整合和淬炼并尝试应用的过程。在将近五个月的毕业设计期间，学生要根据项目需要，自主决定如何灵活地运用所学知识和技能解决项目面临的问题，在此过程中他们可以随时与不同的老师探讨，得到老师多角度的引领和帮助。毕业设计的项目虽然是实际产

业界的项目，但学生们是在没有生存压力，不受任何约束，按照专业理想充分发挥自己才华的条件下设计各种问题的解决方案的，可谓是一场淋漓尽致地发挥专业理想的大练兵。毕业设计的过程是学生在离开校门走向社会前，全系老师齐心协力为学生未来独立应对和解决各种专业问题提供专业帮助的过程，通过这种形式的训练，老师将学生扶上马，送一程，使他们离开校门后能够很好地做到身份转型，进入工作单位后能够快速适应产业发展，给业界带来更前沿的理论和解决问题的思路。正因如此，毕业设计的过程成了很多毕业生终生难忘的经历。

二、学生作品是就业最好的敲门砖

毕业设计的第二个目标是达成营销学生的目的。

产业的快速发展需要源源不断的专业人才，而毕业生就业又是高校面临的重要议题。刚刚毕业的学生如何证明自己是优秀的人才？在用人单位对人才的需求与高校每年大量毕业生涌向社会的供需之间存在着巨大的鸿沟，常见用人单位简单地以学校标志如"985、211"之类作为人才选拔的门槛，这显然不利于选拔真正适应企业需求的人才，尤其是没有给以培养地方发展所需应用型人才为主的广大地方院校毕业生同等的就业机会。深圳大学广告专业毕业设计改革正是受到这种冲击，为打破僵化的人才选拔机制而做出的努力。"用作品说话"是毕业设计的重要目标，因此在每年毕业答辩时，学校都会邀请大量用人单位到现场观摩，低年级学生在服务和观摩高年级学生答辩的过程中也会受到很大的鼓舞和冲击。通过学校持续不懈的努力，深圳乃至广东省的不少用人单位由最初的受邀观摩毕业答辩转变为每年主动预订座位、申请观摩毕业答辩、挑选人才。毕业公开答辩通过已经毕业的校友代代相传，现在每年几百人的公开答辩现场经常可以见到校友带着工作单位的负责人来观摩、选人。在公开答辩现场深受震撼的用人单位，不仅逐步改变了他们对高校的简单分类，还将公开答辩现场作为自己选拔人才的最好观察场地。毕业设计和公开答辩、接受社会检验的教学改革很好地发挥了人才推广的功能。在大四最后一个学期，在很多高校毕业生都忙着到处找工作的时候，深圳大学广告专业的各毕业生团队却在全力以赴地完成他们的毕业设计项目，准备大学最后、最有纪念意义的公开答辩。"累并快乐"很好地诠释了这段难忘的大学时光，他们不担心就业问题，更不会为找工作而焦虑，因为他们知道，在他们尽情挥洒专业理想的毕业公开答辩现场，有足够的用人单位在等着挑选人才，他们只要全力以赴将专业能力发挥出来就好。深圳大学广告专业的学生从来不愁就业，这是一种现状，是长期的毕业设计改革和公开答辩给了他们这种自信。

三、教学相长，锤炼教师队伍

毕业设计的第三个目标是锻炼教师队伍。

毕业设计在培养和锻炼学生方面的价值有目共睹，身在其中的老师会深切感受到指导毕业设计项目的难度和挑战远远超出了轻车熟路地指导论文写作，老师要想经受住这种挑战，只有不断学习、充实自己，而这正是其在应用型专业提升教师队伍方面的价值。广告本科的教学体系涵盖了传播学、社会学、心理学、经济学及管理学等人文社科基础理论，广告学独特的知识和技能更是不可或缺，学生还要学会各种艺术的表达手法：美术、设计、音频、视频等，各种信息表达技术都需要了解，从技术到艺术，从人文到社科，学生需要学习和涉猎的面之广，恐怕没有哪个学科能比。正因为如此，专业教师的多学科化已成了这个专业的一大特色，每一位教师在指导毕业设计的过程中都会经受来自多方面的挑战。例如2007年的选题中有"中国移动二维码·2007年下半年深圳地区推广案"，当时在深圳大街上随机访问100个人，会有99个人不知道二维码是怎么回事。当时在国内，无论是技术、市场环境还是应用，二维码都还是全新的概念，但是学生们已经敏锐地看到了二维码未来的商业价值，将企业正在探讨的前沿问题选作了毕业设计项目，他们的视角直接切入了企业发展的最前沿。指导教师每年都面临着全新的领域，由于我们采用了专业教师对所有项目组的专业指导负责的制度，因而每个教师面临的都不是1—2个项目，而是当年的全部项目，无论哪个项目，只要学生请教，老师都得给予专业帮助。因此，在指导学生项目的过程中，专业教师一直都面临着这个项目是什么、究竟遇到了什么问题的问题，教师自己如果弄不清楚，就无法和学生展开讨论。大四的学生已经很有自己的主见和想法了，他们往往对项目有更多的理解，因此教师必须在和学生的讨论中不断加深自己对项目的理解，针对不同项目的问题，尤其是涉及新领域和新技术的问题，教师还要不断查阅新的资讯和资料，甚至要向业界专业人士请教，请业界专家共同参与指导。在这个过程中，教师要有充分的准备才能应对将近半年多个项目的轮番轰炸。这种集体指导、多项目讨论的过程本身也是教师不断学习和提升自己的过程。

教师对项目的第一个困惑往往会在学生的介绍中得到解决。因此指导新项目，前三次的讨论多数是在不断的追问中完成的，教师的追问和好奇是促使学生深入研究、进行思考的动力。这是一个教学相长的过程，教师在不断提问、追问的过程中促使项目组加深对项目的认识，厘清项目的前世与今生（历史与现状）。在项目指导中，好的指导教师不是给学生答案，而是通过不断追问促使学生对项目有更深入、更多角度的理解。毕业设计指导和公开答辩对教师的更大促动，是学生的自我学习、对新技术的掌握推动着教师去不断接触、学习最新的技术。每年的公开答辩都是对教学效果的检验，教师大多从各自的知识背景来理解项目，因而广告专业教师团队必须努力打破隔行如隔山的专业壁垒。常见的情形是：在指导毕业设计项目的过程中，通过不断和学生项目组进行讨论，不同专业方向的老师透过学生的作品加深了对广告其他领域的理解。因此可以说，教师指导学生的过程本身也是他们自己不断学习的过程，更是教师之间相互学习的过程，指导毕业设计的过程整合和锻炼了教师队伍，促使了他们知识和技术能力的不断更新。尤其对刚刚博士毕业的年轻教师而言，指导毕业设计是一次很好的学习和锻炼机会，在与老教师的共同指导中他们学到了如何去做一名好的指导教师，这对年轻教师的成长非常有帮助。

四、倒逼教学体系的改革和完善

毕业设计的第四个目标是通过学生的毕业作品反观教学效果，不断完善教学体系与方法。

新技术的发展给传播带来了无限的可能，也不断突破广告的边界，广告从内容到表达方式都在发生变化，这给广告教育带来了持续不断的冲击。透过每年的毕业设计和公开答辩，在学生项目触及的领域、在学生毕业设计项目采用的技术中，教师能够敏锐地感受到社会需求和技术发展在哪些方面有了新的突破；通过学生的毕业项目作品，教师能够清晰地看到在自己的教学中哪些方面基本功扎实、哪些方面有所欠缺。每年答辩完的当天晚上，全体教师及聘请的业界评审专家都会召开别开生面的总结和评审会，大家一起讨论总结学生作品反映了日常教学中有哪些方面需要提升、哪些新领域需要纳入教学内容。年复一年的不间断工作，促使深圳大学广告专业的教学体系和教学内容始终处于动态的坚守与创新并进的良性互动中。广告专业每个领域的教学效果都实实在在体现在学生的毕业设计作品中，毕业设计成了检验教学效果的最直接的手段。公开的答辩，全体教师在评审，业界专家在评审，答辩现场的追问和评价，这些从表面看是在评价学生的作品，实质是在考问各领域的教学。这种从毕业设计作品追述教学体系的过程，迫使教师每年都要在学生作品中检验自己的教学，年复一年的"检验—改善—检验—改善"，确保了教师不断去改进教学。教师不能关起门来讲自己的课，毕业设计和公开答辩将每位教师的日常教学大门敞开，接受全体教师和业界的检验。可以说毕业设计和公开答辩倒逼了教学体系、教学内容的不断改进，也敞开了办学的大门，把社会的现实问题带进来，把业界的专业人士请进来，促进了教学的改革与提升。

五、培养用专业知识服务社会的意识与能力

毕业设计要达成的第五个目标是培

养学生的社会服务意识和能力。

广告专业作为应用型学科，学生经过四年的学习和训练，理应具备用专业知识服务社会的能力。他们既要学会系统的专业知识，又要将所学知识转化为解决问题的能力。对于广告专业学生而言，"服务意识"和"服务能力"同样重要。日常教学所教的知识和技能多在培养服务能力，而毕业设计项目则从服务意识入手训练学生，这是专业课程无法触及的内容。

毕业设计的服务意识训练从"找项目"开始，深圳大学的毕业设计全部要求采用实际项目，不能用虚拟项目。项目从哪里来？自然从社会而来。能否找到合适的项目在相当程度上是在锻炼学生的服务意识，而"发现困扰企业的问题"是找到项目的关键。每年的10月到12月底之间，是各项目组寻找和确定毕业设计项目的时期，多数项目组和老师在探讨时应该有三个以上备选项目，而各小组学生起初实际要找的项目绝不仅仅三个，几乎每个同学都得提供一个，小组讨论后拿出至少三个来征求老师的意见。这就使得每一名同学都要提出自己认为适合的项目，并提出理由。这个过程正是训练学生如何以专业的视角发现企业存在的问题的过程，因为绝大多数项目并非企业主动提出的，而是学生因为要去发现如何用专业知识帮助企业而主动提出的方案。这既需要学生具备专业服务的能力，更需要学生用专业的服务意识去和企业探讨。以学生的身份主动给企业提出问题并获得企业的认同和支持并不容易，他们往往在和企业探讨时屡屡碰壁。他们最初普遍存在的问题是从自己毕业设计需求的角度出发去和企业沟通"我们想做什么"，这种从自己需求出发的视角非常普遍，但是基本以失败告终，不少学生小组初次碰壁后会抱怨"企业不理我们"。老师经常会问的问题则是"企业为什么要理你们"，这种追问实际上是在引导学生认真思考项目组究竟能为企业提供什么帮助。也有学生几次碰壁后灰心丧气，失去自信心，此时就非常需要老师去提振学生的自信心和斗志。比如老师经常会问学生："你们一组学生全心全意服务了四个多月，你们的提案难道对企业没有帮助吗？如果你们自己认为有帮助，怎么让企业知道你们的价值？甚至让企业愿意为你们的提案买单？企业最后采用你们的方案才是有价值的项目。"学院非常鼓励毕业项目争取到企业的资助，这说明学生的项目对企业有真正的帮助。历年的毕业生都是在碰壁中不断调整沟通策略的，他们很快就学会了真正站在企业需求的角度去思考问题，并以专业的水准和沟通力说服企业，让企业愿意接受自己项目组的服务。每个项目组都会经历这样的磨炼，最后拿出若干个备选方案，经过组内沟通并获得全组的认同，然后征求多位老师的意见，多方面分析项目的可行性，最后得到系里专门的选题报告教师评审组的一致通过后才可能作为毕业项目的选题。这种完全由学生主导寻找项目、组内沟通、与项目单位沟通、与老师探讨的过程锻炼了学生多方协调和说服的能力。这是毕业设计开始的第一步，它看似简单，实则可以很好地训练学生的服务意识、沟通能力、多角度分析和判断问题的能力，让他们最后得以在权衡各种利弊的情况下做出选择和判断。

六、培养团队协作解决问题的能力

毕业设计的第六个目标是培养学生通过团队协作解决问题的能力。

广告业务通常需要团队协同才能完成，因此这个专业的学生必须学会团队协作，并且每位同学都需要在团队中准确定位自己的角色。毕业设计采取由学生自主组建项目组的方式，目的是训练学生的组织能力、合作能力，项目的所有组织工作都需要学生独立完成，项目进展中的所有专业、非专业的事情都需要小组协商解决，小组的组长也由学生自己推选。这个过程旨在培养学生的积极参与和奉献精神，不积极的学生可能没有小组愿意接纳，这种机制促使每位学生都要积极参与小组工作，有所贡献。此外，这个过程也可以培养学生的协调与协作能力。从小组选择和决定项目开始，项目进展中的所有工作都需要组员去共同完成，大约五个月的时间，他们需要高度密切地合作与相互支持，需要不断地讨论与争论，项目进展中的每个环节都需要组员之间达成共识后才能付诸实践。在这个过程中，学生经常遇到两个问题：其一是意见不一致，

想通过老师来解决。而有经验的指导教师通常会在和学生讨论问题时发现学生的潜在期待，但他们会避免帮助学生做决定，而更多地激励每个小组成员充分表达自己的意见，促使小组成员相互倾听，在充分讨论的基础上达成共识，教师往往通过不断提问，深化学生对问题的理解。其二是如何处理在组建小组时被淘汰、没有组的学生。有这样几类学生容易成为掉队者：第一种是双学位学生或上一年度没有参加毕业设计的学生，这两类学生的共同特点是和本班学生不熟悉。针对这两类学生，教师通常会在毕业设计前半年就提醒他们努力去和毕业班同学交流，争取被某个小组接纳。第二种是平日学习不努力，上课比较少，平时和同学交往少的学生。第三种是做事不积极，没有小组愿意要的学生，这种情况每年都在发生。因此，系主任在组织毕业设计项目分组时，首选原则是鼓励学生自己去努力，争取有小组接纳；其次是将因各种原因落下的学生，如果他们人数够一个小组的规模，就建议他们自己组成一个小组；对于上述努力都无法解决问题的情况，老师会给班干部做工作，希望班干部能在小组内做工作，争取接纳落下的同学。这个工作并不容易，因为毕业设计小组的组成是在大学二三年级就开始酝酿，经过了日常团队作业的磨炼而长期形成的，想多加一个人或减少一个人都很不容易，老师通常也不会将自己的意见强加给学生。所以，这些问题虽然最终都能得到解决，但它们确实是

系主任每年都要面对的毕业设计组织工作挑战。这个过程看似有点残酷,尤其对于没有小组愿意接纳的学生而言,相信他们面对的压力很大,但这也是他们毕业前一次有点严酷的学习,对他们是很好的磨炼。他们必须更好地理解和认识自己与同学、小组的关系,学会如何在小组内贡献自己的才华,得到其他组员的认可。

七、挖掘学生潜质,提升个人专业定位

毕业设计的潜在目标是引导和挖掘学生独特的潜质。

在广告专业范畴内学习,学生的接触面非常广,但是在广告业务中,每位从业者都需要有自己独特的能力。虽然教学体系已经努力设计了分类施教,但专业课程体系决定了学生学习的绝大多数内容是接近的。毕业设计项目需要小组内有各类高手来完成不同内容的呈现,因此在小组项目作业中,每位同学都需要有差异化的专业定位。经过多年的磨炼,深圳大学广告专业的学生都知道自己必须在共同学习的基础上有所专长,这样在加入毕业设计小组时才会受欢迎并有机会发挥自己的特长。这种毕业设计及公开答辩给学生潜在的影响之一是他们可以早发现自己的兴趣、挖掘自己的潜质,并强化它使其成为自己的特长,从而有别于其他同学。因此,学院设置和引进的各类更个性化的选修课程和训练项目都有学生去选择和尝试。在毕业设计小组的构成中,早年通常会有强强联合的特点,逐渐演变到今天,不再是强强联合,而是各类特长的学生以专业互补的方式组建小组,出现了跨专业、跨学院组建小组的特征。针对技术驱动力在广告作业中价值不断呈现的这一变化,除广告专业本身在教学中不断融入技术元素外,学生也在传播学院内各专业交叉组建团队的基础上,逐渐形成一些跨学院整合的团队,首先便是与计算机学院毕业生整合的团队。基于这种需求,在毕业设计中传播学院与计算机学院达成了共识,学生可以跨学院组建团队,两个学院都承认自己学生的毕业成绩。这种跨院联合的机制鼓励学生打破专业边界去发掘无限的想象力和可能性。

八、提高专业荣誉感和校友归属感

每年的毕业设计公开答辩已经成为广告专业毕业校友的一次聚会,不少毕业生会相约回到母校观摩师弟师妹们的毕业设计公开答辩,再一次点燃毕业年月燃烧的激情,再次和老师相见;教师在毕业答辩现场也可以了解到毕业生的情况。可以说,毕业设计公开答辩既加强了师生之间的联系,也加深了校友对母校的感情。有的毕业校友还会把工作的同事带回校园,让他们来感受深圳大学学生本科毕业答辩的震撼氛围。这本身就是对母校的一种自豪感和归属感。毕业设计和公开答辩给校友回母校提供了一个理由,更给他们创造了忆当年的场域,这无疑有利于建立母校与校友长久的往来与交流。校友的反馈也为学校完善教学体系提供了很好的意见反馈通道，细水长流，生生不息，确保了母校与校友持久的、多方面的联系。这些，对建立校友的归属感和自豪感有很大的帮助。

第二节
毕业设计教学的指导原则

一、以学生为主体的原则

毕业设计是学生在校学习训练的最后环节，每年11月初学生结束专业实习后即进入毕业设计的环节。这个时期的学生即将走入社会，学校本科教学体系设计的所有课程教学、社会实践都已经完成。此时的学生已经处于由学生身份向服务社会的青年身份转换的最后阶段，已经完成高校的知识学习和各种技能训练。通过毕业设计和公开答辩这最后的环节，学生需要用自己的作品回答大学四年的所学、所思、所想，向母校汇报其经过四年学习所学到的服务社会的能力。因此，毕业设计的过程是以学生为主体、教师承担专业指导的学习和训练过程。学校根据毕业设计期望达成的教学目标设计好游戏规则，组织专业教师按照游戏规则指导毕业设计。学生在毕业设计中的主体性体现在毕业设计的每一个环节中，具体体现在组建项目小组、组内分工协作及运行管理、寻找项目、设计项目方案、设计项目运行时间表、推动项目实施等每一个环节。专业的所有老师都是他们可请教的老师，并且都有责任在项目组需要时给予专业的指导。而不断完善的毕业设计管理体系则促使项目组非常明确学生的主体地位和主体责任。这种教学管理体系的设计很好地解决了高校普遍存在的第八学期教学空白的问题，更彻底地扭转了毕业论文指导中学生不急老师急的普遍现象。毕业设计时，由于学生的主体责任非常清楚，成绩的评价标准也非常明确，因而学生非常清楚毕业设计的事情是自己的事情，能否用好老师的资源是他们自己的问题。很多学生在毕业公开答辩时会邀请家长、服务企业甚至恋人到现场观摩助威，展示他们大学时代最得意的作品，因此绝大多数学生都会全力以赴做好毕业设计，期望向大家展示他们能做出的最好的作品，为自己的大学时代画上圆满的句号。因此，每年毕业设计项目启动后，老师们往往都无处藏身，被学生围追堵截、预约讨论项目问题。学生的需求和主动预约成为老师无法回避的工作，学生的热情也感染着老师、激励着老师，燃起他们的职业激情。

二、教师指导团队有机协作的原则

广告本科毕业设计项目的综合性、多样性和内容的复杂性决定了没有哪一个教师能够独立地指导一个小组，而学生对广告各方面知识的学习和能力的训练也并非哪一个老师能够独自完成，学生毕业设计作品检验的更非是哪一个老师的教学效果。这一切都决定了指导毕业设计是教师团队的责任,所有专业老师都有责任在学生需要时从各自的专业角度给予专业的指导,这正是学生在毕业设计过程中能够快速成长的重要原因。经过多年的实践和总结,深圳大学广告专业总结出了比较好的指导方法。

(一)导师组的集体专业指导原则

坚持导师组集体专业指导的原则。在这个原则下,每位老师对每个小组都有专业指导的责任,这样可以最大化地将教师的资源提供给学生,各组学生根据项目的需要与不同老师共同探讨,同样的问题可能得到多角度的解答,这本身就破除了"标准答案"的怪圈,学生在与不同老师的探讨中得到多角度的启发,他们会发现同样的问题,不同的老师有不同的理解,无所谓对错,各有各的道理,这就是广告专业的魅力。正如不同的同学有不同的理解一样,他们需要综合各种可能的解决方案,从而讨论出他们认为最好的方案。集体专业指导的优势在于它削减了单个教师受各自专业局限的弊端,避免了因教师之间的专业壁垒而可能在评价学生作品时出现的差异和矛盾,也最大限度地缓解了学生小组因知识与能力的差异而可能产生的教师用学生作品相互攀比的问题。无论是本科生还是研究生毕业论文指导与答辩,高校普遍存在因不同教师评价差异而产生的教师之间的矛盾,而坚持教师指导组承担集体专业指导责任的方法则很好地解决了这种矛盾。大家都明白,学生作品水平的高低并非是哪一个教师的责任,而是学生小组能力的差异,毕业设计体现的是学生的水平,而不是教师之间的比较。每年毕业设计总结时,大家坐在一起探讨毕业设计作品普遍存在的问题,对于专业各异的教师而言无疑是一次教学效果的检验和总结,有助于形成教师团队协作的思想,促使大家共同努力来提升学生的专业水平。

(二)小组指导教师的责任跟进原则

小组指导教师的责任跟进机制主要解决毕业项目如期按规范要求完成的问题,它同时可用于指导学生结合小组项目撰写个人论文,使论文选题与写作符合要求与规范,及时发现毕业设计中的问题,强化对毕业设计的管理,从而使毕业设计有序、按时地完成。

毕业设计从选题到最后的答辩,要经过五个多月的时间。如何解决专业指导以外的其他毕业设计推进工作,深圳大学摸索出了一条路径,即每个小组都安排专门的专业教师作为小组的责任教师,有经验、受欢迎的老师可能同时负责2—3个组,年轻新入职的教师一般会和老教师搭配负责几个组,这位"责任老师"实质上是根据毕业设计的时间进度、各环节的管理要求全面负责推动和检验项目运行过程的老师,他要对项目在不同时点的进度、完成情况进行检验和评估,以确保每个项目都按照毕业设计的时间节点完成各部分的工作,他同时还要负责对小组成员的参与情况作出评价。每位老师都要承担一定数量的这方面的指导和管理工作,同时承担所有项目的专业指导工作。除项目外,每位同学还要从项目的某个角度切入,深入研究,撰写个人的研究报告或者论文。个人报告或者论文需要回答项目为什么提出这样的策略或者采用这样的设计等深层次的问题,小组成员个人论文(报告)选题、研究开展及撰写在各组指导教师的指导下完成,但成绩不由各组指导教师评定,而是由教务系统直接分配每位老师批阅哪些论文。将所有学生的个人报告(论文)随机分配给不同的老师批阅,可以最大限度地确保学生个人论文的批阅在公平合理的原则下进行,这就避免了各组指导教师的小组壁垒和保护。指导教师必须对学生负责,按照论文的要求指导学生,避免自己负责的小组的学生论文成绩落在后面。

(三)"解惑"与"提问"为主的指导原则

在毕业设计项目的指导过程中,教师的任务更多的是"解惑"或者"提问",这是以学生为主体的毕业设计训练的必然结果。既然学生是主体,毕业设计结果是锻炼学生而非比拼教师水平,那么只要学生需要,所有教师都有责任给所有小组做专业指导,毕业设计项目的所有解决方案自然需要学生在综合讨论的基础上自己做出来。因此,在毕业项目指导中,教师常常追问的问题包括:你们这个项目要解决的核心问题是什么?为什么这是个问题?教师的提问和引导是促使学生去研究项目的常用办法。教师要不断提出问题,判断学生是否真的清楚项目所针对的问题。问题意识是各项目开展的前提,经常被追问的问题包括:困扰广告主的问题有哪些?核心问题在哪里?问题是怎么产生的?真的是这样吗?项目小组每个成员是什么意见?广告主的看法是什么?通常,教师提出的问题没有标准答案,他会要求每个小组成员独立谈自己项目的诸多问题中哪些点可作为本项目的目标,哪个点可作为毕业项目的终极目标。在探讨中通常可以发现小组成员不同的看法,而这些"不一致"可以促使他们相互启发,加深对项目的理解,并进一步加深对项目的研究。很多时候,老师会要求学生针对本周提出的问题,下周给出更深入的回答。切记,教师要避免给学生标准答案,更不能帮助学生下结论。学生经常会因小组内讨论意见不一致,期望在老师那里找到支持自己的意见,此时指导教师要特别留心观察小组每个成员的反应,引导学生在讨论中学会聆听每个成员的意见,最后形成组内认同的意见。小组讨论时常常出现的问题是,活跃积极的同学占用了较多的表达时间,相对内向的同学的意见被忽视。因此,教师在和项目组讨论问题时通常要求全组同学一起参加,不接受项目代表性人物与老师讨论问题的方式,老师要在每一次讨论中观察每个学生的反应,让每个学生都有同等表达的机会。这种教学组织本身就是在训练学生学会聆听和不断完善自己的观点,在提升自我表达和说服能力的同时尊重每一个成员的表达。

三、训练文本表达与提案能力相结合的原则

毕业设计项目既然是一种综合训练,那么它在内容设计方面就要求师生双方既要关注策划案本身的文本表达,这是小组集体智慧的结晶,同时又要通过公开答辩把学生推到聚光灯下,以此训练每一位学生的提案能力和语言表达能力。广告专业本科每年的公开答辩是深圳大学毕业生的狂欢节,各组学生都要努力推广自己的公开答辩,争取让更多的人来聆听。公开答辩既是各组学生之间的竞争,也是组内同学之间的竞争,学生需要通过逻辑清晰、流畅的答辩程序设计,达到在规定时间内确保既让组内每个同学充分表达自己(现场给每个人打个人分),同时又关照全组的整体效果(现场分中有一个全组基础分)的目标。每个组表达的时间是固定的,每位同学陈述的时间是公平的。同学在公开答辩现场需要多方博弈,组与组之间的竞争、组内成员之间的竞争与合作、广告主的观点、庞大的评审组(既包括本系评审团队,也包含外请的业界评委)的现场提问与回答,这些都在考验着小组的综合能力。因此,在公开答辩前,各组的自我推广便显得异常重要,能否吸引更多的老师、同学来现场,直接影响着现场气氛。学生的自我推广有时在项目进行中就开始了,项目边进行边通过多种终端进行预热和营销的情况越来越普遍,答辩现场各项目自我推广的宣传终端更是争奇斗艳。毕业设计项目推广小组的现场答辩本身就是对学生专业能力的一种训练,各组答辩现场的人流去向就是对项目推广能力的现场检验。图1-1是学生答辩现场最常用的易拉宝。

四、项目成绩与个人研究相结合的评分原则

毕业设计项目评分体系的设计是最具引导性的指挥棒,学生关心自己的成绩,因此会按照评分体系的构成和评分方法来判断自己在各个部分应该投入多少精力;老师则关心评分体系的公平性。从客观角度来看,评分体系的设计直接关系到这样评价的结果是否具有科学性和权威性,对学生是否具有引导和激励作用,是否有助于达成毕业设计的综合训练目的。深圳大学经过二十多年的探索和实践,在不断完善中设计了系统的评价体系,该评价体系在实践中得到了广泛的认可,具体见本书第279页附录一。

该评分体系的构成既要引导学生积极参与小组工作,尽最大可能避免小组内出工不出力的情况,又要差别对待小组内不同学生的贡献和个人成果水平,以使每个学生都能积极参与、献计献策,同时还要能够多方面评估学生通过毕业设计完

成的教学成果。成绩设计则采用小组整体项目成绩与个人成绩相结合，按权重最后计算个人成绩的原则，具体结构包括两项。

（一）项目组成绩

项目组成绩包括小组文本和小组现场答辩整体表现两部分。这部分成绩是小组内全体成员相同的成绩，是各位同学成绩的基础，一般会占到全部成绩的60%—70%，这是检验小组毕业设计项目最主要的内容，需要全组共同完成。它既包括项目呈现出的所有成果、策划案、音视频、各种推广设计等，同时也包括现场答辩的流程设计、答辩PPT的设计、答辩整组配合甚至答辩现场妆容等。该评分体系将项目组作为一个整体在文本和提案两个环节进行评价。

评分过程与方法：项目组文本评分由全体教师参与，对所有项目组的策划案独立评分，每个策划案通常由7—9位老师评阅，其平均分即为小组的文本分。通常在答辩前两周左右，按照统一规定的文本提交时间各项目组提交打印装订好的文本。在指定会议室，专业老师各自在指定时间内去批阅文本，每位老师按照规定的

图 1-1

批阅数量,随机批阅项目文本,并详细记录自己批阅的成绩和批阅意见。这样,所有的项目文本都会随机得到同样数量的老师的批阅意见和成绩,从而保证了文本评价得到多学科背景专业老师的意见,而平均分的方式也在一定程度上削减了因教师批阅标准差异而造成的成绩误差,解决了广告项目文本各有千秋、无法按照统一标准评价所带来的困扰,同时还降低了各组负责老师的压力和竞争心理。这种多位老师评价的方式,通常会在优秀和较差的两级上达成共识。每位老师不仅要给成绩,还要有评价理由,这样也在一定程度上加强了老师之间的交流。答辩现场的小组表现成绩由答辩现场评审组老师当场给出,评审组一般由7—9位评委组成,其中至少一位是外聘业界评委,评审组成员在现场对各组现场表现独立打分,答辩进展中及时公布各组得分。在几百人参与的答辩现场,在有时还有网上直播的众目睽睽下,答辩组老师要实名对各组进行评分,一般评分时的考虑因素包括项目组的答辩流程设计、整组提案及回答问题的完成度、PPT设计、答辩现场氛围烘托等。因此,项目小组同学对自己的答辩现场表现高度重视,他们经常会请甲方到现场对项目的可用性、采纳程度等进行评价,答辩组的服装及道具创意设计、答辩间隙的花絮视频及音乐等,各种创意本身就是对他们的大型活动现场创意和把控能力的检验,这些自然会影响到评委对答辩小组的现场评分。答辩现场评审组既要对每个小组的整体答辩给出总的成绩,也要对每位成员逐个打分。因此,在答辩过程中,每位同学都会将自己的编号贴在显眼的位置,以确保答辩组老师能够准确识别自己。答辩评审组老师根据学生编号现场给每位同学的个人答辩表现评分。

以下为现场评委使用的评分表。现场每位评委在每个项目开始前都会拿到这样的评分表,他们当场针对小组和个人进行评分,在学生完成每个项目后及时打分并交回统计,然后再拿到下一个项目的评分表。

传播学院20＿＿年＿＿＿＿＿＿＿专业本科毕业设计毕业答辩成绩评审表

项目名称:＊＊＊＊						
小组成员 个人成绩	1号	2号	3号	4号	5号	6号
小组成绩			转换分 (　%)			
评委意见						评委(签名)
备　　注	评分标准:					

(二) 个人成绩

学生的个人成绩由以下四部分构成：(1)项目小组成绩；(2)论文成绩；(3)个人答辩成绩；(4)个人综合表现成绩。项目小组成绩反映全组的毕业设计项目及答辩情况，各组成员成绩相同。其余三部分由学生个人在毕业设计中的表现及个人研究报告水平构成，体现的是小组内成员的差异性。这个评分体系设计涵盖了整个毕业设计的全过程和改革环节，既有整组项目的成绩(这是小组协同作业的结果)，也有每位同学在项目进展各环节中的成绩，包括他们自项目立项起在整个毕业设计过程中的综合表现、项目进展中个人的思考与研究(体现为个人研究报告)、项目答辩环节个人的提案与答题能力等。这种成绩评价体系既有对过程表现的评价，也有对结果的评价；既有指导组教师的集体评价，也有答辩现场评审组的评价，同时还有项目组成员之间的相互评价(个人综合表现往往由小组成员集体讨论排名供老师参考)。各环节都有评价标准，具体见下表。

小组成绩及个人成绩各环节评定表

个人成绩构成	成绩评定者	评定方式
毕业设计小组成绩	文本评定：毕业设计指导组成员。答辩评定：答辩评审组成员，本院教师和外聘业界专家，同一个答辩场所的所有项目由同一个答辩组评定，一般答辩评审组由7—9位评委组成。	7—10位老师评定一个小组文本，根据每年项目的多少确定评审老师数量。每个文本的评定老师随机组成。注：各项目组责任教师不评定自己负责的小组。
个人答辩成绩	答辩评审组给每位同学打分评定，取平均分。	答辩现场每位同学会佩戴编号及名牌，便于评审组识别。
个人研究报告成绩	随机分配给毕业设计指导组的老师，随机分配交叉批阅，每个同学的个人研究报告由指导组的一位老师负责批阅，每位老师负责批阅个人报告的数量相同。	项目责任老师不批阅自己负责的项目组成员的个人研究报告。
个人综合表现成绩	项目组责任老师根据项目过程中每位同学的具体表现评定。	责任老师征求全组同学的意见，大家讨论组内每一位同学的贡献并进行排序或者投票评定。

第三节 毕业设计的框架与流程

一、毕业设计项目内容框架

毕业设计作为教学的一个重要环节，如何确保所有项目都在规定的时间内，按照综合训练应该涉及的完整流程与内容完成，需要每个项目都有完整的内容框架。虽然每个项目形态各异，重点各不相同，但是广告策划项目应有的元素和思维逻辑必须很好地体现出来。因此，在项目进行过程中,项目组一旦启动就会设计项目的内容框架。框架设计一般按照策划案的基本结构,按照如下流程设计:认识品牌的前世今生,认识消费者,了解竞争对手,诊断品牌问题,提出解决问题的策略,设计具体解决问题的方法及各种传播沟通终端作品等。以下案例是2018年某毕业设计项目的框架。

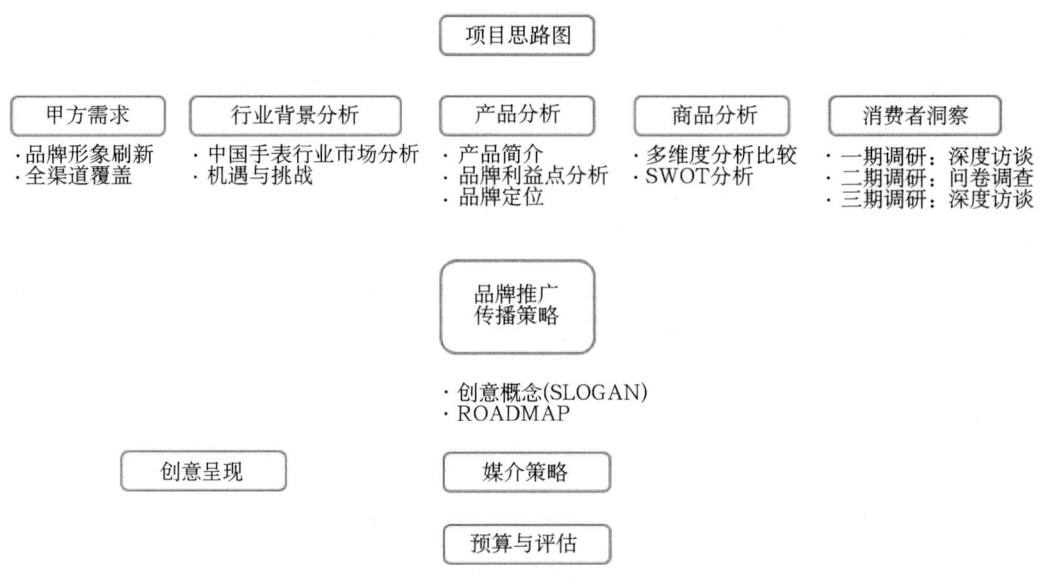

图1-2 雷诺表业2019年度品牌推广方案结构内容

二、以时间为轴的项目进程管理流程

毕业设计项目的整个管理框架以时间为主轴,以明确每个时段需要达成的目标。每年的毕业设计项目有几十个,必须确保所有的项目都按照管理的时间轴完成各阶段的工作。因此,在毕业设计项目管理上,深圳大学传播学院针对各系有统一的时间节奏和各阶段目标,这些时间节点会非常清晰和严格,各小组必须严格执行。

以"2015年传播学院本科毕业设计进程安排表"为例,可以看到,每个时间节点要达成的工作目标非常明确清晰,从毕业设计启动到最后的档案归档,都有明确的管理要求和指导。这种针对教学某一个环节的系统性管理工作确保了毕业设计项目的有序进行,学生和老师都非常清楚在每个时间节点要达成的目标和需要提交的文本。这是在长期的毕业设计实践基础上不断总结和完善的系统管理,虽然看似细碎,却能非常有效地保证广告专业每年几十个毕业设计项目的顺利进行。

案例　2015年传播学院本科毕业设计进程安排表（20141027）

序号	2015年毕业设计	进程安排	说 明	应完成的材料
1	2014年11月7日前	各系召开毕业设计布置会	布置毕业设计任务，完成项目分组和预选。	各专业《毕业设计方案》
2	2014年11月14日前	项目分组确认公布	确认并公布项目分组安排表，含各组组长、组员和责任老师。	《毕业设计项目分组及责任老师名单》
3	2014年12月1日前	小组项目完成开题	确定项目任务方案，各项目组组长填报《毕业设计项目任务书》，提交给责任教师和系主任审核通过后签字确认。各系提交毕业设计项目汇总表给教务室。	《毕业设计项目任务书》《毕业设计项目汇总表》
4	2015年1月1日前	个人研究报告完成开题	个人填写《个人研究报告任务书》，以小组为单位由组长提交给指导教师和系主任审核通过后签署。	《个人研究报告任务书》
5	2015年1月20日前	项目、个人研究进展指导与假期布置	责任老师召集项目小组成员开会，检查项目小组进展情况，指导下一步进展方向与方法，完成假期布置。	放假前责任老师应确认当前项目进度，并指导学生完成假期项目进展计划
6	2014年1月24日—3月1日	寒假	寒假期间项目按计划继续进行，督促学生加快个人研究报告进度。	毕业设计进行中
7	2015年3月10日前	毕业设计中期检查	责任老师完成对小组项目进度、项目文本完成情况及项目工作日志的检查。（各系安排，提交书面检查情况表给院教务室）	《毕业设计中期项目进度检查表》
7	2015年3月10日前	毕业设计中期检查	责任老师完成对小组成员个人研究报告及个人工作日志的检查。（各系安排，提交书面检查情况表给院教务室）	《毕业设计中期个人研究检查表》
8	2015年3月31日前	项目文本初稿预审	项目文本初稿（完整稿）完成，提交给各系预审，28日前将修改意见反馈给各组学生。（通过系评审组预审后才有资格提交毕业设计终稿）	《项目文本初审意见表》

续表

序号	2015年毕业设计	进程安排	说 明	应完成的材料
9	2015年4月6日前	个人研究报告预审	以小组为单位，由组长统一提交全组的个人研究报告给指导教师预审，责任老师填写初审意见表并及时反馈给学生，指导学生修改。（通过责任老师预审确认后才有资格提交终稿）	《个人研究报告初审意见表》
10	2015年4月15日前	项目小组向各系提交毕业设计成果	小组项目文本、个人研究报告、小组及个人工作日志、任务书、光盘及其他材料等。（详细要求见"毕业设计学生须提交材料清单"）	《毕业设计进展情况记录表》
11	2015年4月20日前	项目文本和个人研究报告终稿评审	项目文本和个人研究报告均评审合格者获参加答辩资格。	《小组项目文本综合评分表》《学生个人报告评分表》《个人综合表现评价表》
12	2014年4月20日前	提交毕业答辩演示文件至实验中心指定电脑文件夹	按专业/答辩地点提交。	
13	2015年4月22—24日	4月__日新闻学毕业答辩	暂定	《毕业答辩成绩评审表》
		4月__日传播学毕业答辩	暂定	
		4月__日广告学毕业答辩	暂定	
14	2015年4月28日前	各系提交毕业设计项目总评成绩	各系提交电子版和签字后的纸版成绩表给教务室后，由学院公示毕业设计项目总评成绩、排名及个人总评成绩。	《毕业设计个人总评成绩汇总表》
		各系提交毕业设计个人总评成绩		《毕业设计项目总评成绩汇总表》

续表

序号	2015年毕业设计	进程安排	说 明	应完成的材料
15	2015年5月20日前	各系向教务室移交学生毕业设计成果归档	1.项目文本(含单位鉴定表和诚信声明);2.个人研究报告;3.项目任务书;4.个人报告任务书;5.项目小组工作日志;6.个人工作日志;7.光盘。(含1—4项的电子档、答辩演示文件资料和其他毕业设计实录材料等)	以教务室格式为准
16	2015年5月25日前	各系向教务室移交毕业设计成绩与评审资料等归档	1.毕业设计项目及个人报告情况一览表;2.优秀项目汇总表;3.项目文本初审意见表;4.小组项目文本综合评分表;5.毕业答辩评审表;6.项目总评成绩汇总表;7.个人报告初审意见表;8.个人报告成绩评审及个人综合表现评分表;9.毕业设计个人总评成绩汇总表;10.毕业设计进展情况记录表。	以教务室格式为准
17	2015年5月30日前	各系提交毕业设计总结	简要地总结分析2015届毕业设计完成情况,经验教训,改善意见等。	

说明:此表为学院建议进程安排表,除答辩时间、后续成绩和材料移交时间由学院统一决定外,其他具体时间以各系确定为准,请学生遵照所在系的要求与通知执行。

注:1.各系需提交归档的文件资料详见"毕业设计归档资料文件清单";
　　2.所有须归档文件材料,请以系为单位收取整理后统一按时移交给教务室。

第二章
广告本科毕业设计的管理

本章要点》

1. 毕业设计概况
2. 毕业设计的进程管理
3. 考核与成绩管理

广告专业是实践性非常强的一个专业,毕业设计通过完成小组全案项目和个人研究报告进行考核。毕业设计时间长达半年,涉及的环节多、内容广,还存在小组内部分工协作等问题,因而对毕业设计工作的全面有效管理是做好毕业设计工作的重要保障。

第一节 毕业设计概况

一、毕业设计任务与要求

广告系综合毕业设计主要采取小组项目的方式进行,学生以小组为单位合作完成推广全案,同时独立完成个人研究报告,共计两项任务。

(一)推广全案

这一任务要求学生以小组为单位,完成整合推广全案一项,其中的具体要求主要包括以下两个方面。

1. 所选课题须为真实课题

选择真实课题是实战训练的核心要求。真实选题要求学生全面了解产品及其所在的具体行业,洞察目标人群的心理状态与行为习惯。选择真实课题,特别是客户需求强烈的课题,可以增加客户方对项目的参与度、投入度及更多的支持。学生可以在更加现实的社会与商业场景下做出尽可能合理的判断与决策,做出更加符合实际需求的方案。

课题主要由各小组成员自行联络客户获得。学生有三种方式获得项目:第一种,学生在毕业设计开始前刚刚完成专业实习,实习期间,他们会接触到一些项目与客户。此时,他们就可以开始物色毕业实习的项目,很多学生都有自己关注和感兴趣的品牌、商品或者服务;第二种,在和指导教师沟通的过程中得到一些选题建议,然后通过多种途径与企业接触并争取项目;第三种,广告系的毕业设计已开展了二十余年,在深圳本地有一定的知名度与影响力,因而每年都有一部分客户会主动联系寻求合作,广告系也会将相关需求提供给学生,让学生自主选择。客户沟通与商务洽谈也是广告学专业的课程之一,学生可以通过联系客户去实践课程所学内容,这就更加丰富了毕业设计的实践内容。实际经验显示,很多客户对学生的推广项目提议都给予了非常正面的反馈。

2. 每个小组独立完成整体方案

广告专业毕业设计的时间周期接近半年,推广全案的部分要求学生合作完成包括项目选题、问题识别、项目策略方案制定、广告创意与创意执行等在内的一系列完整程序与步骤的整体方案。

基于广告专业的培养目标,毕业设计要求学生整合和实践他们通过专业学习获得的各方面知识与技能,以全面提高自己的专业能力。为了完成这一要求,每一个小组首先要有合理的人员组合与技能专长的匹配,组员之间既有分工也有合作,学校希望学生在合作中慢慢成长为一专多能的广告人才。

在寻求企业合作的过程中,很多企业都希望项目小组可以帮助自己完成很多执行环节的工作任务,例如举办活动、设计广告海报、运营公众号等,而非项目全案。这种状况就需要学生与客户方充分沟通,让他们了解毕业设计是学生学习的一个环节,与单纯的实习或兼职有着本质的区别,同时也让企业意识到项目全案也可以让企业重新审视自身,给企业带来创新的发展思路。

(二)个人研究报告

广告毕业设计中的全案部分主要训练、提升和考察学生的专业实践能力,而广告专业教育除了要培养学生的实践能力之外,也应着力于提高学生的专业理论水平与研究能力。很多学生在大学毕业之后选择继续深造,此时,理论研究与论文写作便成为一项非常重要的能力。个人研究报告这一任务的设置,要求学生按照论文写作的思路提出问题,制定研究方案并进行研究,得出结论。这个环节可以有效地训练学生的研究能力。

同时,毕业设计又是大学期间最为重要的一项学习考核,全案项目由小组成员集体完成,虽然每个学生都会有自己的分工,但是在考察中教师很难单独评价,区分学生之间的差异。个人研究报告则要求每个学生独立完成、单独评分,从而有效地区分学生的专业能力与投入程度,解决上述考察中存在的问题。

个人研究报告的内容须与小组项目相关,并主要结合个人分工进行选题。如此设置的原因在于,一方面,毕业设计时间紧、任务重,个人研究报告的内容与小组项目相关并结合个人分工的做法可以减轻学生的工作压力,提高效率;另一方面,小组各成员结合自己所负责的部分进行深度研究,也可以更好地完成项目全案中的工作内容。

个人研究报告须提出和解决具体研究问题,选题须具备一定的实用或理论价值。个人报告整体要求逻辑清晰、观点明确、内容充实并且具备原创性。因为与项目全案结合进行选题,因而对个人报告的理论性与学术性不做强制性要求。对于那些想进入学术领域进行深造而希望在毕业设计中提升学术研究与理论水平的学生而言,他们可以选择以毕业论文的方式来完成毕业设计。

二、毕业设计工作流程

广告专业毕业设计开始于第四学年秋季学期中期,结束于第四学年春季学期中期,历时六个月。广告专业毕业设计包括选题、方案初稿、方案定稿、公开答辩四个主要阶段,每一个阶段的具体工作内容如下。

(一)选题阶段

选题阶段是毕业设计的起始阶段,一个有价值、有发挥空间的选题会为学生做好毕业设计奠定良好的基础。选题包括项目选题与个人研究报告选题两个部分。

全案项目选题：首先，各小组学生经过初步调研提出备选项目，然后与指导教师分析讨论，确定小组的选题，并完成开题报告初稿；各小组选题完成之后，全系进行项目开题会，评审各小组的项目选题，开题通过的小组充实、完善并提交开题报告；选题未通过的小组重新组织选题或对原选题进行进一步的分析与论证，经指导教师与系主任审核通过后，完成并提交开题报告。

个人研究报告：由于个人研究报告的内容须与小组项目相关，并结合每个人在项目中的分工，因此个人研究报告的选题在全案项目选题结束后进行。学生针对自己在项目中的分工进行资料汇集、初步调研与分析工作，形成研究问题，完成开题报告，与指导教师讨论并做出修改后，完成并提交个人研究报告的开题报告。

(二) 初稿阶段

方案初稿阶段是毕业设计的主体阶段，这一阶段涉及市场及消费者调研、问题定义、目标确定、方案制定以及大创意形成等多个环节的工作，因此需要小组成员明确分工，并且与指导教师和客户密切联系，随时沟通项目的进度，确认整体方向不出现大的偏差。

广告专业毕业设计工作量较大，为了保证学生可以在规定时间期限内完成毕业设计任务，我们在方案初稿阶段安排了多个监控环节，以保证任务可以按部就班地完成。

毕业设计的时间周期横跨了一个寒假，为了让学生合理安排假期的时间，假期开始之前各毕业设计小组须与指导教师当面沟通项目及个人研究报告进展情况，做好寒假工作的安排；寒假结束之后一周内，各小组向指导教师说明项目及个人研究报告进展情况，填写并提交中期检查表。

在答辩前一个月左右，学生须提交一份项目初稿文档进行初审，每个项目指定4—5位专业教师对学生项目初稿进行评审、给予评价，评价结果分为"情况正常，需继续完善""问题比较多，需认真整改""问题非常严重，预警"三种情况。此外，评审教师还须对项目内容给出具体的评审意见与修改建议。评审结果会在一周内反馈给项目小组。与此同时，各小组成员须向指导教师提交个人研究报告初稿，指导教师给出评审意见后再进行修改与完善。三位指导评审教师中只要有一位给出"问题非常严重，预警"的评价，该小组就必须在一周内重新提交初稿，经再审通过后才可以进行后续工作，否则将失去提交项目终稿和参加广告专业毕业设计公开答辩的资格。

(三) 定稿阶段

方案定稿阶段是毕业设计的冲刺阶段，在这一阶段，各小组同学首先要结合项目方案初稿评审意见、指导教师意见、客户意见以及其他相关意见与建议完成项目的整体方案，包括项目创意表现的全部内容，如视觉系统设计、平面、视频与多媒体传播内容的设计与制作等工作；完成项目文本的排版与印刷；设计与制作周边产品与宣传物料等。这部分工作内容非常繁杂，工作量巨大，因而学生都会尽早开始准备工作，一旦方案确定，只做最后的调整与润色。

因为要在答辩前给评审教师比较充裕的时间进行评审与分数整理，同时也给学生准备公开答辩留出足够的时间，因此学生须在答辩前一周提交项目文本的终稿。每个项目安排7—8位评审教师，根据评分要求给出项目文本的分数。项目评审实行指导教师回避原则。

在小组提交全案项目文本的同时，各小组成员也须提交个人研究报告终稿，由随机分配的评审教师对个人研究报告进行评审。个人研究报告的评审同样实行指导教师回避原则。

(四) 公开答辩阶段

广告专业毕业设计答辩是毕业设计的最后一个环节，也是最受关注的一个环节，由广告专业的教师和外请的学界、业界专家担任评委，学生现场演示，评委现场评分，现场公布答辩成绩。由于广告专业毕业设计采取公开答辩的方式，现场的各界嘉宾与观众多达数百人，因而它确实是一场既生动活泼又激烈紧张的活动。

广告专业毕业设计答辩的时间安排在每年4月下旬进行，答辩地点选择在视听设备较为完备的会议厅，以保证学生在呈现作品时达到最佳效果。学生在会议厅的舞台上进行项目全案的演示，整体的形式非常类似于当下流行的产品发布会。毕业设计公开答辩活动对于广告专业的学生来说不仅是考核他们学业的一个环节，也是他们毕业前不可或缺的一个仪式。同学们从一入校就开始期待这一时刻，为此他们更加认真地投入到毕业设计的工作中，力求做出优秀的作品，最后在毕业设计答辩的舞台上得到大家的认可与掌声，以此作为自己大学生涯的一个重要纪念。

除了本专业教师之外，毕业设计答辩还会邀请来自业界的知名广告人担任嘉宾评委，现场各位评委会对各小组项目进行精彩点评，指出问题，给出建议。现场的交流既有专业性又有趣味性，因而成了广告专业同学学习的另类课堂。对于本专业的同学来说，毕业答辩是每年不可错过的盛事，不仅在校的低年级同学会积极参与，很多已经毕业的学长也会在这一天返校，看看"师弟师妹们有哪些新鲜的想法"。

广告专业毕业设计答辩面向的观众不限于广告专业与传播学院的师生，也包括其他院系与兄弟院校的师生以及深圳广告业界的众多专业人士。全案项目的客户方也会积极参与答辩活动，为了增强答辩效果，他们也会利用答辩过程展示产品供试用。不少企业与广告公司也会选择在这一天来到现场观看毕业设计答辩，在现场选择表现优秀的学生，直接洽谈就职意向。因此，毕业设计答辩活动一方面是对学生毕业设计作品成果的展示与考核，另一方面也是广告专业对外宣传与展开交流的一次良机。

第二节 毕业设计的进程管理

毕业设计的进度管理、质量管理与纪律管理是保证毕业设计顺利进行的三个重要内容。

一、毕业设计进度管理

（一）毕业设计主要时间节点

广告专业毕业设计从四年级秋季学期的11月开始，到春季学期的4月底答辩完成结束，时间周期为六个月。

作为大学期间最后也是最重要的一门课程，广告专业毕业设计制定了明确的进度表，以引导与管理学生在规定时间内完成规定任务，保证最终的毕业设计可以按照计划顺利完成。以下就是广告专业毕业设计的主要进度时间节点。

1. 毕业设计动员会

时间安排：11月上旬完成。

为了让学生尽快进入毕业设计的实质性工作阶段，通常要求他们在11月第一周内完成此项工作。

任务安排：对毕业设计工作进行全面的综合性说明，包括毕业设计的任务与要求说明、时间安排、分组与指导教师分配等，下发毕业设计相关的指导性文件。

2. 确认小组分组与指导教师分配

时间安排：11月中旬完成。

项目小组指导教师分配采取双向选择的原则，学生与教师之间要进行充分的沟通，因此要留出相对充裕的时间，此项工作基本定在11月20日之前完成。

任务安排：各小组确定小组成员，确认各小组成员均已申请毕业且具备参与毕业设计的资格，提交小组成员名单；确认没有遗漏的未分组的学生；为每个小组分配指导教师，确认并填写"项目分组及指导教师一览表"，包括各组组长、组员和指导教师等主要信息，公示并提交学院教务管理部门。

3. 毕业设计项目开题会

时间安排：12月上旬完成。

任务安排：各小组经过前期准备，与指导教师沟通，确定各组项目选题，完成开题报告初稿；全系召集毕业设计项目开题会，各小组对选题的价值、可行性与初步思路进行阐述，专业教师及业界专家作为评审，就选题的合理性、合适性进行评审，给出评审意见。开题通过的小组充实、完善并提交开题报告；选题未通过的小组重新组织选题或对原选题进行进一步的分析与论证，经指导教师与系主任审核通过后，完成并提交开题报告。

各小组项目确认后,更新"项目分组及指导教师一览表",增加全案项目选题的内容,公示并提交学院教务管理供学院对项目进行审核。

4. 个人研究报告选题

时间安排:12月下旬完成。

任务安排:全案项目选题结束后,各小组同学在明确自己在小组中的分工之后,针对自己负责的部分收集资料,进行初步调研与分析,形成研究问题,经与指导教师讨论并修改后,完成个人研究报告开题工作,提交学院教务管理。确定个人研究报告选题后,再次更新"项目分组及指导教师一览表",增加个人研究报告选题内容,提交学院教务管理部门。

至此,选题阶段工作完成。

5. 前期进展检查

时间安排:1月中旬。

寒假之前各小组与指导教师自行安排检查时间。

任务安排:为督促毕业设计项目按照进度计划完成,在选题结束后的2—3周内,学生须向指导教师报告项目与个人研究报告进展情况,并就进展中发现的主要问题与指导教师沟通。因为时间接近寒假,在完成前期进展的检查之后,师生也应做好假期安排计划,布置须完成的工作。

6. 项目中期检查

时间安排:3月上旬。

寒假结束之后,距离项目最终完成的时间已不足两个月,因为后续还有大量任务要完成,而这一工作须在寒假结束后尽快完成,因此假期结束返校后,各小组与指导教师须即刻安排完成中期检查工作。

任务安排:各小组须就项目及个人研究报告进展情况向指导教师进行说明,填写"毕业设计项目中期检查表"和"毕业设计个人研究报告中期检查表",对进展情况予以说明,指导教师填写中期检查结果及后续工作进展建议等内容并签字,提交给相关部门备存及了解毕业设计进展整体情况。

7. 项目初稿评审

时间安排:3月下旬完成。

为管理学生毕业设计项目的进度,保证项目质量,广告系在答辩前一个月对学生的毕业设计项目初稿进行评审。

任务安排:学生提交一份进展中的项目初稿文档,每份初稿由4—5位专业教师进行评审,评审结果分为"情况正常,需继续完善""问题比较多,需认真整改""问题非常严重,预警"三种情况。评审结果一周内反馈给项目小组。三位评审教师只要有一位给出"问题非常严重,预警"的评价,该小组就必须在一周内重新提交初稿,经再审通过后才可以进行后续工作,否则将失去提交项目终稿和参加广告专业毕业设计公开答辩的资格。

与此同时,各小组成员须向指导教师提交个人研究报告初稿,指导教师给出评审意见后,各小组成员继续进行修改与完善。

8. 全案项目文本与个人研究报告终稿提交与评审

时间安排:4月中旬。

为保证有足够的评审时间,全案项目文本及个人研究报告终稿须在毕业设计答辩之前一周正式提交,评审小组老师在答辩前完成评分与查重。

任务安排:小组项目文本按照规定时间提交,迟交的小组根据迟交时间被酌情扣分;小组项目文本评审,每个项目由7—8位专业指导教师进行评审,评委计算平均分并扣除迟交减分后记为小组项目文本分数;个人研究报告终稿按照规定时间提交,评审小组对个人研究报告进行查重,查重重复率超过学校要求的,退回整改,重新提交,查重不通过者不得参加毕业设计项目的公开答辩。

再次更新确认"项目分组及指导教师一览表"中的各项内容,以确保准确无误。

9. 毕业设计公开答辩

时间安排:4月下旬。在答辩前1—2周各小组通过抽签决定答辩场次。

任务安排:邀请广告学专业指导教师、学界、业界嘉宾担任毕业设计答辩评委,安排毕业设计答辩宣传以及答辩现场服务工作;答辩现场每个小组由7—8位评委进行评分,评委计算平均分并扣除超时减分后记为小组项目答辩分数;现场公布答辩成绩、最佳现场表现奖(答辩成绩最高的小组)、最佳策略奖(文本成绩最高的小组)与全场大奖(文本成绩与答辩成绩合计最高的小组)。

10. 毕业设计成绩整体计算与公示

时间安排:5月上旬完成。

为配合毕业以及学位授予时间,毕业设计成绩须在5月中旬核查无误并提交学校,在此前须留出一周公示时间及反馈核查时间。

任务安排:完成个人研究报告评分以及个人综合表现评分;根据各项成绩所占比例计算毕业设计最终成绩并核定成绩等级;填写"毕业设计项目总评成绩汇总表"和"毕业设计个人总评成绩汇总表",提交学院教务处公示,组织评委评选优秀单项奖。

(二)进度管理的主要工具

1. 广告专业本科毕业设计进度安排表

将前述毕业设计的各时间节点及工作任务列入"广告专业本科毕业设计进度安排表",在毕业设计任务布置会上向学生进行详细说明,与各小组组长建立工作群并在相关任务开始前予以提醒。

2.《小组工作日志》与《个人工作日志》

这两份日志是学生工作的记录手册，要求学生在日志中把小组讨论、与指导教师的讨论、与客户的洽谈以及其他工作进展情况做好记录。很多学生把"广告专业本科毕业设计进度安排表"打印出来，贴在工作日志的首页，以随时提醒自己根据进度要求规划好工作内容。

3. 毕业设计进展情况记录表

这份表格由指导教师填写，记录每一次和学生讨论项目或个人研究报告的时间与内容，包括面谈与在线沟通。教师通过记录，可以更清楚地了解学生毕业设计的进展情况，以便随时提醒学生按照规定时间完成任务。

二、毕业设计的质量管理

广告专业本科毕业设计本质上是一种任务导向的自主学习，应该最大限度地发挥学生的主观能动性，把毕业设计做好。因此，毕业设计的质量管理主要是通过提供多层面的指导去帮助学生拓宽思路、扫除知识与能力盲区，通过对重点环节的有效监控，及时了解学生毕业设计的进展动向，特别是问题与漏洞，从而及时进行整改，以保证最终的作品水准。

（一）毕业设计的指导

广告专业的毕业设计旨在全方位考察学生的各方面能力，虽然在管理上实行了学生自主管理的原则，但仍然为学生提供了全方位、多环节的指导安排，主要包括以下三个方面。

1. 专业教师的集体指导

广告专业有广告策略与广告设计两个专业方向，毕业设计也包括策略制定、创意文案、平面设计、音视频制作以及互动设计等多方面的实践内容，而每一位老师都有自己的专业领域，无法在每一个部分都给予学生有效的指导。因此，广告专业本科毕业设计采取专业教师集体指导的方式，学生可以就毕业设计过程中出现的问题咨询任何一位专业教师，听取他们的专业建议与评价。

2. 指导教师的全程指导

每个项目小组安排一位指导教师，在毕业设计的每一个阶段，小组成员要与指导教师密切接触，交流、汇报项目进展，提出问题，指导教师在清晰地了解了小组毕业设计项目进展情况后，给予小组建议与指引，提供他们所需的协助。此外，在商业实践方面，学校鼓励学生多听取客户与业界前辈的意见与建议，也曾经尝试学校、行业双导师方式，取得了不错的效果。

3. 专项能力的专门指导

除了广告活动中的常规任务之外，广告毕业设计还包括一些在本科课程中涉及较少的环节，针对这些部分，学校也会为同学们安排专门的指导。比如个人研究报告的选题与写作,虽然它对理论性与学术性的要求不高,但学生在写作时还是应该遵守论文的选题、研究与写作规范。因此,在个人研究报告选题之前,广告系会邀请专门的老师开办讲座指导学生如何筛选选题与开展研究。在市场调查过程中,大数据开始得到关注,因而广告系会邀请网络与新媒体方面的老师给同学们做数据抓取与分析的指导;为了让同学们的毕业设计公开答辩取得更好的成绩,广告系也会邀请播音主持专业的老师给予同学们发声训练与仪态方面的指导。

毕业设计的指导,总体目的是为了给同学们提供各方面的辅助与拓展,以使他们更好地发挥出自己的水平与能力。

(二) 毕业设计的质量监控

为了保证毕业设计的重要阶段不出现问题,毕业设计管理中设置了两项不计入成绩的质量监控环节。

1. 小组项目选题的监控

全案项目选题是毕业设计中最为关键的环节之一,一个好的选题,可以为一个优秀的毕业设计奠定良好的基础;而一个考虑不周的选题则很可能在后期遇到巨大的困难。例如,在没有设置项目开题会这个环节之前,就曾有小组在时间过半之后发现进展下去有困难而中途更换项目,最后因为时间仓促、准备不足而使项目的最终整体水准不尽如人意。因此,现在各小组在选题确定之后都会进行全系的项目开题会,对各小组的项目选题进行评审,选题未通过的小组须重新组织选题或对原选题进行进一步的分析与论证,更审慎地分析选题的价值、可行性与发挥空间,以降低后期更换题目的风险。

2. 项目初稿评审

春季学期3月下旬,为保障毕业设计项目的进度与项目质量,广告系在答辩前一个月就对学生的毕业设计项目初稿进行评审。这一阶段,学生项目的主体部分应该已经基本完成,但是由于学生继续深造、就业、没有安排好毕业设计的时间等各种原因,不同的小组进展情况与完成水准有较大的差别。评审教师根据小组实际完成情况给出"情况正常,需继续完善""问题比较多,需认真整改""问题非常严重,预警"等三种不同级别的评价,并及时反馈给项目小组。评审教师中只要有一位给出"问题非常严重,预警"的评价,该小组就必须在一周内重新提交初稿,经再审通过后才可以进行后续工作,否则将失去提交项目终稿和参加广告专业毕业设计公开答辩的资格。初稿评审可以帮助学生更好地管理毕业设计的时间,相当于把学生的毕业设计作品提交最后期限做了一个非常有警示性的前置,从而可以让学生尽快进入最后的冲刺阶段,避免最后因时间不足、仓促完成项目而导致项目的质量下降。

广告专业本科毕业设计的质量管理

并没有十分硬性的质量管理规定与具体的指标要求，质量管理的目的是让学生有自主提高毕业设计作品质量的意愿，并且可以获得提高质量的指导与帮助。

三、毕业设计纪律管理

（一）毕业设计纪律管理的主要内容

毕业设计纪律管理主要包括毕业设计完成过程是否诚实守信、考勤与参与情况等两个方面的管理，以学生自主管理为主，学校在毕业设计管理工作中设置重点环节进行宏观把控。

1. 诚实守信

毕业设计纪律最重要的部分是诚实守信。这种管理一是可以保证作品的原创性，禁止剽窃与过度引用，若个人研究报告查重时发现引用量超过比例，则须整改合格后方可继续完成毕业设计；二是可以保证毕业设计的主体部分由项目小组成员完成，如果有小组成员以外的人员协助完成部分辅助性工作，必须在毕业设计文本中清楚说明。学生在毕业设计项目与个人研究报告上签署诚信声明；同时，作品的原创性等涉及诚实守信问题的部分接受实名举报，一经查实，按学校相关规定处理。

2. 考勤与参与

毕业设计旨在尽可能地发挥学生的自主性，因而在分组、选题等各个阶段，指导教师都只是给予指导意见，最终决定由学生自主作出。在纪律管理方面，考虑到学生面临就业与继续深造的问题，要更充分地利用时间去实习或者考试，因而学生被赋予自主安排时间的权利，由小组成员共同协调时间与任务分配。毕业设计项目文本中必须清晰地说明每个学生所完成的任务，同时学生们要记录好个人与小组日志，指导教师在给出个人综合评价分数时应该充分参考上述资料。

（二）毕业设计纪律要求

第一，所有参与项目小组的同学必须是学院确认有资格参加本专业本年度"毕业设计课程"的学生。

第二，毕业设计成果须按要求按时完整提交，逾期提交的，酌情扣分；未按要求完整提交的小组或个人视为未完成毕业设计要求，取消答辩资格，毕业设计成绩记为零分。

第三，项目文本评审实行指导教师回避制，个人研究报告评审实行指导教师回避及匿名评审制。

第四，毕业设计小组项目与个人研究报告严禁抄袭，引用借鉴时，须注明出处或来源。根据"传播学院关于严明学习纪律遏制作弊行为的规定"，个人研究报告中出现25%以上的重复率即认定为不合格，限期整改，重新提交；不能在规定时间内完成整改并提交通过的学生，毕业设计成绩记为零分。小组项目的创意、设计与制作有剽窃嫌疑的，一经查实，依据情节给予相应处罚。

第五，毕业设计小组项目应由小组成员在合作的基础上独立完成。如有需要，可由他人协助完成部分辅助性工作，同时须在项目文本中说明协助人和协助情况。

第六，项目小组成绩以及个人总评成绩统计完成后，在学院布告栏公示三天。公示期间，接受实名举报。举报同时须提供相应证据，举报事项一经查实，依据学校相关规定处理。

第三节　考核与成绩管理

一、考核内容及评分来源

（一）推广全案

推广全案评分包括项目文本得分、小组答辩得分以及个人答辩得分三个部分，由全系指导教师以及外请评委评定。小组答辩得分与个人答辩得分分别评定。

小组项目文本评分，百分制，在答辩前进行，每个项目由7—8位评委分别评分，计算平均分作为项目的文本评分。文本超过规定期限提交的，酌情扣分。

小组项目答辩评分，百分制，在答辩现场进行，每个项目由7—8位评委分别评分，计算平均分作为项目的答辩评分。答辩超过规定时间的，酌情扣分。

个人项目答辩评分，百分制，在答辩现场进行，现场7—8位评委分别打分，计算平均分作为个人的答辩评分。

个人答辩与小组答辩分别评分，两个分数之间没有直接关联。

推广全案的评分全部采取指导教师回避制。

（二）个人研究报告

个人研究报告评分，百分制，由指定教师评定成绩。个人研究报告的评分采取指导教师回避制。

（三）个人综合评价

个人综合评价由小组指导教师根据学生的专业表现、项目参与度，结合小组工作日志和个人工作日志进行综合评价，百分制。

二、毕业设计评分依据

（一）项目文本评分要点

（1）项目架构（解决问题的思路）（10%）；

（2）项目分析、市场研究及定位（问题识别及推导过程）（15%）；

（3）项目策略方案（含广告策略，公共关系策略，媒体策略，预算，概念表意的准确性、专业性，策略的针对性、原创性、可执行性、有效性、完整性）（20%）；

（4）广告创意（主题表意的原创性、冲击力、准确性）（20%）；

（5）创意执行（广告设计或制作）（创意表现能力即各类形式广告的设计制作水平，例如摄影、故事板、插图、企业识别、

平面广告、多媒体广告、影视广告、广播广告等)(20%);

(6)项目实施(方案或部分内容被企业采纳或者执行)(5%);

(7)文本内容的完整性、整合协调性及规范性(10%)。

(二)毕业答辩评分要点

(1)提案思路清晰,个人陈述表意准确、专业、简洁、完整;

(2)多媒体演示表达清晰、流畅;

(3)对个人完成部分的专业性评价;

(4)正确理解提问,明确回答问题。

(三)个人研究报告评分要点

(1)逻辑清晰、观点明确、语言简洁通顺,不少于5000字;

(2)严格按照规定格式提交。包括3—5个关键词、200字以内摘要、不少于10个(篇、网址)参考文献;

(3)选题价值较高、内容充实、原创性强。

(四)个人综合表现评分要点

团队合作精神、个人完成部分专业水平、创造性思维、技术操作表现、工作态度、小组项目整体成果表现。

三、成绩核算方法

(一)毕业设计小组项目得分

毕业设计小组项目得分=项目文本得分×50%+小组答辩成绩×50%。

毕业设计小组项目得分是评选优秀项目的依据。

(二)毕业设计个人得分

毕业设计个人得分=毕业设计小组得分×40%+个人答辩得分×20%+个人研究报告成绩20%+个人综合表现×20%。

毕业设计个人得分用于评定毕业设计成绩,评定时将百分制转换为等级制。

根据学校和学院相关规定,个人研究报告查重重复率超出标准的(一般为25%),认定为不合格,须整改后重新提交;在规定时间内,个人研究报告查重重复率不符合要求的,取消答辩资格,毕业设计不合格;个人研究报告查重重复率超出标准的(一般为高于15%,低于25%),毕业设计成绩不可以为优秀。

第三章
广告本科毕业设计的选题指导

本章要点》

1. 广告毕业设计选题及其意义
2. 深圳大学广告毕业设计选题流程
3. 广告系毕业设计项目选题类型
4. 广告毕业设计选题思路

第一节　广告毕业设计选题及其意义

一、选题方式

广告系综合毕业设计采取小组项目的方式进行,学生以小组为单位合作完成推广全案,同时独立完成个人研究报告,共计两项任务。广告毕业设计选题包括小组毕业项目选题以及个人研究报告选题两个方面。

(一) 小组毕业设计项目选题

学生由5—8个人组建毕业设计项目小组,以小组为单位确定服务的品牌客户,完成整合推广全案的毕业设计项目。项目前期,每个毕业设计小组面临的第一个难关是如何选择服务的品牌客户和确定小组毕业设计项目选题。在选择选题的过程中,一般由小组自行联络客户确定选题或者参与比稿获得学院实战PK项目选题。

1. 自行联络客户

由于小组成员的喜好不同、校内校外经历不同,因而他们对于选题的倾向也不尽相同,学生通过各种渠道联系到品牌客户,可以展示自己的技能和优势,获得多个企业和品牌的认可并获得毕业设计选题的授权。然后组员对已授权的选题展开讨论并在选取选题的过程中充分听取全系教师的指导意见,在已授权的选题中挑选出本小组最感兴趣的优质选题,经小组指导教师认可确认后,自主完成项目开题报告和演示文件,参与广告系统一安排的开题答辩会。答辩通过,小组毕业设计项目选题工作即告完成,小组进入毕业设计项目方案的策划阶段。

在历年自行联络客户的毕业设计小组项目中,选题来源多样,项目广泛,聚焦综合性推广全案,多以商业类选题为主,亦有少量公益类选题。在2018年广告毕业设计小组的项目选题中,互联网产品与服务类选题大热不少,不少学生选择了每日优鲜App、王者荣耀、网易云音乐、Faceu App等时下最受人关注的互联网产品。与此同时,也有涉及传统制造业类的选题,如"祥利红木2018年品牌传播方案";涉及快消品类的选题"全汁Wholly Juice 2018年下半年整合推广方案",以及对城市文化地标传播营销进行思考的"深圳百老汇电影中心2018年第四季度品牌推广方案""深圳文化新地标——海上世界文化艺术中心2018下半年推广方案"。

2. 学院实战PK项目

在小组毕业设计项目选题筛选过程中,为进一步增强广告系毕业设计项目的实战性,学院广告系会联系企业、广告公司以及其他机构,为毕业设计提供特定项目。毕业设计前期,每个项目通过比稿确定2—3个参与项目的小组,由这些小组各自独立完成毕业设计项目,并由系内指导教师和企业营销部门人员共同指导,最终比稿展示。在 2018 年广告毕业设计中,就有四个毕业设计小组分别选择了实战选题——祥利红木和雷诺手表,最终进行两两比稿 PK 展示,由业界人士和广告系老师共同点评打分。其中,由黄玉波老师指导、林洁峰等六人共同完成的"雷诺表业 2019 年度品牌推广方案"获得了毕业设计全场大奖,并获得了现场业界人士的好评。

表 3-1　2018 届广告系毕业设计选题情况

年份	专业	项目名称
2018 届	广告学	每日优鲜 App2018 年下半年广东地区内容营销推广方案
2018 届	广告学	HoneyComb 蜂巢电子积木 2018 年深圳地区暑期推广方案
2018 届	广告学	观野品牌重塑及 2018 年度推广方案
2018 届	广告学	深圳百老汇电影中心 2018 年第四季度品牌推广方案
2018 届	广告学	梅沙户外营地教育 2017-2018 学年第二学期深圳地区推广方案
2018 届	广告学	新永盛沉香线香 2018 下半年营销策划案
2018 届	广告学	深圳文化新地标——海上世界文化艺术中心 2018 下半年推广方案
2018 届	广告学	祥利红木 2018 年品牌传播方案
2018 届	广告学	雷诺表业 2019 年度品牌推广方案(1)
2018 届	广告学	雷诺表业 2018 年品牌全渠道推广方案
2018 届	广告学	全汁 Wholly Juice2018 年下半年整合推广方案
2018 届	广告学	2018 深圳航空暑期活动策划
2018 届	广告学	祥利红木 2019 年度品牌推广方案
2018 届	广告学	第四届王者荣耀高校联赛品牌策划及创意推广方案
2018 届	广告学	Faceu2018 年第三季度创意传播推广方案
2018 届	广告学	米家智能家庭套装 2018 年第三季度深圳地区推广方案
2018 届	广告学	网易云音乐 2018 年第三季度[职场新人关怀计划]项目方案
2018 届	广告学	太兴餐饮深圳地区 2018 年第三季度营销方案

(二)个人研究报告选题

个人研究报告选题的依据有几个方面:(1)个人兴趣;(2)题目的难易程度;(3)材料的多寡;(4)前人的研究情况;(5)毕业设计的分工情况;(6)自身优势

(专业学习内容、实习经验等)。在确定个人研究报告选题时,同学们要同组员交流,避免"撞题",个人研究报告的研究数据及理论可用于小组毕业设计项目的前期调研,以帮助小组顺利地完成毕业设计。

以2019届毕业设计小组相模原创小组为例,小组项目选题为"2019年相模原创品牌传播方案",品牌客户为日本避孕套品牌相模,在国内杜蕾斯、冈本、杰士邦等品牌已经完全占据避孕套头部市场的情况下,相模如何找到新的市场细分,如何找到消费者新的痛点,是该小组在选题初期要考虑的难题。小组成员共七人,其中四名为广告策略专业学生,三名为广告设计专业学生,小组成员围绕着相模品牌避孕套以及各人的专业特点、个人兴趣和小组分工筛选小组个人研究报告的选题,通过个人研究报告解决小组毕业设计项目中遇到的问题和难点。

表3-2 2019届毕业设计小组相模原创小组分工概况

组员	分工
宁显鹏	项目统筹 目标定位 策略推导 视频制作 文本校对
叶思豪	文本统筹 市场分析 思路梳理 媒介风控 效果评估
谢卓琳	媒介统筹 调研梳理 媒介策略 视频制作 项目预算
朱 然	创意统筹 消费者洞察 品牌分析 脚本撰写 文案构思
郭锦芸	调研统筹 消费者访谈 设计绘图 活动细化 客户对接
陈 呈	美术指导 市场定位 平面设计 图片后期 视频调色
韩玉滢	设计统筹 传播分析 项目排版 活动构思 UI设计

其中广告策略专业四名同学的个人研究报告选题分别为:《剖析数字化媒介下的营销传播变革——以避孕套品类为切入点》《浅谈数字营销传播环境下的初创品牌传播策略》《浅谈安全套品牌的跨界营销策略——以冈本为例》《浅析针对女性群体的安全套营销建议》,广告设计专业三名同学的个人研究报告选题分别为:《浅谈安全套品牌传播中的广告创意策略——以杜蕾斯为例》《探究多感官体验设计在广告中的应用(对安全套产品的应用性)》《安全套广告的视觉呈现与性别权力暗示》。

广告设计专业同学韩玉滢的个人研究报告选题为《探究多感官体验设计在广告中的运用(对安全套产品的应用性)》,通过研究多感官设计在广告设计中的应用,发现了成功的多感官设计广告应当具有的操作标准,并尝试将此标准应用于毕业设计项目的安全套产品广告设计中,为小组项目的创意表现阶段奠定了基础。

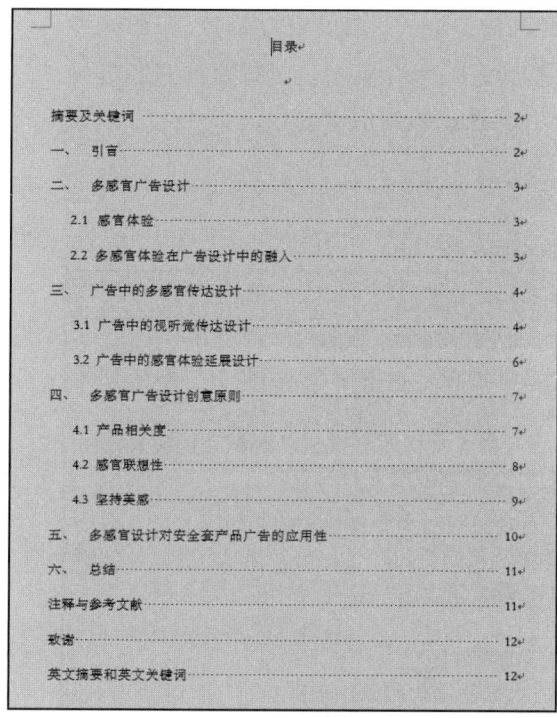

图 3-1 个人研究报告目录示例

二、选题的意义

广告专业设计的选题对于完成了四年学业的学生来说,具有以下几个重要意义。

第一,选题决定方向,选题的优劣是毕业设计成功与否的第一步,因此选一个"好"题便成了每个小组的同学的迫切愿望。从自身实际出发去选择感兴趣、有了解的选题,学生可以更好地抓住项目的品牌核心和需求;而紧随社会经济发展规律,与时俱进地选择时下热点相关选题,学生便可以更好地发挥创意,满足甲方对项目的需求和期待,更好地完成毕业设计项目。

第二,选题过程可以整合学生的能力和资源,体现学生四年来的学术能力、专业判断、广告创意技能、谈判能力和资源整合能力。毕业设计全过程需要学生去真实地了解甲方需求,了解品牌及行业动向,与甲方协商项目进程等。从选题开始,整个过程不仅是对学生完成毕业设计的挑战,也是对组内分工合作的考验,更是一场与甲方博弈的心理战。它考验的不只是学生四年的专业能力和才艺技能,更考验学生的谈判技巧和交流能力。

第三,毕业设计是广告准毕业生从模拟教学实战走向业界实战的关键环节。学生在四年的学习中,通过不断参加项目模拟训练和广告竞赛模拟教学实战训练,间接地了解了现实的市场,锻炼了自己的策划能力、分析能力、创意能力、团队合作能力、表达沟通能力等。毕业设计是广告准毕业生运用四年所学成果走向业界的第一步。

第二节 深圳大学广告毕业设计选题流程

一、初次选题:广泛撒网,重点筛选

以2019年相模原创毕业设计小组为例,小组经过多次选题讨论和选题筛选,并且与指导教师共同讨论后,最终选定了毕业设计选题。

(一)选题来源

选题来源丰富多彩,大致来源于个人爱好、实习单位、老师推荐、家人推荐等几个渠道。

在选题初期,相模原创毕业设计小组成员根据自己的个人爱好、流行趋势、实习单位等,每个人提交多个确认可联系或有意向的选题,内容包括品牌简介以及选择理由,由一名组员进行整合,在初次选题会议上,每个人对自己提交的选题进行阐述,然后小组成员共同讨论。

表3-3　2019届毕业设计小组相模原创小组部分备选选题一览

互联网产品	
网易云 (有联系方式)	【简介】UGC能力强,掌握大量用户数据。所谓有别于竞品的"社交"属性,目前并没有在营销上体现出来,产品上对于社交功能的设计也较模糊。营销方式渐渐变得套路。 【发挥空间】针对"音乐的力量"这句Slogan,个人觉得还有很多东西没有挖掘表现出来。目前的营销做得很浅,基本没做出过什么特别鼓舞人心的东西。
全民K歌 (有联系方式)	【简介】基于熟人关系链的唱歌打擂App,目前已成长为中国最大的互联网K歌娱乐社交平台;社交化+泛娱乐化,提供全场景体验。从四类用户喜好出发:明星主播、粉丝用户、家族成员、普通用户;以唱为核心延伸K歌娱乐生态"唱、听、看、玩""线上+线下"。 【突破点】多三、四线城市用户,需要吸引一、二线城市用户,目标年轻人;生态社区,利用熟人关系链,做好熟人社交;利用平台活动搞好陌生人社交。 【困难点】本身就是一个比较成熟的产品,大家的固化印象比较深。 【优势点】音乐类产品自带天然好感度+品牌效应。
游　戏	
阴阳师 (有联系方式)	【简介】和风卡牌女性向游戏,游戏粉丝基础打,大IP。 【传播节点】版本更新。 【分析】知名度较高,IP延展性高,产品定位清晰。面临用户流失困境,重点在于重新唤起旧玩家的情结。
绘真妙笔千山 (产品在杭州,联系有难度)	【简介】一款拥有浓浓中国东方韵味的水墨风益智解谜游戏。 【传播节点】11月上架。 【分析】未广泛传播,在一部分玩家中有知名度,国风吸引力高,目标为女性玩家,游戏前期推广可挖掘空间大。
传统快消品	
Volatea 花茶	【产品】创业公司,产品定位为上班白领女性饮用的花茶,目前主要在香港的一些精品店里面卖。 【机会点】想要打开内地市场,线上和线下的渠道。 【缺点】预算不确定,可能不多。 【调性】希望是比较简洁精致的风格。
樱之花婴儿用品有限公司	【产品】做婴幼儿服装、日用品,有实物。目前做连锁超市的供应商渠道,也有天猫旗舰店,目前有比较固定的消费者。 【机会点】公司可能处于转型阶段,整体的市场、定价包括VI和营销都可以自己调研,有比较大的发挥空间。 【缺点】可能不仅仅是做营销而是需要从产品本身进行升级,工作量较大。 【调性】目前是比较普通的国产零售的风格,可以接受风格的变动,想要可复制的模式。

(二) 初步判断

经过第一轮选题阐述之后,小组成员对现有选题的优势和劣势都有了一定的判断和选择,但是尚未达成共识。综合每个人对选题的考虑,小组对现有选题进行综合排序,一方面将讨论排序好的选题整理后与指导教师讨论,另一方面继续寻找合适的品牌方作为毕业设计选题的备选。

二、初步确定选题:专业评判、妥善处理分歧

(一) 专业评判

首先,学生要明白,通过网络及各个渠道了解到的企业和品牌二手资料只能作为初步判断的依据,不能想当然,而要通过与企业沟通,直接对话品牌负责人,从而获得企业对毕业设计的授权,同时了解企业的真实情况和核心需求。在获得相对完整且清晰的企业需求之后,将选题的信息整合,形成比较完整的企业和品牌的需求单,与指导教师或者已经就业的师兄师姐、专业人士进行沟通,听取他们对这些选题的专业评判。

以 2019 年某毕业设计小组的一个备选选题"以深圳市皮肤病防治研究所的皮肤科和美容科为重点的品牌营销方案"为例。小组在初选时将其保留,原因有几点:(1)以往的毕业设计项目以商业项目居多,公益项目偏少,公益项目在毕业设计项目中可能更容易出彩;(2)皮肤的保养和美容已成为一种时代潮流,人们对健康日益重视,因而皮肤病防治研究所这个选题是紧跟潮流的;(3)以往的宣传活动少,可发挥空间大。

表3-4 某小组备选选题需求单一览

分类	具体情况
甲方	深圳市皮肤病防治研究所
选题	以深圳市皮肤病防治研究所的皮肤科和美容科为重点的品牌营销方案 (我们的项目主要做其中的皮肤科和美容科)
简介	深圳市皮肤病防治研究所是中国挂牌的慢性病研究诊所(带回来几份简介,可以看看)。政府挂牌的、官方的、唯一的、正规的一个机构,以防治为主,在研究所里有很多科室,重点关注皮肤科和美容科。 2014年引进了名医名院团队专家——"政府三名工程:名医名院明诊所"。
核心	品牌、专业、权威。
性质	公益,政府单位。
优势点	1.本身医疗实力强。 2.环境还不错(个人感觉),和想象中的医院有出入。 3.其实有很多服务设计比医院贴心,更偏向于私立医院诊所的就诊形式。 4.可以用医保。

续表

分类	具体情况
当前状况/问题点	1.人们对医院的认知不足,有皮肤或美容方面的疾病也不会去这里看病,宁可去医院或美容院。 2.名字"防治研究所"容易让大众产生一些过于科研的刻板印象,不愿意去。 3.当前市面上的宣传比较偏向于价格系,因为大家对这方面的认知不足,无法判断好坏,过多地依赖价格。 4.大众对于皮肤和美容的知识了解少,不懂护肤也不懂美容。 5.很多受众会觉得是皮肤科,比较敏感,觉得会有一些传染性因此不愿意去集中性的医院。 6.医院的权威性在大众心目中的地位还是比较高的,现在一些医美产品也渐渐地流行起来。
目的	1.把皮肤病防治研究所做成一个品牌,做成业界权威,想到皮肤、美容就想到研究所。 2.加入"政府三名工程",希望受众看病不再去北上广;做成深圳权威。 3.改变用户的认知,不是到了非常严重才来研究所,不要等到脸烂了才来这里。和莆田系区分,跟美容院区分开,(设备先进,人才多)更专业。 4.改变受众的刻板印象。 5.最终目的还是希望大家能来医院看病,做项目(引导消费)。
目标群体	没有具体的。可以从大学生、年轻人开始。 最终目标还是面向全民的一种形象宣传。
沟通的可行方案(待进一步补充)	建立权威+亲民形象 —— 项目宣传 —— 消费引导。
以往的营销活动形式	以往通过公益项目(社区活动)/电视台视频宣传(正在做)。
活动形式需求	1.与莆田系区分开。 2.无大方向需求,符合大众,符合政府要求,可严肃可活泼。 3.短视频√(抖音:丁香医生) 4.公益为主,从公益性方向切入,最终实现盈利引流。防治,一方面做"防",做大众科普(皮肤知识科普、研究所科普);另一方面做诊所的营销推广。 5.可以和门诊的一些公益项目结合起来(医保祛痘等)。 6.全民来洗脸(和华薇聊的一个活动形式)。
预算	政府报账(需要我们给预算明细报表)。

通过各个渠道获得二手资料,对企业和品牌有了一定了解之后,小组前往实地了解、考察并与负责人沟通,形成相对完整的需求单,内容包括企业名称、选题方向、企业简介、核心需求、整体需求、活动形式需求、目标群体、选题性质、选题优势、品牌当前问题、以往活动形式以及预算等。将各个备用选题的需求单整合后

与指导教师、专业人士交流,清晰地展示和比较选题信息,以节约老师和专业人士了解品牌的时间,减少沟通成本,从而获得有效的建议。

(二)妥善处理分歧

毕业设计小组从选题开始,便会经历无数次的讨论与决策,由于专业分工不同、性别角度不同,这期间组员之间不可避免地会产生大大小小的分歧,分歧一旦处理不好,不仅会影响组员之间的关系,还会影响项目的进度和产出。有的小组成员在毕业设计中"同甘苦,共患难",后来成了死党朋友,有的小组成员则在毕业设计答辩后"老死不相往来"。因此,在选题期间如何妥善地处理分歧,如何妥善地经营小组关系,就成了毕业设计能否顺利启动的一个重要功课。

在毕业设计小组中,有很多值得借鉴的处理分歧、经营小组关系的方法,例如下面介绍的这两种。

1. 保持交流,拒绝盲目从众,拒绝独断专行

在选题的选择中,小组中每个人都有自己的看法和建议,独断专行往往会使小组分崩离析,因而万万不可取;而盲目从众定下的选题则有可能在未来被发现大大小小的问题,导致不得不重新选题,耗时耗力,影响毕业设计进度。因此,与其低效率地盲目讨论,不如来一场"小答辩":与指导教师交流后,组内讨论投票选出2—3个选题,模拟进行开题答辩,有理有据地说服自己的组员和指导教师,答辩后进行二轮投票,选择最终选题,达成共识。

2. 慎重选择组长,公私分明

很多小组在组队初期不重视选择组长这件事,或者因为自己和某个人私交比较好便选了他当组长,或者为了逃避责任而放弃当组长等。实际上,每个组员都必须明确一件事:组长是一个团队的核心灵魂人物,选择好组长可以提高全组的凝聚力。组长身负很多职责,同处在一艘船上,组长就是掌舵者,当出现分歧一直无法解决时,组长有最终决定权。

3. 保持幽默感

"伸手不打笑脸人"的道理大家都明白。每个小组因为组员情况不同,有的喜欢聊八卦,有的喜欢取外号。总之,让自己的沟通过程保持严肃活泼的氛围,能有效地避免分歧,减少分歧,推动选题活动有效地展开。

三、从虚拟选题到现实选题——与企业沟通的艺术

(一)如何与企业沟通

要想获得企业对毕业设计小组的授权,赢得他们的信任,最终拿出令人满意的毕业设计作品,学生是需要在前中后期与企业进行大量沟通的。有效的沟通才

能促成合作的顺利开展。在往年的毕业设计中,有多个毕业设计作品通过与企业不断沟通,得到了企业的好评,实现了落地。比如"无印良品2016年第三季度「Compact Life for Kids」项目提案"中对场馆的设计便获得了企业的好评,项目最终实现了落地。

想获得企业的信任,获得企业的授权,项目小组首先要在沟通中向企业传递"我们是朋友,你有需求而我正好专业"的信息。第一次沟通之前,先做好功课,了解对方品牌的相关内容,包括现有的产品、宣传手段,等等,同时要让企业了解我们,包括深圳大学传播学院毕业设计情况介绍、往年毕业设计作品展示、小组成员简介、小组成员作品展示等。与企业见面的时候,项目小组要向企业展示小组的实力,一般用PPT来展示,以提高企业对项目小组的信心。同时,项目小组还要花大量的时间去聆听企业讲述他们的需求,真切地了解企业的真正需求,这样才能为企业提供恰如其分的方案。

确定一个选题的前提是要充分了解它的需求。毕业设计项目与教学模拟实战、广告比赛不同,项目需求不会列成一个明确的需求单清清楚楚地摆在学生面前,而且企业的负责人很多时候对需求的表述也是模糊的。因此,项目小组需要不停地和企业沟通,才能逐渐发现、总结出企业最终的需求。在沟通的过程中,项目小组应谦虚地与企业交谈,牢记企业的要求,尊重企业的意见。给人的第一印象十分重要,其中有两个步骤是必须的:第一步,完整无误地复述企业的需求,并得到其负责人的认同。相信大家都玩过一个游戏:五个人站成一排,A对B说一句话,B传达给C,C传达给D,D再传给E,结果在大部分情况下,E讲出来的句子跟A说的相差很远。这是因为在信息传递的过程中,"噪声"会影响大家的沟通。所以,设计师必须把客户的需求完整地复述给客户,以确保你所听到的与客户所表达的是一致的。第二步,用企业认同、小组也可以执行的方案来反馈企业的需求,形成需求单。很多时候,企业代表在跟我们沟通时候并不知道自己想要的方案具体是什么样子的,可能他们心中有那么一个模糊的影子,但却无法用语言和文字清晰地表达出来。这时,项目小组就要学会利用自己的方式和专业去启发他的思维,比如喜欢什么颜色、喜欢什么风格等,以此挖掘企业的喜好,再引导其思考方向。

(二)如何展示自身优势

前面提到,第一次沟通前需要做好功课,这次沟通不仅要表明自己对企业的了解,也要让企业了解我们,一般通过PPT来展示。下面就以某小组与诚品书店沟通的PPT为例来介绍这个过程。

第一步,企业对学校的情况并不了解,于是项目小组通过文字介绍、新闻话题和往年优秀作品,让企业先了解毕业设计的历史、模式和影响力,提高企业对我们的信任,从而获得企业的许可。

图 3-2 某毕业设计小组部分演示 PPT

第二步,小组成员介绍,包括小组成员简介、小组成员荣誉、小组成员作品展示等。

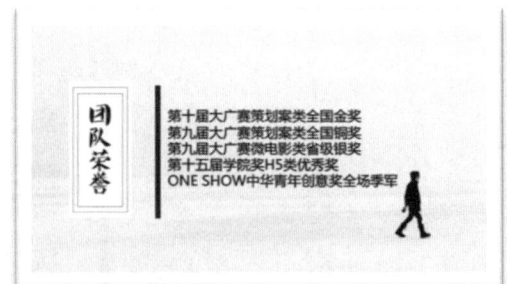

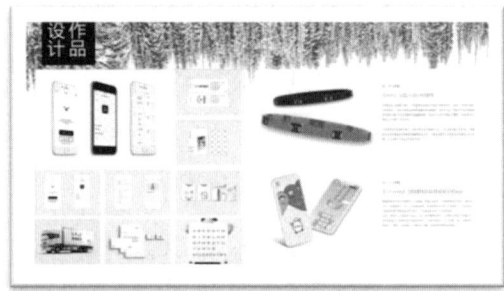

图 3-3　某毕业设计小组部分演示 PPT

第三步,展示对企业的了解和自身的思考,引起企业的兴趣,引起他们的共鸣,引导企业陈述自己的需求。

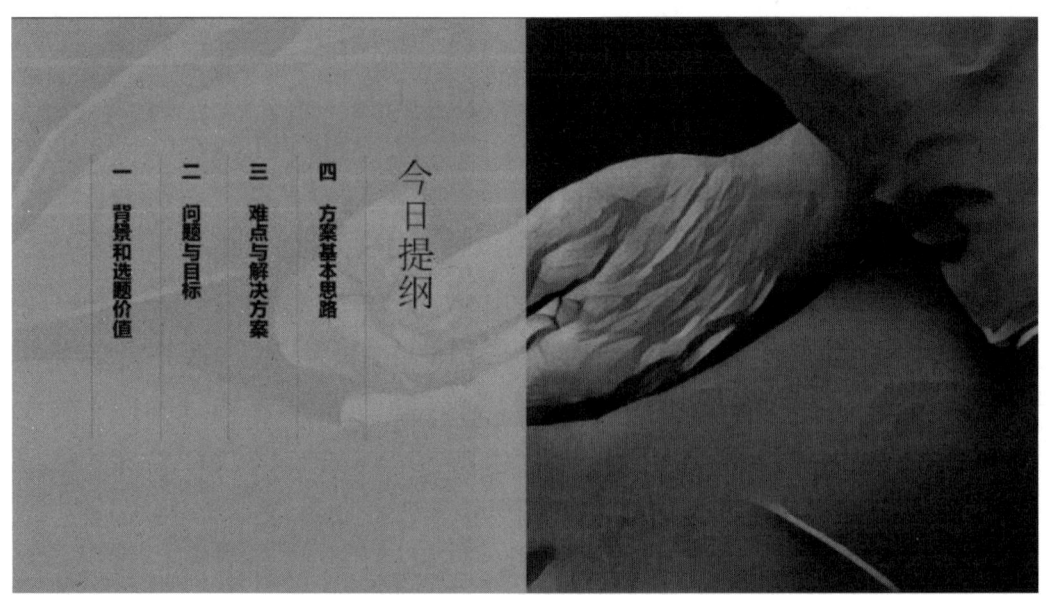

图 3-4　某毕业设计小组部分演示 PPT

四、选题最终确立:学院项目开题报告会

(一)项目开题报告的撰写

在与指导教师交流且在组内确定选题后,毕业设计小组需要完成项目开题报告的撰写。项目开题报告包括几个部分:毕业设计项目选题、项目课题来源、项目经费来源、项目工作时间、毕业设计项目任务及主要内容、项目成果形式、毕业设计项目小组成员及分工。

表3-5 2019自在·桂林毕业设计小组开题报告

毕业设计项目要求与规范	详见《2018届深圳大学传播学院_____专业本科毕业设计任务与要求》
毕业设计项目选题	自在·桂林2019年品牌传播推广策划案
项目课题来源	真实课题　　学生自己联络 / 教师推荐 / 其他(需说明)
项目经费来源	企业资助:　　　　　　　自筹:
项目工作时间	年　　月至　　　年　　月
毕业设计项目任务及主要内容	当前,我国旅游市场已经进入"旅游4.0时代",旅游逐渐向长线度假旅行发展,消费者除了日常稳定的第一居所,也追求在度假时质量高于日常生活的"第二居所"。在这种背景下,"自在·桂林"项目应运而生。甲方旨在通过桂林在交通、风光、人文、生态及政策扶持等方面的优势,吸引投资方及创业者入驻,同时为消费者打造一个自然度假生活体,倡导回归本源的美好度假生活的品牌理念。 　　因此,在和甲方充分沟通及小组成员充分讨论研究之后,我们确定了本次毕业设计项目的主要目标: 1. 帮助甲方品牌制定一个具有落地性和可行性传播方案; 2. 帮助甲方品牌提高"自在·桂林"自然度假生活体在大众消费者中的知名度; 3. 帮助甲方品牌传达"自在生活"的品牌追求。 主要内容: 1. 通过前期的文献资料收集、实地项目考察及与甲方的充分沟通,了解本项目的相关背景,为后期传播策划活动做好前期准备工作; 2. 通过市场调研,了解市场总体概况及竞品情况,深入剖析"自在·桂林"项目的优劣势,分析消费者行为,寻找消费者需求与品牌理念的契合点,提出传播主题、传播思路及主要策划创意方向; 3. 根据传播主题和思路,形成完整的策划方案。通过富有创意的内容和整合营销传播的方式直击消费者痛点,打响品牌知名度,传递品牌所追求的理念; 4. 确定本次方案的整体预算,评估传播效果,提高本次毕业设计实战项目的落地性和可操作性。

续表

项目成果形式	1. 市场调查、整合营销传播策划案等文本； 2. 海报、视频等视觉落地成果； 3. 媒介排期、成本预算等表格。
毕业设计项目小组成员及分工（注明组长）	林申益（组长） ● 实时跟进甲方需求，汇报阶段性成果，维系甲方和小组成员的紧密联系。 林申益、李子丹、陈嘉林：主设计方向 ● 市场调查、消费者洞察、传播主题推导等； ● 海报、视频等传播创意的思考、定调及落地执行。 张晋儒、程晗林、林燕琼、陈彦婷：主策划方向 ● 市场调查、消费者洞察、传播主题推导等； ● 媒介排期、成本和效果评估。
指导教师意见	签名：　　　　年　月　日
系主任意见	签名：　　　　年　月　日

(二) 项目开题演示汇报 PPT 的准备

选题的最终确立需要通过项目开题报告会的审核。由广告系的各位老师成立审核小组并设立项目开题报告会来审核每个小组的选题。小组成员准备演示汇报 PPT，通过抽签决定开题演示汇报顺序，进行选题答辩，由现场审核老师对选题的可行性、初步创意方向等进行评估。通过项目开题报告会的小组正式进入毕业设计工作，选题未通过的毕业设计小组需要与指导教师交流，重新定选题。

图 3-5　开题报告会答辩现场

项目开题演示汇报的主要内容包括：品牌产品介绍、毕业设计项目难点、毕业设计项目的目标、方案基本思路等。

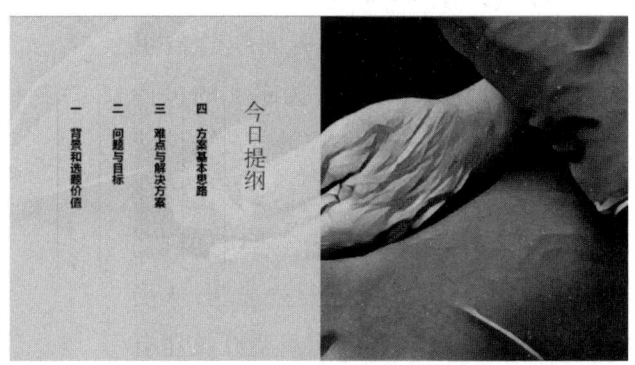

图 3-6　2019 年自在·桂林小组开题汇报演示 PPT 部分

(三)个人研究报告之开题报告的撰写

个人研究报告与小组毕业项目息息相关，因此个人研究报告的开题报告与项目开题报告是同时进行的。在确定个人研究报告选题之前，学生可以自行同指导教师交流，获得指导教师的意见，但同时也需要和组员交流，避免"撞题"。个人研究报告的开题报告包括几个部分：研究报告题目、研究报告基本内容、研究报告提纲、研究报告进度安排。个人研究报告的开题不需要答辩，报告提交给指导教师后，指导教师会与学生进行一对一的沟通，最终确认选题。

第三节　广告系毕业设计项目选题类型

以历年来广告专业毕业设计选题为参考，选题可以大致分一下类。从选题来源来分，可以分为外来选题和小组自身创业选题；从选题性质来分，可以分为商业选题和公益选题；从选题目标人群来分，可以分为 To B 类选题和 To C 类选题；从行业来分，可以分为快消品类、商业类、互联网产品与服务类、新经济类(旅游、创意与文化产业类等)、传统制造业类(家具、手表、服饰)等。

一、外来选题与小组自身创业选题

从往年的毕业设计选题数据来看，大多数毕业设计小组都会选择去联系品牌和企业获得授权，根据品牌需求输出创意方案，部分优秀方案还实现了落地；少数小组选择自身创业选题，如 2016 年"KEYFIT 健身餐品牌与商业模式建构方案"。KEYFIT 是深圳大学学生自主创业的健身餐品牌，专为健身塑体人士打造健身餐品，小组在毕业设计期间在桂庙社区创业。在毕业设计普遍提交创意提案和设计图稿的大环境下，KEYFIT 小组用亲身创业的数据来说话，这对他们自身是一个挑战，也是毕业设计项目的一个创新，获得了老师和业界人士的认可。

二、商业选题与公益命题

从性质上，我们将选题分为商业选题和公益选题两大类。由于商业广告以传递商品信息为使命，目的主要是宣传、推销某种商品或服务：诱导消费、开拓市场，所以具有明显的获取经济利益的目的。

公益广告则"免费推销"某种观念或主张,目的是向公众传达一种高尚、美好的观念。它通过生动的形象激起美感,使受众在审美体验中明辨是非、美丑、善恶,以提高全民族的整体素质,取得良好的社会效益。二者在诉求目标上的区别决定了它们的不同。

深圳大学传播学院广告系的培养目标是培养系统掌握整合营销传播、广告策划创意的理论与方法,掌握市场调研、数据统计分析、创意设计、文案写作等基本技能,具备优秀的沟通交际能力,足以胜任各类媒体广告经营、市场营销和广告管理、广告策划与设计工作的专业人才。因此在毕业设计中,学校就要求学生不仅要在商业选题上展露拳脚,在公益命题上也能有出色的发挥。如2019届毕业设计项目"GOblue2019下半年深圳地区推广方案"。野生救援(WildAid)是2000年在美国注册的非营利性非政府国际公益组织,GOblue向蓝是野生救援旗下的可持续生活项目之一,旨在推广低排放的消费与生活方式,以达到减缓气候变化的目的,从而让我们的城市天空回归蔚蓝。GOblue向蓝小组选择了公益选题,从受众的切身需求出发,呼吁目标受众关注自己的身体,通过门槛较低的"步行"达到运动的目的,进而推广低碳出行的理念,同时注重社交传播,形成低碳出行的文化氛围。

表3-6　2012—2019届"快消品类"毕业设计项目概况

年级	专业	毕业设计项目名称
2019届	广告学	GOblue2019下半年深圳地区推广方案
2014届	广告学	腾讯"微爱益起来"公益平台2014年下半年策划推广方案
2013届	广告学	"多背一公斤"2013年下半年深圳地区推广案
2013届	广告学	第14届深圳读书月推广方案
2012届	广告学	2013年深圳壹基金公益基金会壹乐园项目推广方案
2012届	广告学	2012狮子会慈善机构推广方案

三、To B类选题与To C类选题

To B方案的目标对象是企业,To C方案的目标对象则是个人。无论什么选题,我们都得解决一个问题——我们面对的是谁?也就是决定项目方案的目标对象。如果说To C方案的用户画像是根据某一个或多个共同属性把大量面孔模糊不清的人群强行收缩为几种典型类型,以便于我们看得更清楚,那么To B方案则是把原来隐藏在各种不同规模、不同行业企业背后我们看不到的人,根据其在决策过程中的位置、所属部门的特性等要素,一一拉到台前来,让我们对这些角色有更

具像、更人格化的理解。不管是 To B 还是 To C，我们面对的始终是人。大多数毕业设计小组会选择 To C 类选题，因为我们每个人都是 Customer。相对于 To B，我们熟悉如何对普通消费者进行访谈、归类、总结，To C 类选题更便于我们抓住消费者痛点，找到市场细分，进而形成完整有效的策略活动。

四、不同行业类别选题

按照行业类别区分，选题大致可以分为：快消品类、商业类（餐饮、商场等）、互联网产品与服务类、新经济类（旅游、创意与文化产业类等）、传统制造业类（家具、手表、服饰）等。

（一）快消品类

早期，在快消品类中，不同的产品和品牌都以传播差异化的价值为主，而近些年来，各家广告传播的内容差异越来越小。以去火的饮料为案例，一旦成功，后面就会紧跟着补脑的、润肺的、美颜的等，功能性饮品会冒出一大堆。产品跟风，导致广告宣传方案也跟风。毕业设计项目如果选择快消品类的选题，必须注意两点：第一，项目小组可能面临品类市场饱和、市场竞争激烈的情况，因而需要找准市场机会点；第二，消费者对已有品牌的认知已经固化了，项目小组的传播方案可能面临较大的挑战。以"2019 相模原创品牌传播方案"毕业设计小组的选题为例。相模原创是日本避孕套行业的领军者，但是因为进入中国内地市场的时间较晚，中国内地避孕套头部市场已被先入品牌杜蕾斯、冈本、杰士邦牢牢占据。因此，若选择该选题，在毕业设计中，项目小组一方面要依托自身优势瞄准新的市场增长点（高端市场/聚氨酯市场/女性市场），寻找突破点；另一方面，杜蕾斯的创意营销已经在消费者心中留下了深刻印象，而冈本作为同样来自日本的避孕套品牌，也已经在中国市场站稳了脚跟。因此，如何确立相模的品牌调性，打造品牌的记忆点，是毕业设计小组必须面对的一个挑战。

表 3-7 2010—2019 届"快消品类"毕业设计项目概况

年级	专业	毕业设计项目名称
2019 届	广告学	相模原创 2019—2020 数字化品牌传播方案
2019 届	广告学	壹点壹客 2019 年春季品牌推广方案
2019 届	广告学	中街 1946 深圳地区 2019 年度下半年品牌推广方案
2018 届	广告学	全汁 Wholly Juice2018 年下半年整合推广方案
2017 届	广告学	六神花露水 2017 年夏季推广方案
2017 届	广告学	LONFOOD 农畎猪肉脯 2017 下半年深圳地区推广方案

续表

年级	专业	毕业设计项目名称
2016届	广告学	子鱼Coffish挂耳咖啡2016年下半年推广方案
2015届	广告学	韩国Milkcow冰激凌2015年下半年深圳地区推广方案
2014届	广告学	全棉时代棉柔巾2014年下半年市场推广方案
2014届	广告学	冈本PPT安全套2014年下半年推广策划案
2014届	广告学	2014年深圳地区青岛啤酒整合营销推广策划案
2013届	广告学	Real Bake原味小点品牌建立与产品推广策划案
2013届	广告学	波仔饭2013年下半年深圳地区推广方案
2013届	广告学	德御坊粗粮品牌2013传播营销方案
2013届	广告学	盼盼梅尼耶干蛋糕2013年下半年深圳地区推广方案
2012届	广告学	蓝带啤酒2012年深圳地区推广策划案
2012届	广告学	LA MOME法国红酒面膜新品牌推广方案
2012届	广告学	嘉顿面包2012年度深圳地区推广策划
2010届	广告学	"慢生活 细品味"——卡士木瓜酸牛乳2010年深圳地区上市推广方案
2010届	广告学	莓太郎蓝莓果汁2010下半年深圳地区营销推广方案

(二) 商业类(餐饮、门店、商场等)

近几年,餐饮门店、商场、超市等商业类选题也非常受学生的欢迎,从2016年的"好色派沙拉2016下半年度深广两地推广方案"、2017年的"Olè精品超市2017年度深圳地区战略推广方案",到2018年的毕业设计项目"太兴餐饮深圳地区2018年第三季度营销方案",它们都在毕业设计答辩中有出彩的表现。以获得2018年优秀毕业设计项目称号的"太兴餐饮深圳地区2018年第三季度营销方案"为例,太兴餐饮在香港只是一个低价位的茶餐厅品牌,入驻内地后,太兴餐饮希望致力于为顾客提供更多元、更高级的餐饮选择,提供更优质的餐饮体验,完成传统香港茶餐厅向港式时尚餐厅的转型,在消费者心中树立起鲜明的、高于茶餐厅的形象,但内地餐饮大环境正处于转型发展的起步阶段,消费群体迭代、消费观念更新、信息技术智能化使得餐饮企业在市场环境中面临着诸多新状况。该小组选择太兴餐饮这个选题,优势是太兴餐饮作为早期进入内地市场的正宗港式餐饮集团,品牌根基稳固,但与此同时,太兴餐饮的劣势也很明显:品牌形象老化,传播诉求模糊,传播方式缺乏节奏。

表 3-8　2010—2019 届"商业类"毕业设计项目概况

年级	专业	毕业设计项目名称
2019 届	广告学	探鱼 2019 年第四季度品牌推广方案
2019 届	广告学	壹点壹客 2019 年春季品牌推广方案
2019 届	广告学	中街 1946 深圳地区 2019 年度下半年品牌推广方案
2019 届	广告学	LOHO 眼镜 2020 年度品牌推广方案
2019 届	广告学	唐朝茶文化空间"一米阳光"茶食格 2020 年下半年推广方案
2018 届	广告学	太兴餐饮深圳地区 2018 年第三季度营销方案
2018 届	广告学	深圳百老汇电影中心 2018 年第四季度品牌推广方案
2018 届	广告学	深圳文化新地标——海上世界文化艺术中心 2018 下半年推广方案
2017 届	广告学	宜家家居（深圳）2017 年秋季校园招聘项目提案
2017 届	广告学	Olè 精品超市 2017 年度深圳地区战略推广方案
2017 届	广告学	emoi 基本生活 2017 第三季度品牌推广方案
2017 届	广告学	超级猩猩 2017 年第三季度深圳地区推广方案
2016 届	广告学	好色派沙拉 2016 下半年度深广两地推广方案
2016 届	广告学	无印良品 2016 年第三季度「Compact Life for Kids」项目提案
2016 届	广告学	KEYFIT 健身餐品牌与商业模式建构方案
2016 届	广告学	Teabank 茶生活品牌 2016 年下半年度深圳地区推广方案
2015 届	广告学	顺丰嘿客 2015 年下半年深圳地区推广方案
2014 届	广告学	"乐生活,邻距离"主题推广方案——深圳家园（深圳之窗网旗下社区）2014 年下半年深圳地区推广方案
2014 届	广告学	盈科不动产投融资中心 2014 年下半年营销策划案
2013 届	广告学	光明农场大观园 2014 年上半年深圳地区推广方案
2013 届	广告学	深圳华夏星光国际影城 2013 年下半年品牌推广策划案
2013 届	广告学	MR.X 密室逃脱（深圳店）2013 年下半年推广方案
2013 届	广告学	龙岗星河 COCO Park 2013 下半年龙岗地区推广
2012 届	广告学	皇家宠物医院 2012 年下半年深圳地区推广方案
2012 届	广告学	惠民水街码头超市活动推广
2011 届	广告学	深圳华侨城儿童职业体验乐园品牌塑造及推广方案
2011 届	广告学	深圳欢乐谷"欢乐第五期"新项目推广方案
2011 届	广告学	KK MALL UA 影院深圳地区推广策划案
2011 届	广告学	SPINELLI 盛品利咖啡连锁店 2011 年下半年深圳地区市场推广方案
2011 届	广告学	迪可可儿童职业体验小镇营销推广方案
2011 届	广告学	华侨城欢乐海岸购物中心 2011 年下半年深圳地区品牌推广方案
2011 届	广告学	美国 AP 教育中心 AP 培训课程推广
2011 届	广告学	深圳艾薯（Mr. & Mrs. Aysh）餐饮品牌营销推广策划案
2011 届	广告学	深圳市广和整形美容医院 2011 年上半年品牌推广方案
2010 届	广告学	深圳视界风尚酒店 2010 下半年品牌推广方案
2010 届	广告学	深圳市富理实业有限公司（国富黄金）2010 年第二季度推广方案
2010 届	广告学	深圳农村商业银行深圳地区 2010 年下半年品牌推广
2010 届	广告学	前岸艺术酒店 2011 年上半年营销推广方案
2010 届	广告学	深圳慈铭体检分公司——第三季度推广方案
2010 届	广告学	乐高教育中心 2010 下半年品牌推广方案
2010 届	广告学	乐活屋砭石蒸房 2010 下半年深圳地区推广方案
2010 届	广告学	Olè 超市 2010 下半年深圳地区品牌推广方案
2010 届	广告学	海雅商业广场品牌形象塑造及传播方案

(三)互联网产品与服务类

随着我国互联网基础设施建设的不断优化升级,网络扶贫成为精准扶贫的一种工作途径,提速降费政策的稳步实施推动了移动互联网接入流量的显著增长,网络信息服务朝着扩大网络覆盖范围、提升速度、降低费用的方向发展。交通、环保、金融、医疗、家电等行业与互联网的融合程度加深,互联网服务呈现出智能化和精细化的特点。于是,互联网产品与服务类选题成为近几年的大热,比如 2018 年毕业设计项目"米家智能家庭套装 2018 年第三季度深圳地区推广方案"、2017 年毕业设计项目"ENJOY App 2017 下半年度深圳地区品牌推广方案"。互联网的发展和普及使网络游戏行业进入了高速发展时期,人们参与电子竞技的门槛越来越低,2017 年优秀毕业设计项目"基于英雄联盟 S7 全球总决赛的电竞文化推广"便紧跟社会发展趋势,选择了电子竞技选题,抓住英雄联盟 S7 赛事在中国举办的契机,与企业方达成了合作。

表 3-9　2010—2019 届"互联网产品与服务类"毕业设计项目概况

年级	专业	毕业设计项目名称
2019 届	广告学	OR 香氛派 2019 年度品牌推广方案
2018 届	广告学	网易云音乐 2018 年第三季度[职场新人关怀计划]项目方案
2018 届	广告学	米家智能家庭套装 2018 年第三季度深圳地区推广方案
2018 届	广告学	Faceu2018 年第三季度创意传播推广方案
2018 届	广告学	第四届王者荣耀高校联赛品牌策划及创意推广方案
2018 届	广告学	每日优鲜 App2018 年下半年广东地区内容营销推广方案
2018 届	广告学	观野品牌重塑及 2018 年度推广方案
2017 届	广告学	小象网 2017 下半年推广方案
2017 届	广告学	基于英雄联盟 S7 全球总决赛的电竞文化推广
2017 届	广告学	ENJOY App 2017 下半年度深圳地区品牌推广方案
2017 届	广告学	设计互联 2017 年深圳地区推广方案
2016 届	广告学	《小猪短租 App》2016 年第三季度推广方案
2016 届	广告学	微信读书 2016 年下半年整合营销推广方案
2016 届	广告学	"回家吃饭"平台 2016 下半年度深圳地区推广方案
2016 届	广告学	转转 App2016 年第三季度营销推广方案
2016 届	广告学	禾小鲜生鲜商城 2016 下半年品牌重塑及推广方案
2016 届	广告学	虎扑识货 2016 年下半年推广方案
2016 届	广告学	滴滴快车拼车业务深圳地区 2016 推广方案
2016 届	广告学	穿对了才像样——2016 年下半年度深圳地区配美 App 推广方案
2016 届	广告学	凸凸 TV 手游直播平台 2016 年下半年推广方案

续表

年级	专业	毕业设计项目名称
2015届	广告学	腾讯课堂2015下半年度产品推广方案
2015届	广告学	惠惠网2015年下半年品牌推广方案
2015届	广告学	《名侦探柯南OL》手机游戏2015全国推广策划案
2015届	广告学	聚友钱移动支付产品设计及2015年下半年推广方案(深圳试点)
2015届	广告学	Cherishˊu淳珍鲜花网2015年下半年深圳地区推广方案
2015届	广告学	咕咚运动App深圳地区2015下半年推广方案
2015届	广告学	旦旦面微信聊天公仔2015下半年深圳地区推广方案
2015届	广告学	京东微购2015第三季度深圳地区推广方案
2015届	广告学	202软装实务平台功能规划与2015年下半年度珠三角地区推广方案
2015届	广告学	知乎2015年下半年度运营推广方案
2015届	广告学	微信支付2015年第三季度珠三角地区整合营销推广方案
2015届	广告学	顺丰嘿客2015年下半年深圳地区推广方案
2015届	广告学	去哪儿2015年下半年华南地区校园推广方案
2015届	广告学	京东白条2015下半年关键节点推广方案
2014届	广告学	2014年下半年度"顺丰优选"推广方案
2014届	广告学	腾讯"微爱益起来"公益平台2014年下半年策划推广方案
2014届	广告学	追梦网2015年年度推广方案
2014届	广告学	2014年下半年度易信推广营销策划案——深圳地区试点
2014届	广告学	支付宝钱包2014年下半年度深圳地区推广方案
2014届	广告学	热地带2014年广东地区推广方案
2014届	广告学	雷柏科技无线音频系列产品2014年下半年全国推广方案
2014届	广告学	美食不独享——开饭喇"Open Rice"
2014届	广告学	深圳柠檬网2015年下半年品牌推广方案
2014届	广告学	论功夫茶叶电商推广
2013届	广告学	美餐网2013年下半年深圳地区品牌推广方案
2013届	广告学	手机SOSO街景地图2013年下半年推广方案
2013届	广告学	网易Lofter轻博客产品深圳地区推广方案
2013届	广告学	北京天尧新在线商城推广方案
2013届	广告学	一嗨租车2013下半年深圳地区推广方案
2012届	广告学	腾讯财付通2012年下半年市场推广方案
2012届	广告学	歪歪语音2012年下半年推广方案
2012届	广告学	欧新手机产品的推广方案
2011届	广告学	2011年—2012年拍拍网家装馆频道推广方案
2011届	广告学	完美生活智能家居品牌推广策划
2010届	广告学	中国移动手机钱包2010年下半年度深圳地区推广方案
2010届	广告学	快播品牌规划及推广方案

（四）新经济类（旅游、创意与文化产业类等）

随着新能源、互联网、大数据等新兴领域的快速发展，中国经济体系由传统经济占主导向新经济占主导转向的趋势越来越明显，旅游业、创意与文化产业类等产业正在蓬勃发展。新经济类的毕业设计选题，比如2017年毕业设计项目"青番茄'一里间'文化品牌重塑及推广方案"、2018年毕业设计项目"深圳文化新地标——海上世界文化艺术中心2018下半年推广方案"都有不错的表现。以2019年优秀毕业设计项目"自在·桂林2019年下半年品牌推广传播方案"为例，中国旅游市场经历了快速的发展，消费者的旅游观念也在发生变化，旅游不再是奢侈的消费，而是一种积极的生活方式，于是项目小组选择了"自在·桂林"这一款倡导新兴旅游概念的旅游产品作为毕业设计选题。通过与企业方的多次交流，为满足品牌方希望唤醒消费者对"放松"的深层需求，项目小组倡导"不要宅，走出来"，暂离"FOMO"状态，进入"JOMO"状态，回归对自身生活的关注，与企业方的需求达成了共识。

表3-10　2010—2019届"新经济类"毕业设计项目概况

年级	专业	毕业设计项目名称
2019届	广告学	灵眸OSMO2019下半年品牌推广方案
2019届	广告学	WHIKO谜の生物2019年下半年品牌推广案
2019届	广告学	自在·桂林2019年下半年品牌推广传播方案
2019届	广告学	"字在"2019年下半年品牌推广方案
2018届	广告学	HoneyComb蜂巢电子积木2018年深圳地区暑期推广方案
2018届	广告学	观野品牌重塑及2018年度推广方案
2018届	广告学	深圳百老汇电影中心2018年第四季度品牌推广方案
2018届	广告学	深圳文化新地标——海上世界文化艺术中心2018下半年推广方案
2018届	广告学	第四届王者荣耀高校联赛品牌策划及创意推广方案
2018届	广告学	2018深圳航空暑期活动策划
2018届	广告学	梅沙户外营地教育2017—2018学年第二学期深圳地区推广方案
2017届	广告学	舒格派对婚礼2017年深圳地区推广方案
2017届	广告学	Lemoment Weddings 2017年第三季度品牌推广项目提案
2017届	广告学	青番茄"一里间"文化品牌重塑及推广方案
2017届	广告学	深圳地铁11号线商务车厢2017年下半年整合营销传播方案
2017届	广告学	2017届深圳大学学生自主毕业活动"星际·毕业行"项目提案
2017届	广告学	基于英雄联盟S7全球总决赛的电竞文化推广

续表

年级	专业	毕业设计项目名称
2016届	广告学	GoPro品牌2016下半年珠三角地区推广方案
2016届	广告学	echo回声手机软件2016年下半年全国营销推广方案(以深圳试点)
2016届	广告学	Kindle Paperwhite 2016年下半年品牌推广策划案
2016届	广告学	凸凸TV手游直播平台2016年下半年推广方案
2015届	广告学	腾讯课堂2015下半年度产品推广方案
2015届	广告学	《名侦探柯南OL》手机游戏2015全国推广策划案
2015届	广告学	聚友钱移动支付产品设计及2015年下半年推广方案(深圳试点)
2015届	广告学	京东微购2015第三季度深圳地区推广方案
2015届	广告学	一加2015年5—7月品牌创意营销方案
2015届	广告学	微信支付2015年第三季度珠三角地区整合营销推广方案
2015届	广告学	顺丰嘿客2015年下半年深圳地区推广方案
2015届	广告学	去哪儿2015年下半年华南地区校园推广方案
2015届	广告学	京东白条2015下半年关键节点推广方案
2015届	广告学	刘小轶"自在情森"系列作品及授权衍生品2015年整合推广方案
2014届	广告学	追梦网2015年年度推广方案
2014届	广告学	热地带2014年广东地区推广方案
2014届	广告学	"乐生活,邻距离"主题推广方案——深圳家园(深圳之窗网旗下社区)2014年下半年深圳地区推广方案
2014届	广告学	热血你的生命——小牛资本红钻队2014赛季深圳地区推广方案
2013届	广告学	网易Lofter轻博客产品深圳地区推广方案
2013届	广告学	Henry's House 2013年推广策划方案
2013届	广告学	MR.X密室逃脱(深圳店)2013年下半年推广方案
2013届	广告学	第14届深圳读书月推广方案
2013届	广告学	深圳博物馆(新馆)2013年下半年整合推广方案
2013届	广告学	深圳玺宝楼青瓷博物馆整合营销传播
2011届	广告学	深圳华侨城儿童职业体验乐园品牌塑造及推广方案
2011届	广告学	深圳欢乐谷"欢乐第五期"新项目推广方案
2011届	广告学	E车游卡深圳地区推广方案
2011届	广告学	KK MALL UA影院深圳地区推广策划案
2011届	广告学	迪可可儿童职业体验小镇营销推广方案
2011届	广告学	华侨城欢乐海岸购物中心2011年下半年深圳地区品牌推广方案
2011届	广告学	深圳湾国际艺穗节2011下半年品牌推广方案
2010届	广告学	中国杯帆船赛2010年深圳地区推广方案
2010届	广告学	深圳第26届世界大学生夏季运动会志愿者形象推广宣传策划案

（五）传统制造业类（家具、手表、服饰等）

在选择传统制造业类选题时，其优势是这类企业有足够的目标消费者，定位明确、清晰，市场调研难度较低。但劣势也同时存在：传播方案容易缺乏新鲜感，而一味追求好玩则容易矫枉过正。以2018年优秀毕业设计项目"雷诺表业2019年度品牌推广方案"为例，由于时代更迭过于迅速，新的消费群体出现，互联网和数字技术发展正在改变着原有消费者的行为习惯和消费结构，这一系列因素都给国产手表品牌雷诺带来了巨大的挑战。选择雷诺手表作为毕业设计选题后，小组将雷诺的品牌核心卖点与90后消费人群特点相结合，打造"新职场主义"概念：做不沉闷的职场人，做有担当的90后，并围绕此概念进行线上线下多种形式的创意呈现。

表3-11 2010—2019届"传统制造业"毕业设计项目概况

年级	专业	毕业设计项目名称
2019届	广告学	织羽集2019下半年品牌全渠道推广方案
2019届	广告学	LOVITA 2019下半年品牌推广方案
2019届	广告学	LOHO眼镜2020年度品牌推广方案
2019届	广告学	西遇westlink 2019年下半年深圳地区秋季新品推广方案
2018届	广告学	新永盛沉香线香2018下半年营销策划案
2018届	广告学	祥利红木2018年品牌传播方案
2018届	广告学	雷诺表业2019年度品牌推广方案
2018届	广告学	雷诺表业2018年品牌全渠道推广方案
2018届	广告学	实战1-【2】祥利红木2019年度品牌推广方案
2017届	广告学	Darry Ring 2018上半年度品牌推广方案
2014届	广告学	木九十2014年下半年深圳地区推广方案
2014届	广告学	Darry Ring戴瑞珠宝2014下半年推广方案
2014届	广告学	全棉时代棉柔巾2014年下半年市场推广方案
2014届	广告学	施华布朗女装2014下半年深圳市场品牌推广方案
2012届	广告学	回力鞋业2012下半年深圳地区品牌更新及推广方案
2012届	广告学	朗天照明2012年度深圳地区推广方案
2012届	广告学	梦依诗2012年第一季度品牌推广
2012届	广告学	欧新手机产品的推广方案
2011届	广告学	MR&MS银饰品牌传播战略推广方案（深圳地区2011下半年—2012上半年）
2011届	广告学	Pantry-magic品厨厨具2011年度深圳地区整合营销推广和媒介传播方案

第四节　广告毕业设计选题思路

在新的经济时代,市场的基础条件和环境都发生了较大的变化,企业之间的竞争在不断激化。如何在新的经济时代中抢先打开市场营销的局面,对于企业的战略发展和竞争能力而言都具有重要的战略意义。社会经济发展趋势所产生的变化同样也会映射到广告营销传播上,广告系的毕业设计是学生从学校模拟实战到业界实战的一个连接点,因此学生在思考毕业设计选题时,首先要关注社会经济发展的变化趋势,其次要关注深圳的本土特色,同时他们也会匹配自身的资源和能力进行选择。接下来,我们来看一下毕业设计选题中的一些思路。

一、关注社会经济发展变化趋势

(一)新经济

当前经济的全球性增长困境使得新经济的发展越发引人关注。一方面,备受打击的传统产业发展模式迫切要求它们去寻找能够振奋人心的新增长动力;另一方面,粗放式、无节制的生产与消费模式又引发了人们的反思。谈到新经济的变革,必须从共享经济入手。共享经济模式是具有前沿性和挑战性的实现形式之一,共享汽车、共享单车、共享充电宝等新生事物的出现,给人们带来了更便捷的时间、更优化的资源配置、更灵活的就业机会等。

在毕业设计项目中,2016年毕业设计项目"转转App 2016年第三季度营销推广方案"小组便看中了新经济环境下共享经济的发展,于是他们选择了转转App这个闲置物品交易平台作为选题,通过整合营销向大众传达"转转是一个真实可信的闲置物品交易平台"这一品牌印象,培养用户在共享经济下对二手物品的新认知。

(二)新业态(新零售)

随着中国消费者信心指数再创新高,下线城市的消费者群体不断觉醒。零售新业态的快速发展促使行业对"新"的理解日臻完善。尼克森对整个零售的"新特征"做了以下概括:零售主题新角色、零售经营新理念、零售主体信管系、零售产出新内容、零售组织新形态。整个零售新业态正在通过重构整体交互、连通全域数据的方式实现传统人、货、场关系的变革。像每日优鲜这种即时配送(1小时内送达)的生鲜电商,正在被越来越多的用户认可,每日优鲜发布的2018年生鲜年货消费趋势报告显示,80后、90后已成为生鲜线上购买的主力军,而60后及以上人群所占的比例也不容忽视,他们的占比达到了11%。2018年毕业设计项目"每日优鲜App 2018年下半年广东地区内容营销推广方案"小组正是抓住新零售的发展趋势,选择了新零售电商平台每日优鲜作为选题。

(三）新科技

技术在不断地更新和升级,影响着我们生活中的一切。数据科技领域持续领跑创新,人工智能推动行业跨越式发展,超越AR、VR混合现实成为主流,新技术设备也在提升我们的生活品质。新科技的发展趋势也体现在了历年的毕业设计项目选题中,如2016年的毕业设计项目"GoPro品牌2016下半年珠三角地区推广方案"、2018年的毕业设计项目"米家智能家庭套装2018年第三季度深圳地区推广方案"、2019年的毕业设计项目"灵眸OSM02019下半年品牌推广方案"等。

(四）新消费

中国社会科学院国家金融与发展实验室支付清算研究中心发布的《中国支付清算发展报告(2019)》指出,我国第三方支付行业的野蛮生长阶段已经结束,行业正向着合规化的方向有序发展,线下移动支付正成为新的消费增长点。移动支付改变了人们的生活方式,在大型商场和旅游景点,各类移动支付方式得到大范围的宣传,还有不少商家主动告知消费者该店支持支付宝、微信、银联、ApplePay等支付方式。近年来,移动支付的覆盖范围不断扩大,以购物消费为核心的支付功能在各大城市机场、奢侈品牌免税店等地区的使用频率都很高。移动支付的高效便携也提高了旅游供给的效率和效益。以2015年的优秀毕业设计项目"微信支付2015年第三季度珠三角地区整合营销推广方案"为例,2013年8月腾讯正式开启微信支付模式,2014年腾讯推出春节微信红包,2015年3月腾讯财付通主打的微信支付正式进军线下扫码支付市场,项目小组紧跟时代发展趋势,选定的毕业设计主题品牌为"微信支付",利用微信支付自身"社交化"的优势以及目标群体具有强关系特征的特点,扩大其社交属性,得出了项目定位——依托于场景的关系付,并以此推导和制定了创意方案。

二、关注深圳本土特色

之所以要关注深圳本土特色,主要有以下三个原因。

第一,发挥深圳大学优越的地理位置优势。深圳大学紧邻腾讯、百度、字节跳动等大企业,学生实习机会多,通过实习或者联系在大企业工作的师兄师姐,学生可以获得大企业选题。

第二,发挥深圳传统制造业的优势。过去,深圳的内衣、服装、钟表、珠宝等传统制造业大都为外资品牌代工,如今它们以自主设计、自有品牌立业,越来越多的深圳优势传统企业走上了"品牌化、国际化、时尚化"的道路。因此,它们同样也成了学生毕业设计项目选题的考虑对象。

第三,深圳作为中国改革开放建立的第一个经济特区,是一个充满朝气、充满活力和创意的城市,无数的年轻人来到深圳打拼、创业。于是,在历年的毕业设计项目选题上,除了传统的外来企业选题,创业选题也逐渐成为老师和学生关注的内容。

三、匹配自身资源和能力

学生通过四年的各种模拟实战训练，不仅锻炼了自身的专业水平和能力，也在其中找到了自己志同道合、能力相当的搭档，组成毕业设计小组。因此，在毕业设计选题上，小组成员也会考虑选择符合小组兴趣、能力和特长的选题。

在2019年毕业设计项目中，"织羽集2019下半年品牌全渠道推广方案"项目小组在选题时，出于小组成员兴趣及综合考量，选择了徐娇自创汉服品牌织羽集作为毕业设计选题。兴趣是一种无形的动力，每个人都会对感兴趣的事物给予优先注意和积极的探索。选择小组成员感兴趣的选题，可以提高组员对毕业设计项目的工作积极性，和品牌做朋友，更好地去发现和洞察品牌痛点，从而做出出色的毕业设计项目。

四、广告毕业设计选题改进思路

深圳大学广告学专业毕业设计的选题改进思路主要有以下两个。

第一，进一步增强实战化、竞争性。从2017年开始，深圳大学广告学专业推进实战化毕业设计项目改革，通过多个小组同做一个毕业设计项目来增强毕业设计的实战化和竞争性，此举取得了良好的成效。在小组选择毕业设计项目选题的过程中，为进一步增强广告系毕业设计项目的实战性，学院广告系联系企业、广告公司以及其他机构，让他们为毕业设计提供特定的毕业设计项目。毕业设计前期，每个项目通过比稿确定2—3个参与项目的小组各自独立完成毕业设计项目，由系内指导教师和企业营销部门人员共同指导，最终比稿展示。在2018年广告毕业设计中，就有四个毕业设计小组分别选择了实战选题"祥利红木"和"雷诺手表"，最终进行两两比稿PK展示，由业界人士和广告系老师共同点评打分。其中，由黄玉波老师指导、林洁峰等六人共同完成的"雷诺表业2019年度品牌推广方案"不仅获得了毕业设计全场大奖，还获得了现场业界人士的好评。

第二，进一步发挥学生的自主性，丰富毕业设计形式，提倡毕业设计选题和毕业设计成果的多样化：（1）为适应学术性人才培养的需求，恢复广告专业毕业论文形式并配备高水平的指导教师，以取得良好成效；（2）借鉴兄弟院校的改革思路，毕业设计形式和选题既可以是综合性全案策划推广案，也可以是某个公关活动，或者产品创新设计等，多种形式发挥学生的创造性，以避免落入套路化、形式僵化等陷阱。

链接：深圳大学广告学专业毕业设计实战作品征集合作企业事项说明

第四章
广告本科毕业设计的市场调研及消费者洞察指导

本章要点》

1. 市场调研及消费者洞察在毕业设计中的地位和作用
2. 市场调研及消费者洞察总体指导原则
3. 市场调研和消费者洞察方法的技术指导
4. 毕业设计项目市场调研各环节的方法指导
5. 市场调研和消费者洞察中容易出现的问题
6. 典型案例

第一节 市场调研及消费者洞察在毕业设计中的地位和作用

广告系本科生毕业设计项目要求学生以现实中存在的品牌和产品为依据,通过"真题真做"的形式,最终完成一份解决品牌具体问题的营销传播策划案。市场调研是本科毕业设计项目初期要展开的主要环节。在本章中,市场调研被视为一组活动,目的是检视营销传播的问题,寻找营销传播机会,改进品牌营销传播活动,最终服务于提升营销效果。

消费者洞察指通过定量和定性等多种方法探究和把握消费者需求的一类特定市场研究,通常被认为是市场调研的核心内容。本章将把消费者洞察置于市场调研的范畴之内加以讨论。

市场调研和消费者洞察在毕业设计项目中处于"奠基"的地位,这一工作要求检视品牌的现有运营状况,提供品牌的市场地位和市场机会信息,帮助品牌主和营销传播人员了解已有的传播效果,深入理解消费者行为背后的动机和心理。营销传播策划案的任务和方向来源于市场调研和消费者洞察的结论,从学生的策划案文本来看,大多数小组的方案通常以"提出品牌营销传播策略方向"这一步骤为中间点,之前的一半内容由市场调研和消费者洞察组成,之后的一半内容为传播策略的具体实施方法,包括创意和媒介策略等。完整而深入的市场调研,可以为制定后续的营销传播策略方案打下坚实的基础。

第二节 市场调研及消费者洞察总体指导原则

一、引导学生提出合理的研究问题

在辅导学生进行市场调研时,首先要帮助学生明确研究的出发点,引导学生理解选题的范围和营销传播需要解决的核心问题。导师应及早引导学生超越对品牌的直观和感性认识,以研究者的身份对市场和品牌进行理性分析,并启发学生在查阅资料和有效论证的基础上,将思考的方向集中到品牌最亟须解决的营销问题上。

在学生正式展开实地调研前,指导教师可以尝试引导学生借鉴社会科学研究方法论的思路,提出可以由现实证据回答的问题和可以由数据检验的假设关系。这些假设和变量未必会出现在最终的策划案文本中,但这种思维方式可以提示学生在实地调研展开前发掘出有可能对营销传播效果构成影响的要素,使整个调研的焦点更为集中,从而提升每一轮市场调研的效率和调研发现的针对性。

二、培养学生的市场意识和换位思考能力

本科学生的业界实践经验较少,在进

行市场调研时容易局限于大学生及刚毕业的青年人群体所构成的市场中,在设计市场调研工具时也容易陷入"就品牌而论品牌、就产品而论产品"的层面,缺乏对消费者价值观和生活形态的充分考察。因此,指导教师须尽早提醒学生关注更广泛的现实市场,将眼光投向各类现实人群,对自身的身份局限保持警惕,多尝试从甲方视角和第三方研究机构的视角去分析和理解市场。在现有的本科毕业设计项目中,有不少项目最终均定位于18—25岁的一线城市青年人,对其他类别市场的关注较少。这提示我们应帮助未来的毕业生努力关注更宽广的现实世界。

三、重点指导学生对调研方法的运用

市场调研和消费者洞察有相对成熟、系统的方法,但如何发挥这些方法的长处却十分考验研究者的能力和眼光。指导教师可以辅导学生梳理本项目需要解决的核心问题,列出问题清单,并讨论哪些方法最适用于应对哪一类问题。在学生进行市场调研和消费者洞察的过程中,指导教师应进一步帮助学生理解多元方法如何相互补充、相互配合运用,为调研工具的设计(如问卷、访谈提纲等)把关,帮助学生评估调研和洞察的结论是否合理可靠。

在调研方法的选取方面,学生不必追求方法的多而全。毕业设计项目中所运用的研究方法须服务于解决具体的问题,而过多的方法运用会占用学生的很多精力,未必每一次都会让他们得到更多有价值的研究发现。将一种研究方法用得恰当、精确,强于粗浅地使用多种方法去简单地重复相同的研究过程。

四、帮助学生把握调研进度

市场调研和消费者洞察工作需要花费学生较多的时间和物质成本,因而学生小组容易产生两种偏误倾向:第一种是调研不够深入充分,尚未完成对品牌和市场的充分理解以及有意义的消费者洞察便急于提出品牌策略主张;第二种是调研工作迟迟不能收尾,学生陷入数据资料的海洋中不愿上岸,以致延误了后期的策略和创意工作。

对于这两种倾向,指导教师都要加以注意,以帮助学生把握好毕业设计项目的进程时间线。市场调研和消费者洞察的发现需要时常与策略、创意、媒介工作对话,也有机会在项目的中期和后期加以小规模的调整补充。

第三节 市场调研和消费者洞察方法的技术指导

市场调研和消费者洞察的实施应当以社会研究方法论为基础,对学生的方法论思维和调研技术的培养既包括他们在校内的学习,也包括他们在本科阶段通过参加竞赛和实战项目(如大广赛等)去积累方法技能。教师的主要任务是在毕业

设计期间指导学生厘清项目所需解决的核心问题，并对学生的具体研究工具和进程把好关。本小节将对学生在毕业设计项目中使用的主要研究方法加以介绍。

一、实地观察

实地观察是快速了解一个行业、一个市场的重要方法。针对有实体产品的品牌项目，学生应尽早进入现场，并观察如下市场特征：(1)市场的空间属性，如摊位数量、门店大小、地理位置、周边环境；(2)交易的时间属性，不同时段的人流量等；(3)参与人员的特征，主要包括卖方和买方的人口统计特征、行为举止，也包括其他人员如卖场管理人员的特征和行为；(4)交易过程，包括实现了的交易和未达成的交易；(5)品牌实地促销活动及现场效果；(6)品牌网上社群的用户讨论，如贴吧、微博等。

针对互网络产品以及线上到线下的产品，学生也应在项目早期展开观察，如观察用户使用产品的场景及行为，记录用户的产品使用经验交流及评论等。

市场调研中的实地观察法在方法论上主要源自定性研究中的观察法，而定性研究主要用于获得定性资料。尽管研究者也可以在研究中记录定量信息，例如实地达成交易的次数等，但定性实地研究的结果主要还是用于形成定性的判断，不适于生成数字观察结论。

与问卷调查等定量研究不同，实地观察很少需要在研究前提出精确的研究假设或者预期方向，研究者可以带着大的问题方向进入现场，从初始观察中得出一些初步结论，这些结论会启发观察者的进一步实地观察或定性研究。与定量研究相比，实地观察格外适于用来记录自然情境下的市场交易相关行为或消费者态度，调研人员能够发现并记录意料之外、难以测量的细微之处。指导教师应帮助学生理解和把握实地观察法的目的和实施技术，辅导学生提出实地观察法能够回应的研究问题，从而使他们可以高效地收集实地数据并完成分析。

二、深度访谈

与实地观察法类似，深度访谈法大多用于定性研究。深度访谈法长于揭示案例的典型性，在毕业设计项目中该方法主要用于消费者洞察。深度访谈能够回答多方面的问题，例如探索消费者对品牌的评价，了解消费者的消费场景，把握消费者的动机和价值取向等心理特征。

深度访谈法也可用于探索式市场研究，与定量研究相配合。例如，深度访谈可用于通过访谈对象提供的信息生成精细的定量调研问题、研究假设，可用于提出新的研究问题，可用来筛选和形成问卷问题及相关答案选项。在问卷调查数据回收后，部分小组会在定量描绘市场特征的基础上再进行一轮深度访谈，专门洞察问卷调查识别出的目标消费者群体和潜在人群，以完成对消费者更深层次的画像。

指导教师应当启发学生去思考定量方法和定性方法的方法论差异。问卷调查等定量方法主要用于描绘人群的整体特征和细分人群特征，具有较高的结构化程度，调查中能够收集到的信息量高度依赖于研究者的研究工具设计。若抽样方式科学合理，定量研究的结论通常可以推及更广阔的人群。以深度访谈为代表的定性研究方法在收集数据的过程中具有一定的弹性，数据质量依赖于研究者的问题设计和数据收集功力，后续分析过程较为烦琐，也离不开研究者的主观阐释。定性研究重在追求案例的典型性，通过"解剖麻雀"、记录和分析访谈对象的生活故事去理解典型消费者的生活形态、心理动机与消费行为之间的关联。定性方法更直接地服务于"洞察"的目的，该方法也往往能直接促成一些创意方案的生成。

三、问卷调查

作为一类重要的传统市场调研方法，问卷调查法是本科毕业设计项目中使用最广泛的一种方法。在毕业设计项目当中，问卷调查法常用于以下目的：(1)了解消费者对品牌的使用体验、态度和相关消费行为；(2)比较消费者对本品牌和竞争品牌的使用体验及态度；(3)了解消费者的价值观和生活方式；(4)了解消费者的人口统计特征和媒介接触情况。在此基础上，学生能够依据问卷调查数据中消费者的背景特征、心理特征、行为特征等要素，完成群体细分等多方面任务。

在问卷调查正式展开之前，建议指导教师带领学生详细审视调查应当解决的核心问题，并借鉴社会科学研究方法中研究假设的提出过程，辅导学生以"变量思维"来思考有哪些要素可能对品牌的营销传播构成影响，结合前期掌握的材料，对市场调研结果形成一定的预期判断。

在设计问卷工具时，应参考相关文献，对预期判断或研究假设中涉及的变量提出具有较好信度和效度的量表工具。为了更深入地通过问卷数据来解释消费者心理及行为，并服务于后续的群体细分工作，指导教师还应指导学生增加一些项目，如考察消费者的生活形态和特定价值观，尝试检验消费者较为稳固的价值观与较为可变的品牌态度之间的关系。

问卷调查法能够回应多方面、多层次的市场调研问题，但考虑到调研对象的注意力局限，同一份问卷不宜包含过多的问题数量。教师可指导学生反复斟酌、筛选问卷题项，保留的问题应紧扣品牌营销传播须解决的核心问题。如果项目进展顺利、时间控制较好，学生可以考虑展开第二轮或更多的问卷调查，以深化对消费者和市场的把握。

抽样方式和问卷发放的形式也需要学生们加以注意。依据调研目标的不同，问卷既可以采取概率抽样方案，也可以采取立意抽样方案。深圳大学传播学院广告系较早期的学生项目多会选择以实地发放问卷的方式来收集数据，如前往深圳市样本区域的商场、地铁站等人流密集之处,采取面访的形式回收问卷数据。这种传统的问卷收集方法成本较高、耗时较长,但样本的代表性较好,问卷效度较高。

随着社交媒体的发展和互联网问卷发放工具的日益成熟,越来越多的学生项目通过问卷发放网站(如问卷星)或社交媒体(如微信滚雪球方式)来收集数据。这类方式节省了人力物力,能够获取数量较大的样本,但也会带来一些问题。例如,许多学生小组选择自行推送网络问卷,依赖滚雪球的方式获取样本,结果导致样本集中在大学生和刚毕业的年轻人群体中,且以生活在本地的青年人为主,因此其消费者洞察所得结论的可推广性值得讨论。此外,由于调查对象的注意力有限,如果小组不能向调研对象支付一定的参与报酬,则网络问卷的长度不宜过长,量表类问题不宜过多。如此,一轮调查能够获取的信息会受到限制。指导教师有必要预先与学生讨论各种操作方式的优劣,在小组能够承受的成本范围内优化调查方案。

四、焦点小组

焦点小组是市场研究中常用的研究方法,通常以一位受过训练的主持人与若干位被调查者交谈的形式展开。焦点小组允许每位调查对象提出自己的观点和解释,其他调查对象可以展开进一步的交流讨论。小组座谈的问题框架基本已经预先确定,在有限的时间内,研究者需要尽可能收集自己关心的问题。因此,主持人应巧妙地把握座谈进度,引导讨论围绕着研究目的展开。

在学生毕业设计当中,由于该方法需要研究者在参与者征集、时间协调、主持人培训、文字数据记录和分析等方面耗费较大的精力,因而大多数小组较缺乏动力使用这一研究方法。然而,焦点小组法能够在较短的时间周期内得到有价值的发现,特别是在消费者洞察、广告概念和广告创意的形成及完善阶段,因此建议指导教师指导学生增加对这一研究方法的使用。

五、网络数据分析

网络数据分析是近年发展迅速的一类研究方法。在用户画像、竞争标杆管理、流量分析、语义分析、策划创意等诸多营销传播领域均发挥了重要作用。近些年来,互联网和社交媒体营销已经构成了市场营销的重要场域,学生毕业设计项目也几乎无法绕过对互联网和社交媒体工具的使用,网络数据分析因而成了一种对营销传播方法具有特殊意义的研究方法。

然而,观察目前已有的学生项目,我们不难发现,绝大多数小组对网络数据的挖掘有畏难心理。广告系本科学生对网络数据挖掘方法较为陌生,此外,网络数据获取的成本和难度也较大,数据清洗和分析所需的时间较长,这给学生开展网络数据挖掘造成了障碍。新方法在毕业设计项目中的普及应用有赖于师生在日常教学活动和和毕业设计项目实施过程中的共同努力。除了通过调整培养方案来增加相关方法课程、邀请业界导师对学生进行短期课程专项培训等这些教学改革措施之外，指导教师也可以引导学生在毕业设计期间展开力所能及的小规模网络内容研究，例如对微博品牌营销账号文章及用户评论进行内容分析或文本分析，对微信公众号的文章内容特征及传播效果进行描述，在甲方的配合下对网络销售数据进行分析等。

六、二手资料分析

二手资料主要包括：来自甲方公司内部的数据，主要包括公司的销售数据、整合营销传播方案、研究专报、客户服务资料等；来自政府的数据，主要包括各类普查数据、统计年鉴等；商业调研机构的各类数据报告；专业出版物，如专业期刊、各类行业报告等；行业新闻与评论、基础知识文献等。

在以往的毕业设计项目作品中，二手数据常用于市场环境扫描、品牌资源分析、竞品分析部分，它们大多以直接引用的形式出现。在指导过程中，建议导师引导学生重视二手数据的合理使用，加强对数据的整合运用，以使不同来源的数据相互配合、相互映照，从中挖掘和呈现出更深层次的信息。此外，学生还应注意注释的规范性，对于直接引语、引用的资料图表等，均须清晰地注明文献来源，在概括、引用他人的观点时，也须写明观点出处。

第四节 毕业设计项目市场调研各环节的方法指导

对于本科生毕业项目而言，市场调研通常会在策划前、策划中这两个阶段进行。学生毕业设计策划案较难有机会实际投入市场应用，因此，事后广告效果调查类的市场调研较少在毕业设计项目中展开。本节将针对毕业设计项目的各个主要环节讲解每一阶段的指导要点。

一、选题论证及确定环节

本科毕业设计选题通常需要学生和指导教师合作来确立，大部分选题由学生寻找并提出，由导师进行调整把关。学生们在寻找选题时经常依靠头脑风暴式的小组讨论来初步选择备选品牌，在这种方法的背后，是学生以普通消费者身份在日常生活中所体察到的品牌问题。这种反思和省察式的洞察不失为一种快速寻找项目选题的方法，但受限于学生的身份视野，小组所选择的品牌多以大学生和年轻人为主要消费人群，通过小组讨论所提出的品牌问题也通常在战略高度上稍显欠缺，未必符合品牌的实际情况。

在这样的前提下，指导教师可以带领小组成员进行充分讨论，引导学生反复从消费者视角、甲方视角、研究者视角审视每一个选题。学生小组也可以征询本院其他老师和业界导师的意见，这一轮选题的产生过程包含了对访谈和焦点小组方法的运用,通过对老师及业界人员的访谈,学生们获取了来自专家前辈对品牌及市场的见解,并加深了对选题本身的理解。

磨合得较好的小组可以尝试展开小规模的市场调研,对备选题目加以论证,重点考察品牌利益点能否对目标消费人群形成一定的吸引力。这类调研可以使用小型问卷调查来进行,也可以通过访谈和观察的形式来进行,但总体上不宜花费太多时间和调研成本。

二、项目组与甲方的沟通环节

与甲方的沟通是学生了解品牌、产品的重要环节,也是评审人员评估项目表现的指标之一。指导教师可以帮助学生厘清需要与甲方沟通的重点问题,以及应当从甲方获得的资料清单,在获得甲方同意的基础上,尽可能完整地获取甲方提供的二手资料,这些也是学生进行市场调研的重要的二手数据来源。

学生们在进行更加深入的市场调研和消费者洞察工作时,也可以将调研中的发现整理成阶段性成果并提交给甲方对接人员,接受对方的意见与反馈。此时,甲方人员既是传统意义上的"甲方",又是学生项目的业界指导教师,甲方的意见可以用于提升调研结果的实践意义,保证项目的整体方向大体在正确的轨道上。

三、市场环境扫描与竞争品牌分析

通过市场环境扫描工作,学生需要完成多方面的任务。首先,市场环境扫描可以给学生提供品牌的市场份额和市场地位等基本信息;其次,市场环境扫描可以给学生提供竞争品牌的信息,包括竞品的营销状况信息和广告策略信息。在完成市场环境扫描后,学生应当完成品牌既有传播策略的第一轮系统评估,并检视甲方营销传播策略目标的合理性;如有必要,还应当在与甲方沟通的前提下,对甲方提出的营销传播目标加以调整和完善。

市场环境的扫描大多依靠二手数据和问卷调查来完成。二手数据能够提供行业的背景信息、品牌的市场地位信息、竞品信息以及市场机会信息等。学生应充分利用二手资料,以提高后续一手调研的效率。

竞品分析主要依靠二手资料和一手调研来完成。竞品分析涉及的范围较为广泛,从产品使用体验、品牌市场份额,到品牌优劣势分析、营销传播效果分析等。指导教师应注重站在竞品分析的模型框架高度辅导学生,让他们把握重点内容,不必面面俱到。

四、品牌既往营销传播效果分析

市场调研应当对品牌既往的营销传播效果加以分析,以提出合理的营销传播方向目标。在获得甲方数据的基础上,项目组可以通过二手资料分析、网络数据挖掘、问卷调查等形式梳理品牌在声量、用户评价等方面的表现,并与竞品进行分析比对,进而对品牌已有的营销传播策略进行效果评估,并结合甲方的营销目标,提出下一步营销传播方案。

指导教师可以引导学生预先设定效果测评的关键指标体系,使学生对品牌既往营销传播效果的研究结果能够为设定可量化的营销传播目标服务,从而为后续的传播概念和创意工作打下基础。

五、用户体验研究

用户体验研究是当下业界广泛展开的一类消费者研究。由于受成本、场地等诸多方面的限制,学生毕业设计项目在用户研究方面难以达到业界实践的精度,但基于现有的方法训练和技术基础,毕业设计项目依然能够完成有效的用户体验分析。

指导教师可以引导学生采取比较的视角,在用户体验研究中同时展开对甲方品牌产品和竞品的用户洞察。学生可以采用观察法、访谈法、问卷调查法、实验法、焦点小组法等研究方法来综合评估用户使用产品的行为、场景、动机、态度等特征,进而洞察用户的需求。

用户体验分析还可以用于项目进行的中期。部分毕业设计小组在进行策略创意工作时,会对产品本身提出一些改进策略,包括实体产品的包装设计、视觉系统更新、产品功能调整等,也包括互联网产品的交互界面设计、产品功能改善等。这些针对产品的调整措施均可以通过用户体验研究来加以检验;不仅如此,它们还可以加强作为最终成果的整合营销传播方案的说服力。

六、市场细分研究

本科生的市场调研主要依据经典的STP(市场细分—目标市场选择—市场定位)策略框架进行,市场细分工作几乎成了每个项目小组在市场调研和消费者洞察环节需要解决的重点问题。

毕业设计项目的市场细分基础数据主要来源于项目小组的一手调研以及对甲方所供资料的分析。指导教师需要指导学生在展开问卷调查和访谈前预先识别出可用于细分消费者人群的心理、行为及人口统计学变量。建议导师带领学生仔细梳理对目标品牌消费行为具有较强预测意义的要素,并提前考虑好需要展开的统计分析,合理编排问卷的题项。

数据分析部分经常出现问题,大多数小组进行的分析局限于频次分析和均值分析这两种类别,个别小组会增加卡方检验或者简单的相关分析,而市场细分所需的一些相对复杂的分析,如多元回归分析、聚类分析等,则几乎不会出现在学生毕业设计项目中,这便使得前期收集的数据难以被挖掘出更深的价值。指导教师除了要在为本科生授课时提高学生对方法的重视度之外,仅就毕业设计而言,指导教师还应尽早带领学生评估本小组的研究方法和统计技术基础,发挥小组成员的长处,通过运用其他研究方法来补足方法技术上的短板,如增加定性研究的分量、增加对二手数据的运用,等等。

七、个人论文写作

深圳大学传播学院广告系学生的毕业成绩主要由两部分构成:以小组为单位完成的整合营销传播策划案文本及答辩和个人毕业论文。近年来,广告系对学生毕业论文的要求越来越高,鼓励学生在实证研究的基础上完成毕业论文。

指导教师可以在论证小组选题阶段便引导学生分析自己在专业背景、方法专长、研究兴趣等方面的特征,将个人论文方向纳入小组选题的考虑范围内。例如,广告策略方向的学生的兴趣大多集中在消费者研究、效果评估这类主题上,因而指导教师可以建议这类学生将个人论文所涉及的研究问题、假设以及变量整合进小组的调研工具中,或提出更具学术水准的研究问题,展开与小组项目相关但同时又具有一定独立性的研究。而针对广告设计方向的学生,指导教师可以辅导学生结合自己所擅长的研究方法,结合项目中的用户体验、广告概念测评、创意测评、产品设计、交互界面设计等方面的调研机会去收集数据,完成个人论文的写作。

指导教师需要在以下几个方面对个人论文把关。

第一,选题。根据深圳大学传播学院广告系的要求,个人论文选题需与小组项目相关,个人论文不应重复小组项目的市场调研内容,论文应具备一定的学术价值。导师应依据学生的个人论文开题报告和小组项目开题报告,评估个人论文选题是否与小组项目相关联、论文选题范围是否得当、是否提出了较合理的研究问题、论文是否能够按时完成,在此基础上帮助学生确定选题。

第二,分工。指导教师应提醒学生注意将学术性的个人论文与实践性的小组项目调研结合起来,将个人的兴趣、研究方法特长与小组项目各部分的任务结合起来。如果有两名及以上学生的个人论文需要共享同一份调研数据,则需要明确每个人所承担的研究设计和数据收集任务,以确保在完成小组调研任务的基础上,每个人都能够高效地完成个人论文,且避免出现个人论文内容重合的现象。

第三,研究的规范性。个人论文与小组项目文本有较明显的区别,小组方案服务于品牌的实践需要,因而往往需要以较简洁的视觉化方式来呈现市场调研成果。与实战性的营销传播方案不同,个人论文需要包含明确的研究问题或研究假设,论文应详细介绍研究方法,并采取正确合理的统计方法或定性数据分析方法来回应研究假设和研究问题。采取小组市场调研数据作为数据基础的论文尤其需要指导教师的审阅把关,以确保论文具有一定的理论价值,且理论模型框架运用得恰如其分,研究的展开过程规范有序,数据分析正确合理,文字阐述流畅完整,论文内容与小组项目文本内容不重合,文献引注准确规范。

第五节　市场调研和消费者洞察中容易出现的问题

一、对市场和营销传播的理解不足

本科阶段的学习以校内学习为主,学生缺乏一线实战经验。因此,在进行市场调研时,许多学生小组对"市场"理解不足,对"市场需求"领会不足。

一个对营销而言有效的市场应拥有一群消费者,这群消费者的规模能够达到支撑品牌生存和发展的程度;这些消费者有着共同的需求,而本品牌能够满足这类需求;消费者之间有关联和互动,有机会了解和参考其他消费者的意见。

学生在完成毕业设计项目时常习惯于从产品属性和目标人群的角度入手进行市场定位,并经常依据消费者的消费频次来界定主要消费人群或有重度需求的人群。这种市场定位方式有其价值,但项目组应进一步界定消费者的共同需求,并找到这群具有共同显在和潜在需求的消费者相互激发和交换意见的场景和场所,借助他们个体间的相互作用来提高营销传播的效率。

作为营销传播策划案基础的市场调研和消费者洞察不仅应发掘出对品牌的营销最有价值的人群,还应着重为传播工作确定主要的对象,明确传播对象的群体边界及群体内外传播特征,从而为营销传播方案找到合理有效的策略目标和路径。

在毕业设计项目进行当中,指导教师可以尽早引导学生多从甲方、消费者、研究者等不同角度对甲方品牌的市场现状进行定义和理解,也可以对其他品牌案例进行分析,从而提升学生对消费者立场和市场需求的理解。此外,指导教师还应指导学生认识营销目标和营销传播目标之间的关联和区别,认识目标市场和传播目标对象之间的关联和区别。

二、研究方法的运用问题

学生在展开市场调研和消费者洞察的过程中容易出现三类偏误倾向:第一类是没能正确处理多种研究方法之间的关系,第二类是方法运用过少或过于简单,第三类是所采取的研究方法未能回应研究问题。

第一类问题,学生在毕业设计项目中经常采取多种研究方法。这种做法不是不可,但如果各种不同方法仅仅在重复类似的研究发现,那么其中的一些方法可能便是多余的。定量研究的结果可用于估测市场整体状况,但一些定性研究更适用于理解典型个体或揭示消费者的微妙动机。项目小组不应贪多求全,方法选用的出发点是服务于解决研究问题。部分学生小组试图采取多种类别的研究方法,但研究发现却内容雷同,这很有可能是因为学生未能准确把握各种方法的长处,方法之间未能形成互相补充、互相深化的缘故。

第二类问题,学生有可能在使用研究

方法时过于简单。例如，一些小组的调研工具初稿仅围绕与甲方品牌相关的态度和行为进行了探索，忽略了对消费者价值观和生活方式等方面的考察；一些问卷的题目设置过少或过于简单，例如问卷问题几乎全部设置为测量分类变量，能进行的后续统计分析有限；有些小组的深度访谈问题过分结构化，留给访谈对象自由陈述的空间太少。这些简单化的做法会导致最终的调研结果不够丰富完整，此时学生不得不主要靠主观推断来得出策略方向，结果导致调研结果与后半部分的传播策略脱节，方案的实践价值有限。

第三类问题，学生所选择的研究方法难以回应研究问题。例如，试图用问卷调查来探究某种微妙的消费者心态，或者通过深度访谈来推断各类不同态度的人群在市场上的比例。这样的做法属于研究方法的错配，学生所选择的研究方法不能恰当地回应研究者提出的问题，甚至导致对现实情况的错误理解。

针对这些可能出现的问题，指导教师应及时对项目的方法设计和调研进度予以把关，督促学生将调研方案和进度定期形成文字记录提交给自己，以便学生整理和反思研究方法的使用。这样做有利于导师及早发现研究当中存在的问题。

三、调研结果的呈现问题

市场调研和消费者洞察的结果主要呈现在营销传播策划案文本中、答辩现场以及个人论文中。在调研结果呈现部分，主要存在以下问题：(1)研究方法的陈述不够清晰，例如，未写明抽样方案，未介绍调研工具，导致评审对研究结论的典型性和代表性产生怀疑；(2)图表运用不当或不规范；(3)文字内容过少，部分小组主要使用视觉化的方式来呈现调研结果，但文字分析不够完整，结果加大了评审理解调研结果的难度；(4)文献引用不够规范，由于市场调研的诸多内容来自二手资料分析，因而方案中必须清晰地注明资料来源，部分小组在引用二手资料中的图表、文字、观点时忽略了对出处的规范标注，这种情况当尽量避免。

建议指导教师预先提醒学生注意这些问题，并在学生完成项目文本和个人论文写作的过程中把关。

第六节　典型案例

本小节选取了近年来的两份典型学生毕业设计项目报告，呈现了报告中与市场调研相关的部分，并加以评点。

■案例一

YOU+ 国际青年社区 2017 年下半年深圳地区品牌推广方案①

1. 项目背景及目标

YOU+国际青年社区简介：YOU+国际青年社区（简称YOU+）成立于2012

---

① 该项目为深圳大学传播学院广告系2017届毕业设计项目。指导教师：王晓华；小组成员：马春婷、陈洪璇、张婉婷、赵耀东、郭薇薇、王雨晴、李海姗。

年,是一个面向现代都市青年居住、生活、创业的社区。YOU+致力于整合有创意的租住方式、多元化的青年人群、互补性的创业资源,塑造一个有趣、信任、开放的社区生态。YOU+的传播理念是"挡风遮雨、有爱陪伴"。

项目要求:提高YOU+(深圳地区)的品牌知名度,扩大品牌影响力;传播YOU+所倡导的新型租房理念,展现YOU+的形象及定位;综合运用各类传播方式与目标受众进行互动、沟通,提升品牌的好感度。

2. 主要调研方法

项目组在调研的初始阶段收集并分析了各类二手资料,与此同时,项目组与YOU+国际青年社区负责人进行了沟通,初步把握了产品与行业特征,明确了营销传播的目标方向。项目发现:长租公寓在一线城市的需求量呈增长态势,公寓类型日趋细分,竞争日趋激烈;长租公寓的公众认知度不高,产品同质化问题突出,如何差异化定位、发展附加价值成了行业品牌发展的重点。

通过问卷调查、深度访谈和实地观察,项目组展开了消费者洞察工作。针对YOU+现有租户,项目组探索了租户居住体验、产品态度、产品选择动机、租房观念、个性特征等;针对潜在租户,项目组描述了租户现有的租房行为、生活形态、产品选择影响因素、对长租公寓的品牌认知等。通过这些研究,项目组完成了消费者洞察的主体任务,为营销传播策划确立了目标对象和创意方向。

二手资料是学生了解行业信息的主要来源。项目组主要收集了政策文件、国内长租公寓市场行业报告、国内外同类产品信息、甲方营销传播资料、其他品牌案例等材料。基于二手资料分析,项目组主要围绕以下要点进行了市场环境扫描:国内长租公寓市场的宏观环境、长租公寓品牌在深圳市的分布状况、长租公寓行业发展趋势以及面临的问题。

与甲方的沟通是第一轮产品分析的主要信息来源。项目组根据甲方提供的信息,结合品牌资产蜂巢模型,从功能、个性、情感、权威度、理想顾客、符号、核心价值这些维度梳理了YOU+试图构建的品牌形象和理念。然而,来自甲方视角的产品分析结论有待后续的消费者洞察来加以检验补充。

项目组针对YOU+已有租户和潜在租户展开了差异化的调研和洞察活动。对于现有租户,项目组通过在微信群中派发问卷的形式回收了98份有效问卷。问卷调查的变量设计建立在前期的市场分析和产品分析的基础上,探索了现有租户在YOU+的生活体验、了解YOU+的渠道、对YOU+活动的评价、租房时看重的要素、YOU+与其他品牌的比较等。项目组还对YOU+西丽大学城店的10名典型租户进行了深度访谈,考察了用户的生活形态、租住观念和个性特征等,试图提炼出YOU+现有消费者的典型特征。

依据前期研究的结论,项目组扩大了调研范围,使用线上和线下问卷派发相结合的形式,针对在深圳地区工作、有潜在租房需求、出生于1980—1995年间的青年人进行了调查,共回收有效问卷374份。项目组还对23位在深圳工作的青年人进行了访谈。这部分的研究重在把握青年人的租住观念、对长租公寓产品形式的认知度、影响租房选择的因素等。

3. 消费者洞察的主要结论

通过定性和定量方法相结合的方式,项目组获得了以下主要研究发现:YOU+ 2016—2017年的租户主要是一群1990年前后出生的青年人,他们从全国各地前来深圳工作、生活,主要就职于金融和互联网行业;这群青年人追求新鲜事物,敢于尝新、勇于改变,认同YOU+国际青年社区所倡导的生活方式和租房理念;这群青年人自我投资观念强,有中上水平的收入,希望在青年人社群中交友娱乐、开阔眼界;在深圳这样务实的城市里,这群青年人也需要陪伴和关心,希望能够有同伴来相互倾诉和排遣孤独;这群青年人有强烈的互联网思维,重视分享和平等,重视自我的感觉。

通过对潜在用户的洞察,项目组发现:非YOU+租户对YOU+的形式理念存在认同和不认同两种态度。部分用户认同YOU+这类集中式的青年长租公寓形式,并喜欢自己所居住的社区里时常举办热闹的活动,但有些人因物质条件限制而暂时无法承担租住成本;另有一部分人未听说过YOU+这种形式的长租公寓;还有部分人因为安于现状而不考虑改变居住环境。不认同的用户主要认为YOU+的房间价位太高,但房屋面积不够大,交通不够便利,性价比不够高;也有一些用户对YOU+倡导的社交文化持消极态度,这主要源于他们的社交疲倦和对私人空间的重视。

根据消费者洞察的结果,项目组提出了营销传播的总体方向:在生活节奏快、实用主义导向的都市中,为青年人提供一个年轻有活力的圈子,从"住出温度""住出态度""住出故事"三个方面建立YOU+的差异化品牌形象。

4. 整体点评

该项目具有较为明确的问题意识,项目组与甲方的沟通合作较为顺畅。项目组参考了详尽的二手资料,论证了甲方需求的合理性。由于营销目标明确,项目组得以迅速聚焦调研范围,主要采取立意抽样的方式获取样本数据。项目组对品牌目前的主力消费人群和潜在消费人群进行了差异化的调研,所获得的结论能够画出消费者的典型形象,并有助于生成有效的营销传播策略方向。项目组最后推出的传播创意理念以前期调研成果为基础,具有较好的实践价值。

当然,该项目的市场调研也有一些可提升之处。项目文本对调研方法的介绍还应更详尽些,例如,为什么要选取出生于1980—1995年的用户进行潜在消费者调研?这需要进行更完整的论证。项目组对消费者隐性需求动机的洞察还可以进一步论证,除了感性诉求以外,项目的营销传播目标还应当以更为量化、可测量的方式来进行表述,如果能带着这些问题适当地调整调研工作,项目结论的说服力和实践意义会进一步得到提升。

■案例二

2018深圳航空暑期活动策划①

1. 项目背景及目标

深圳航空(以下简称"深航")为深圳本土的航空公司,自1992年成立以来一直发展迅猛。近几年的暑期时段,深航基本没有策划相应的暑期活动。暑运活动对于深航来说是一段空缺,而暑运又是航空出行的高峰旺季,因此深航亟须策划一系列活动来填补营销空缺。

根据对接部门的KPI以及他们提出的一系列要求,项目组提炼出了本次营销传播策划活动的目标:(1)提高双微粉丝数(5%有效用户),拓宽潜在用户市场;(2)提高微信平台购买转化率,适当拉动会员绑定量;(3)提高深航在大学生中的暑期出行选择顺位。

2. 市场调研和消费者洞察

★市场环境扫描和第一轮产品分析

项目组收集、分析了各种二手资料,包括国家统计局发布的经济数据、行业报告、甲方提供的资料,等等,得出结论如下:

由于国民经济收入水平与休闲娱乐意识的提高,目前民航市场发展态势较好,暑期航运市场尤为广阔,针对暑运市场进行营销策划活动能够让深航抢占市场份额,提高自己在消费者暑期出行航空品牌选择中的产品梯队顺位。深航虽然具有深圳的地域优势和一体化的服务,但在航空业中属于中等水平,因而在暑期这样的旅游高峰期,应该体现深航暑期国内航线丰富的优势。深航宣传力度弱,缺乏对深航文化和深航精神的输出。

★竞品分析

项目组主要依据二手资料进行了竞品比较。根据竞争梯队、地域接近性、大学生出行选择以及甲方的竞品选择,项目组确定了南方航空、春秋航空、四川航空、海南航空作为深航的主要竞争对手。

在分析框架上,项目组围绕几家航空公司的营销策略(包括营销渠道、常旅客计划、产品策略、价格策略)、目标人群、品牌定位进行了比较。

竞品分析结果显示:国内航空公司差异不大,提供差异化服务才能在竞争中取胜;四川航空充分利用地缘因素打出"四川味道"的服务。立足于改革开放前沿的深圳航空可以借鉴四川航空的服务理念打造经验,建构具有深圳特色的航空服务形象。常旅客计划是招徕会员的奖励机制,深航可以进一步完善自己的常旅客计划奖励制度,提高自己的吸引力;可以将大学生作为未来的潜在用户,提前加强这一人群对深航的认同和忠诚度;可以充分利用新媒体优势与大学生的媒介使用习惯,优化移动端支付与双微的粉丝互动

---

① 该项目为深圳大学传播学院广告系2018届毕业设计项目。指导教师:李莹、郑帅;小组成员:曾菱子、曾清、李宏基、林君瑜、潘嘉齐、张嘉瑜、彭晓欢、李淑怡。

运营,提高大学生群体对深航双微官方账号的关注度与好感度。

★消费者洞察

根据甲方目标和市场分析的结果,项目组将调研对象的总体确定为国内在读大学生人群。针对这一人群,项目组展开了两期调研。

一期调研用于了解暑期出游人群的特征及行为,提炼出人群画像并初步确定目标消费群体,采取对以行业报告为主的二手资料进行分析的方法。项目组初步确定目标消费群体为两类人群:A类人群——大学生群体;B类人群——暑期家庭亲子游群体。暑期出游的主要目的地为华南地带。在与甲方沟通确认的基础上,项目组确定将目标人群定位于大学生;与亲子游人群相比,大学生比家庭亲子游更适合作为暑期航空营销的目标对象,也更适合以短期吸粉为切入口将他们发展为长期用户。

二期调研主要用于对大学生的出行心理和行为进行洞察,项目组主要采用问卷调查法和以行业洞察报告为主要分析资料的二手资料(如腾讯智库《95后消费者心理状态洞察》报告)分析法。问卷发放时间为2018年2月3日;样本对象是全国大学生,其中一线城市大学生群体占70%,其余城市占30%;项目组采用线上调查的方法,一共发放了1067份问卷,收回有效问卷996份。

消费者行为洞察结果显示:(1)83%的大学生有暑期出游的意愿,其中65%选择与同学、朋友一起出行,26%的大学生选择和家人一起毕业旅行,独自旅行仅占9%;(2)支持大学生暑期出游的主要影响要素为空闲档期、足够的旅行费用、有一同出行的同伴;(3)旅游攻略平台、在线旅行社平台以及搜索引擎是大学生了解旅游信息的主要渠道;(4)价格是大学生选择机票时最主要考虑的因素;(5)自由行是大学生暑期出游的主要方式。

消费者心理洞察结果显示:(1)大学生乐于积极主动地掌握暑期生活节奏,追求有价值的投入,规划旅行对他们而言既是一个实现自我价值的过程,又是主动掌握生活节奏的体现;(2)大学生渴望建立完整的自我体系,旅行是通过切身体验建立自我的最好方式;(3)大学生对未知有强烈的探索欲,旅行可以使他们在享受娱乐时光的同时满足自己对世界的好奇心。

根据前期调研及消费者洞察,项目得出了本次项目的主题:"对世界的好奇心不能被延误"。项目组同时也得出了创意思路要点:(1)航空产品差异化程度低,营销传播需要侧重情感共鸣道路;(2)活动主题需要同时与消费者洞察、航空产品特性、暑期特性产生关联;(3)"对世界的好奇心"源自消费者洞察,而"不能被延误"彰显航空产品特色。

在创意策划环节,项目组结合媒介洞察内容,将目标人群定位为以华南和华中地区一二线城市为主的大学生人群。根据心理及态度洞察,项目组推导得出了传播主题。根据消费者心理和行为洞察,项目组确立了与消费者的沟通方式和渠道，进而推出了具体的活动形式。

3. 整体点评

该项目组的营销传播策划方案结构清晰、思路流畅。项目组在第一时间与甲方沟通确定了营销目标，在此基础上通过二手资料分析梳理了市场环境、产品特性和机会，并提出了可量化评估的营销传播目标。在消费者洞察环节，项目组充分参考了行业报告，调研工具测量了一系列可能影响目标人群心理和行为的要素，项目成员进行了较系统的统计分析检验，这使得调研工作的问题意识清晰而集中，结果扎实可靠，对消费者心态和行为意向的把握有理有据。传播策略理念的推出较为扎实，后期创意工作能够紧密围绕策略方向逐层展开。

本项目也有一些提升空间，例如在消费行为洞察和媒介洞察部分，如果能进一步探索大学生人群如何产生群体内部的沟通，进而提出激发品牌的二次、多次传播效应的创意策略，会更加符合当下的营销环境特征。此外，如果能超越暑期范围局限，分析大学生如何成长为常旅客，进而带动深航品牌的长远发展，则会使暑期短期营销活动与品牌对象的长期营销目标产生更有效的关联，从而进一步提升项目的实践价值。

第五章
广告本科毕业设计的营销策略指导

本章要点》

1. 原则与问题
2. 营销策略的把握
3. 案例评判

第一节 原则与问题

一、八大原则与常见问题

(一) 一致性

每一个公司(或组织)都有自己的总体战略,大公司的总体战略一般都会写入公司的管理大纲,小公司则未必都写出来,但决策者心中都是清楚的。营销策略包含战略与战术两部分,两者必须与公司的总体战略保持一致。营销策略服从于公司整体战略,这是检验学生毕业设计营销方案的第一准则。

常见错误:

(1)无视公司整体战略,视而不见,或根本没有战略意识。

(2)有些小公司的战略没有白纸黑字地写出来,学生很容易忽视,没有进一步做调查研究。

(3)投机取巧,错误地认为策略就是用"招",耍小聪明。

(4)埋头拉车,不抬头看路,从书本上去找寻各种一般性策略。

(二) 简单、简单、再简单

对企业而言,最终确定的营销策略一定是最简单的,简单才能实用。策略复杂了,执行起来很难操作且易生混乱。而简单策略的形成过程是一个既科学又有艺术含量的过程,是百中取一的过程。复杂的营销策略意味着学生对项目分析得不够透彻。

常见错误:

(1)照搬教科书上的营销策略,依葫芦画瓢。

(2)十八般兵器全面开火,没有针对性,自己觉得爽而无视实施策略的成本。

(3)不考虑实施策略的后果,如竞争对手的反应等。

(4)没有主次方向,主次不分,搞不清策略的层次与结构。

(三) 以"机会成本"为基础

策略是在科学分析基础上的艺术抉择,对策略的计算(不是算计)或算法遵循的是理性原则。简单地计算成本仅仅是开始,重要的是要计算"机会得失",因而审计"机会成本"的概念至关重要。因资源约束,当你选择一组策略时,你必然会放弃另一组策略,而另一组策略所带来的收益则构成了你这次选择的"机会成本",这个成本才是真正的成本!

常见错误:

(1)不计算策略的成本。这种情况大多是因为学生缺乏训练,没有这方面的意识或不知道怎样计算。因学校一般都未开设此类课程,因而指导教师有必要在设计中举办讲座或给学生补课。

(2)没有"机会成本"的概念,或者有这个概念但不知道怎样应用,不了解制定策略也要计算机会成本。

(四)提前预判对手反应

此原则只适合垄断竞争和寡头垄断两种情形,其他市场结构没有明显的竞争对手。根据"博弈论"的观念,任何策略都应该根据对手的反应而定。由此,学生必须提前预判对手的反应(应对之策)是否是他们无法承受的。若是,就应该调整策略,以避免产生无法挽回的损失。这种情形类似于沙盘推演,不可或缺。

常见错误:

(1)误以为竞争对手没有反应。

(2)学生没有经验,没有能力推演对手可能的反应,因而老师在此方面的扶助特别重要,因为学生不可能在短期内获得行业经验。

(3)缺乏对对手的深入了解,特别缺乏对对手决策者的了解。

(五)时刻牢记约束条件

每一个企业都存在短板,且都是在一定的约束条件下运行的。学生指定的每一组策略都要充分考虑企业是否有能力去实施。如资源约束、外部环境等。没有充分考虑约束条件的营销策略都是"纸上谈兵",毫无现实意义。约束条件又分为显性和隐形两大类。要特别注意隐性的约束条件,因为策略一旦开始执行,隐性的约束条件便全都会显现出来,此时再改损失极大。

常见错误:

(1)天马行空,喜欢"大招",不论公司有没有相应的资源与之匹配。

(2)对企业的财务不了解(实际上这方面的情况通常较难搞清楚),学生可以询问一下企业财务人员,了解大致企业的财务状况,如现金流等。

(3)忽视外部环境的变动趋势,如行业景气变化等。

(4)冲动、亢奋。学生第一次感觉自己在操盘。这种情绪可以理解。

(六)协调性

营销策略是一套组合策略。IMC业已形成,比较成熟,它包含产品策略、定价策略、传销策略,等等。小组合之间必须协调一致,切忌相互冲突。如果是新产品,则又是一套玩法。新产品又分为全新产品、半新或部分新产品,它们在策略上差别很大。虽然分析过程比较复杂,但最终的策略又必须简单。内部结构的协调尤为重要。

常见错误:

(1)由于学生项目小组采取的是分工合作制,各管一摊便容易造成矛盾,产生不协调之处。

(2)前后脱节。策略的实施有时间限制,特别是IMC的节奏至关重要,但学生常常会忽视节奏,出现前后不连贯的现象。

(3)节奏过于紧凑也是学生常犯的一种错误。十八般兵器一起上,影响效率。

(七)可持续性

可持续性原则包括两个方面的内容。一是营销策略组合要留有一定的腾挪空间。如果市场反应没有达到预期目标，策略上就需要做一些调整改变，而这些改变又会带来其他方面的改动，如资源的改变。因此，策略要有一定的灵活性，要留有改变的余地。"策略备胎"必不可少。二是任何策略都有一定的时间限定，都有其阶段性。上一阶段的策略组合要考虑下一阶段的策略组合，不可以一次性用尽所有力量，如此才能保持企业的可持续发展。

常见错误：

(1)不留余地。一次性耗尽企业的所有营销资源。

(2)不顾上一阶段的情况，没有承接；一切从我开始，从现在开始。

(3)不注意维护与下游经销商的长期合作关系，给下游企业过大压力。

(八)绝不违规

商业活动有明显的规则，这些规则是在长期的商业交往中形成的，不遵守这些规则必然会受到惩罚，给自己造成损害。

底线规则就是法律。各国都制定了一系列的法律来确保商业活动的正常运行，这些底线是绝对不可逾越的。

除法律之外，不同的行业也有一些约定俗成的行规。这些行规虽然不是法律，但涉及商业伦理，也必须遵循。

常见错误：

(1)法律知识欠缺，无意中触碰了法律边界。

(2)不了解行规。毕业设计时大部分学生可能才第一次接触行规问题。

(3)沉迷于"奇招"，不知这已逾越了底线。

二、小结

上述八大原则是对学生毕业设计（策略部分）过程中常现错误的多年总结。前七大原则之间并非完全一致，原则之间小有冲突，指导教师需根据学生项目的实际情况做出艺术的处理。原则之间也小有重叠，如一致性原则与协调性原则，但这并不影响整体的效果。

八大原则构成了评判学生"策略设置"是否合理的准则。当然，我们知道，营销策略有时很难评估其对错，而且其效果常常取决于对手的应对策略。所以，指导教师在指导学生的过程中也可以添加自己的实际经验，取长补短，因地制宜，不可硬套。

第二节　营销策略的把握

营销策略包罗万象，策略理论也五花八门。很多战术类的策略无法归类，但经常被营销者使用的策略其实是有限的，重点集中在四个方向：产品策略、定价策略、渠道策略和促销策略。每一方面的策略都有自身的特点和关键点。

一、产品策略

一般情况下，学生所选项目在产品方面大多已被原公司确定，无须做较多的考量,但要求学生具备更深的理解力。

（一）一般性说明

受原公司既定策略影响大,因此一般情况下不要改变原有策略。改变原有策略会牵一发而动全身,也容易引起项目方的抵触或反感,影响颇大。

（二）关键点

尽管受到约束,但学生在产品的外观（或 logo）方面仍然有极大的创意空间,尤其在对产品的精神层面,若表述得当,常常会收到意想不到的效果,赢得项目方的极大信任。

（三）前期准备工作

毕业设计与以往的专业学习有很大的不同,它是实战。如果没有实际用途,则项目方真实的评价会大打折扣。正因为如此,指导教师在毕业设计的初始阶段就有必要事先提醒、巩固并测验学生所学且毕业设计中肯定会用到的知识,避免出现临时抱佛脚的现象。最好以表格形式让学生填写,简洁而明显。

表 5-1　洞察产品

	内容	提炼	重构
第一层次			
第二层次			
第三层次			

注:此表由项目小组学生填写

二、定价策略

（一）一般性说明

大部分毕业设计项目的定价已被确定,除非涉及新产品。但是,在原有定价基础上稍为做一些价格调整工作还是必不可少的。定价策略虽然受到一定的约束,但其约束程度要小于产品策略。

定价策略内容比较丰富,项目组可以根据产品属性和市场情形选择不同类型的定价策略。

定价策略是所有营销策略中唯一的收益项,其他策略都是要花钱的。所以,要精打细算。

（二）关键点

（1）行业性质与产品属性。学生们由于经验不足,往往缺乏判断力,因而指导教师的帮助必不可少。

（2）对价格需求弹性较大的商品须有三种以上的定价方法,然后再做比较、调整。

（3）不可忽视竞争对手的定价策略。

（三）前期准备工作

学生须熟知各种不同种类的定价方法和价格调整方法。

表 5-2　洞察产品

	方法	优缺点
以成本为基础的定价方法		
以需求为基础的定价方法		
以竞争为中心的定价方法		

注:由学生填写

基础价格确定后,可以视情况做微调。价格的调整方法也有许多,指导教师可采用列表的形式让学生掌握各种微调工具。

属性复杂的商品往往采用多种方法去定价,然后再综合调整一些经验性的知识,对此教师需要反复强调,因为学生很可能会想当然地处理。

三、渠道策略

(一)一般性说明

由于互联网的普及,渠道策略成为当今营销策略中变动最大的因素。传统的渠道设计本已五花八门,如今再加上互联网技术在各行业中的应用,渠道类型更是呈现出千姿百态的局面,从而对渠道策略的制定提出了全新的要求。

然而渠道策略要解决的问题依然如故:长还是短?宽还是窄?答案取决于成本!对不同长宽的渠道进行成本比较,取最小成本的渠道设计。即使加入了互联网因素,最终还是要比较渠道成本,这是恒律。

渠道的长宽指中间商的层级和数目,不是指货物的物理性分销。这一点常被搞混。中间商才是渠道的抓手!

互联网的加入尽管极大地丰富了渠道的生态,但也没有超越交易费用理论的解释范畴。

(二)关键点

(1)交易费用最小化是评估渠道设计的最终标准。

(2)对同一产品的不同细分市场一般采用不同的渠道设计。

(3)影响渠道设计的因子很多,但不同的行业和产品属性是尤为重要的影响因子。

(4)产品的市场垄断程度,即产品的独特性对渠道设计的影响至关重要,但常被忽视。

(5)每一种渠道的交易成本计算是选择渠道的前提,必不可少。

(6)渠道的每一个环节都会被"砍一刀",但也不是在任何情况下渠道都越短越好。

(7)不同渠道之间应该是互补关系而不是替代关系。

(三)前期准备工作

(1)列出影响渠道设计的所有因子(针对本项目的),且选出前三个权重最大的因子。

(2)搜集竞争对手(或同行)的渠道安排情况。

(3)对比各个细分市场的异质性,判断是否有必要对每个细分市场实行不同的渠道策略。

四、促销策略

(一)一般性说明

促销策略是四大营销策略中相对约束最小、学生发挥空间最大的领域,也是对广告直接影响最大的策略(与专业密切相连)。

促销手段包含五大工具,即广告、公关、销售促进、人员推广和直销。每大工具又包含若干个类型,每种类型各有长短,其长处短处、适应范围又各有不同。所谓促销策略,就是各种工具的应用理念,目的只有一个:达到最佳的营销效果。

促销策略属于典型的目标导向,在总的目标之下,每一次促销运动都要设定具体的目标,以检验促销效果。

促销策略是科学与艺术的结合。学生的想象力在这里能得到比较明显的体现,他们的创意能力在此部分能够得到最大的发挥。当然,他们也会投入较多的精力和时间,以表现自己四年专业学习的成果。

相对其他策略,促销策略的效果在事先、事后都比较难以测算,这就给促销策略的评估带来了困难。即使达到了目标,也很难判断到底是因为策略对了,还是因为其他因素的影响。经验能起一定的作用,但不是全部。

策略有高低之分,在信息不对称或信息不完全的情形下,多维逻辑判断就显得很关键。

(二)关键点

(1)了解企业所在市场的结构是制定促销策略的前提。

(2)如果不存在明显的竞争对手,渠道策略优先;如果存在明显的竞争对手,则促销策略的制定一定要首先预判对手的反应,依据对手的策略制定策略,埋头拉车肯定不行。

(3)不同行业,五大手段的权重不同。

(4)不同市场演进阶段,五大手段的权重不同。

(5)五大工具没有高低之分,只有适应与否;无论采用哪种工具,都应该保持其调性的一致性。

(6)所有促销工具的使用都是为了解决具体的问题,所以要特别关注每种工具的长处和短处。综合使用工具的目的就是要让每种工具之间相互弥补,以求协调。

(7)根据行业性质和产品属性选择一种促销工具为主打手段,其他配合之。若选择广告为主打工具,则须进一步确定是何种广告(按媒体划分)。

(8)切忌面面俱到,因为毕业设计采用小组形式,很容易出现面面俱到的局面。

(9)伦理问题经常被忽视,指导教师须时刻提醒学生,不可大意。

(三)前期准备工作

采用让学生填表的方式,使学生迅速掌握前期的学习成果。

表 5-3　五大工具

工具内容	优势	劣势	使用行业	适用范围	使用产品类型	在本项目中的权重预估
广告						
公关						
销售促进						
人员推广						
直销						

由于五大工具中有些工具又须进一步细分(如广告、销售促进等),因此有必要对其按表 5-3 的思路做进一步的解析。

表 5-4　五大工具

	优势	劣势	行业	市场范围	产品类型	在本项目中的权重预估
电视广告						
广播广告						
互联网广告						
报纸						
杂志广告						
户外广告						
其他媒体广告						

指导教师也可以依据具体情况自定表格内容,比如,如果是农产品项目,则相应内容就要做较大的调整。

五、小结

相对媒介环境的变化,营销策略的变化还是稳定的,对策略的掌握主要要关注策略工具的短处,不要过于相信"策略万能",有时候无策略反而比"使招"更好一些。

媒介技术的发展大大地扩展了策略的灵活性,但这同时也对营销者的伦理素养提出了更高的要求。

第三节　案例评判

下面是学生做的案例，由于篇幅太大，我们对其进行了缩写，第五部分"策略执行"的四个方案只选取了其中两个作为示例，但没有改变案例的结构。

雷诺表业2019年度品牌推广方案

目　录

一、项目背景
（一）项目概述
（二）项目目标
（三）项目思路总览

二、市场分析
（一）中国内地钟表行业分析
（二）产品分析
（三）竞品分析
（四）市场分析总结

三、消费者分析
（一）一期调研
（二）二期调研
（三）三期调研
（四）目标消费群体概况

四、传播策略
（一）问题呈现
（二）策略思路

五、策略执行
（一）Q1/运势加持，新年新运
（二）Q2/等你下课，待你上班
（三）Q3/整装待发，羽翼自丰
（四）Q4/大放异彩，此刻尽现

六、案例评价

一、项目背景

（一）项目概述

本次项目为国产手表品牌——雷诺——的品牌推广方案。

手表不仅是一种计时工具，它还具有体现佩戴者身份、地位的功能。随着时间的沉淀，雷诺也渐渐明确了自己的品牌定位与文化，他们通过精益求精的优质产品、精雕细琢的品牌理念，获得了消费者们的认同。

由于时代更迭过于迅速，新的消费群体出现；互联网和数字技术的发展悄无声息地改变着原有消费者的行为习惯和消费结构，这一系列因素的出现，无一不给雷诺品牌带来了巨大的挑战。

面对新一代消费群体和新的消费结构，雷诺该如何重新寻找与消费者之间的连结点，达成共识，从而树立更新的品牌形象，更新品牌定位，使品牌适应消费者年龄下沉现象，最终提高品牌的知名度与美誉度？

（二）项目目标

◇寻找品牌与新兴消费族群的沟通连结点。

◇更新雷诺品牌形象，丰富"新一代商务经典"的具体内涵。

◇明确品牌定位，打造品牌差异化，同时抢占行业品牌高地，提升品牌格调。

◇通过消费者洞察，力争全渠道覆盖消费者媒介接触点，形成全时空性的沉浸式营销计划。

(三)项目思路总览

```
甲方需求          行业背景分析         产品分析           商品分析           消费者洞察
·品牌形象刷新    ·中国手表行业市场分析  ·产品简介          ·多维度分析比较     ·一期调研:深度访谈
·全渠道覆盖      ·机遇与挑战          ·品牌利益点分析    ·SWOT分析          ·二期调研:问卷调查
                                    ·品牌定位                              ·三期调研:深度访谈

                                品牌推广
                                传播策略

                              ·创意概念(SLOGAN)
                              ·ROADMAP

        创意呈现              媒介策略

                              预算与评估
```

图 5-1 项目思路

二、市场分析

(一)中国内地钟表行业分析

1.PEST 分析

(1)政治 Politics

◇国家政策扶持,生存环境良好

2016 年中国钟表协会已然完成钟表行业"十三五"规划的制订工作。

根据"十三五"的相关规划,钟表业将在资本、技术、产能三个方面上走"壮大中端、发展高端、转移低端"的发展路线。此外,再向"品牌建设、核心技术、互联网+、精品战略、资本运作"五个方向进行突破,全面提升精密机械加工和信息技术水平和能力。

培育品牌:国家四部委《关于加快推进我国钟表行业自主品牌建设的指导意见》。

提升品质:国家实施"三品"战略——提品质、增品种、创品牌。

工匠精神:国家大力弘扬工匠精神,改善产品和服务品质,促进转型升级。

智能制造:"中国制造 2025"明确提出了发展智能制造。

◇中美贸易战如火如荼,适逢国潮崛起之机

目前,中国社会正处于产业转型期,此次中美贸易战的爆发,无疑给中国进出口市场带来了不小的压力。

但是,随着贸易战的白热化,国外品牌贸易输出难度增大的窘况已不仅限于美国,越来越多的国外产品、品牌面临着高额税务压力,加之近年来国货崛起、国潮蓄力,国人民族意识增强。因此,对于中国品牌来说,这也是一个前所未有的发展机遇。

(2)经济 Economy

◇原有消费族群的消费升级,新兴消费族群出现,消费结构发生变化

随着经济的发展,中国社会即将迈入

全面小康社会,原有的消费族群渐渐出现更高的消费需求,在手表行业方面,相比于理性需求,他们会更重视归属需求。

此外,泛90后年轻消费族群崛起,随之出现了更多不同的消费需求,年轻一代的消费族群更加强调个性化与个人价值的实现,因此更加注重品牌理念与文化内容。

综上所述,经济发展使需求发生了转变,消费结构随之发生了变化。

◇国外手表品牌占据品牌高地,国产手表品牌市场竞争压力大

从国内手表行业的市场结构来看,中国高端市场、中高端市场大多被国外手表品牌占据;而从中国消费者的手表消费结构来看,我国消费者更倾向于选择国外的手表品牌。

相关资料显示,我国消费者在境外购买外国品牌手表的金额每年超过600亿人民币;在中国境内购买进口手表的金额大概是300亿元人民币,而购买国产品牌手表的总额不超过50亿元人民币,仅为国外品牌手表的1/18。

◇国产手表品牌多集中于市场尾部,市场份额较低

我国高端手表(5000元以上)市场基本被瑞士表占据,中高端市场(1500—2000元)也以进口手表为主,中低端手表市场(1500元以下)则以国产品牌为主。

国产手表大多以中低端市场为主,大约占据25%的市场份额。虽然因中国人口基数大,中低端市场也存在较大流量的优势,但国产手表普遍存在附加值较低、品牌定位模糊等问题,即使我国手表行业产能及产量居世界第一(2015年中国钟表出口量为6.83亿只),其市场份额也难以提高。

(3)社会 Society

◇国货崛起,国潮文化发展

自2008年奥运以来,国民的民族自豪感增强,一时间中国风盛行。加之国潮文化发展、国产品牌形象更新,国货渐渐得到新一代消费者的认知、认可。

现在,越来越多的年轻人开始关注国货,尤其是时尚类的国货产品、品牌渐渐成为热门话题。国货之风的复苏不但引发了舆论热议,在某种程度上也对产品的现实销售产生了正面影响,专程购买国货的消费者比以往明显增加。

◇时代更迭、人群换代,90后已成年并基本步入社会

从小就受互联网深刻影响的一群人,如今即将全面步入社会,成为经济独立的主力消费人群之一。

因为成长环境、消费能力的差异,与原有的消费者族群相比,这群新兴的消费主力军对品牌的认同不仅限于品质和身份地位,他们普遍更加重视产品的设计理念和品牌文化内容,更倾向于选择可以凸显自己个性、见解、主张的产品,对潮流风向也更为敏感。

◇互联网与数字技术的发展,为亚文化提供了优越的生存环境

根据长尾理论,"只要产品的存储和

流通的渠道足够大,需求不旺或销量不佳的产品所共同占据的市场份额,可以和那些少数热销产品所占据的市场份额相匹敌甚至更大",简而言之,便是:冷门不再冷门。

这个理论同样适用于文化的形成与发展,如果信息流量足够大,受众便会根据自身的需求,选择性地接触自己感兴趣的文化,这让原本冷门的文化也有可能成为一股新兴的潮流。

(4)科技 Technology

◇科技推动产品创新,智能可穿戴设备出现

科技推动产品革新,智能可穿戴设备的出现冲击着传统手表行业市场。与传统手表行业相比,智能可穿戴设备的功能性更为显著,用途也更为广泛。此外,智能可穿戴设备对个性化的包容性也更大,因此特别吸引年轻人群。

◇互联网与数字技术的发展推动营销策略升级

国产钟表品牌的推广与技术创新在受到互联网、大数据、新兴科技的持续冲击后不断进化、升级。为了适应行业市场的发展,传统的营销模式渐渐向互联网营销模式转型,传播渠道更加丰富,传播内容与形式日益多样化。

此外,随着"新零售"概念的兴起,新的消费场景崛起,纯零售形式将被打破,新零售将引领全新的商业模式。

2.行业分析小结

通过对中国手表行业的分析,可以发现,目前国产手表行业面临着巨大的挑战,国外手表品牌占据着品牌高地,国内手表行业发展缓慢。

但是,因为信息传递等因素的影响,大部分中国内陆地区普遍对国外品牌认知较浅,加之中美贸易战如火如荼、国潮兴起,从而为国内手表品牌提供了发展机遇。

(1)挑战

◇国内外竞争品牌众多,加之智能可穿戴设备的出现,国产手表品牌面临较大的竞争压力。

◇新兴消费族群出现,品牌传播与新兴消费群之间存在理解鸿沟。

◇在互联网和数字技术的影响下,目标消费者更加难以触达,需要更加科学、有效的整合营销推广方式。

(2)机遇

◇国家政策扶持,行业生存环境良好。

◇中美贸易战的爆发为国潮的发展提供了良好的时机。

◇品牌目标消费人群年龄下沉,加之亚文化的盛行,这些均有利于品牌形象的更新。

◇国产手表行业存在品牌市场缺口,有较大的发展潜力。

(二)产品分析

1.关于雷诺

雷诺表创建于1988年,国内手表五大品牌之一,是商务手表的领先品牌。

目前,雷诺已经与大商、茂业、银座、百

盛集团等顶尖商贸集团系统实现了全面战略合作，全国零售连锁网点超过2000家。

2.品牌定位

新一代商务经典手表。

新一代：目标人群为都市年轻人，因而产品具备时尚创新元素。

商务：专门为商务人士打造的手表品牌，形成品牌差异。

经典：产品设计风格经典，经得起时间考验，能时刻与潮流并行。

3.产品特色

（1）产品别具一格，将传统商务与经典休闲风格完美地融合

雷诺表有明确的品牌定位，而产品设计则继承了品牌理念，具有鲜明的品牌风格——新商务、轻商务、时尚商务。因此，雷诺手表有一个普遍特征：与传统商务手表相比，雷诺表更休闲；与经典休闲手表相比，雷诺表更商务。

（2）产品线众多，可选择空间大；价格相对适中，入手门槛低；性价比高

在"新一代商务经典手表"的定位基础上，雷诺表按照商务人士不同的个性、不同的人生节点，规划了四条产品线，分别为：商务经典、商务运动、商务休闲、个性类别，以此对商务人士的一生和不同阶段做出全新的注解。

除此之外，从款式上来说，雷诺表款式众多，从石英表到机械表，从男表到女表，从商务到休闲，从经典到现代，一应俱全，截至目前，共有多达117种款式可供消费者选择。

最后，雷诺表的售价从300元到3000元不等，对普通大众来说，雷诺表入手门槛低，适合大众消费。

（3）不同产品线的产品风格各异、各具代表性，大范围覆盖受众审美需求

简雅系列：新简约主义，重新定义轻薄美感的简约百搭系列。

骑士系列：象征着骑士的绅士、热血和勇敢，展示骑士无所畏惧的精神。

恪守时尚与实用双重性能的男士系列。

4.品牌推广现状

推广渠道重心转移，逐渐从以线下渠道推广为主转向以线上渠道推广为主。

目前，雷诺表业越来越重视全渠道发展，除了线下渠道外，更加关注新媒体、移动互联网等方面的推广。此外，除了启动中央电视台广告投放外，商旅杂志、航空杂志、经济类领导杂志、财经类门户网站等商务媒体也都全面覆盖。

推广内容不再是单一的"卖货模式"，逐渐增加了对品牌内容的建设。

随着经济的发展和文化的多元化，受众需求增加并升级迭代，他们对物品的消费不再仅限于产品本身，而是更加关注品牌本身，更加追求个性化、文化认同与自我价值的实现。因此，雷诺表业的推广内容将不仅限于简单的"卖货模式"，而是要在卖货的同时增强对雷诺品牌的建设，以丰富品牌的文化与核心内容。

5.产品分析小结

◇雷诺手表产品本身质量优良，产品

风格明确,售后服务较完善。

◇走时精准,防水性能良好。

每一款雷诺表在出厂前都要经过多道工序检测,严格按照ISO9001的国际质量检测标准检测。

产品风格:新商务、轻商务、时尚商务。

雷诺手表产品风格明确,在诠释精致商务风格的同时,加入了休闲元素,使得产品风格严谨却不沉闷、休闲但更显精致,从而使产品能更好地融入受众的不同生活场景,提高了产品的适用性。

◇销售渠道广泛,全国联保。

除线下柜台外,在官网、天猫平台、京东平台上都设有官方线上购买渠道,在保证正品的同时还有7天无理由退货+15天换货+全国联保的售后保障,让消费者购后无忧。

◇雷诺的产品设计普遍符合大众审美。

通过实验性调查与分析可知,大部分受众对雷诺手表的设计表示接受。若遮挡住品牌LOGO,有许多受众难以辨别不同品牌的手表设计。由此可见,雷诺手表的设计普遍符合大众的审美,只是品牌力相对缺乏。

◇品牌形象可塑造性强,品牌内容留白空间较大,有利于创意发挥。

雷诺品牌具有明确的定位,拥有打造差异化的良好条件。此外,由于雷诺目前还处于品牌推广的最初阶段,因此品牌形象具有较强的塑造性,更容易进行品牌焕新。再者,雷诺拥有明确的品牌理念,内容留白空间较大,有利于创意的发散与诠释。

(三)竞品分析

1.国内中坚品牌/国际潮流品牌分析

在选择竞品的过程中,因怀旧国产老牌的品牌调性与雷诺相差过大,它们暂时不会与雷诺直接竞争,于是将其排除。最后选择了最具代表性的飞亚达、DW作为雷诺的主要竞争对手进行分析。

根据竞品分析,我们对三个品牌的品牌传播、品牌辨识度、款式选择、性价比、销售情况五个方面进行了对比,并用雷达图对结果加以展示:

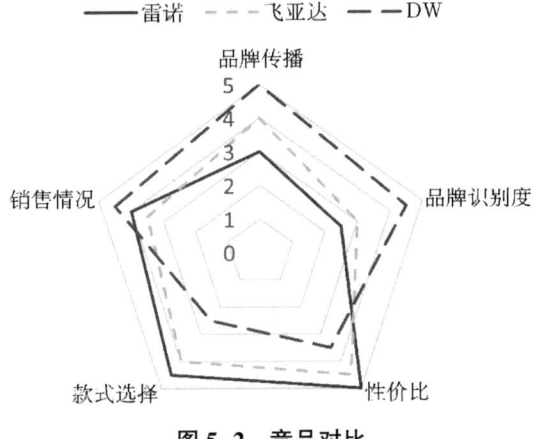

图5-2 竞品对比

由雷达图可知,国际知名品牌DW在品牌传播与品牌辨识度方面具有较大优势,人气较高,因此在销售业绩上远超国产手表品牌。然而DW的款式选择较少,且其价格相较雷诺与飞亚达高,性价比不如国产手表品牌。

相比飞亚达,雷诺手表在款式上虽然选择余地较小,但在工艺、设计(品牌辨识度)相差较小的情况下,雷诺手表的合理定价使其在性价比方面略胜一筹,且综合线上线下的销售数据,雷诺的销售业绩也优于飞亚达。

2.竞品分析小结

(1)根据雷诺品牌的实际情况,准确寻找现阶段竞争对手,进一步明确品牌定位

目前,雷诺的直接竞争对手主要为"发展潜力巨大的中坚国产品牌"。我国手表高端市场和中高端市场长期被国际品牌占据,因此大部分国产品牌要抢占的是中低端市场。

此外,由于受到国际潮流的影响,中低端市场出现新的消费倾向,这些价格适中、风格时尚的国际手表品牌也渐渐加入竞争行列中。

(2)雷诺品牌重视风格呈现,坚持打造时尚商务潮流,与竞争对手形成差异

随着目标消费者的消费升级与进阶,雷诺手表围绕品牌定位,为品牌注入了新能量。产品设计风格在坚持精致商务的同时加入时尚潮流元素,使品牌形成了差异。此外,目前中低端手表市场中缺乏主打"时尚商务"的品牌,存在品牌空白,因而时尚商务手表具有较大的发展空间。

(3)与直接竞争对手相比,雷诺品牌的辨识度较低

国产手表普遍存在设计同质化、品牌辨识度较低等问题。虽然雷诺在产品设计方面做出了积极调整,但是在品牌建设、传播推广方面仍存在不足,受众对品牌的认知滞后,品牌辨识度低。

对比竞争品牌飞亚达,其近年来在传播推广中投入较多,所选取的代言人具有较高的话题性,且形象与品牌格调相符,因而吸引了广大受众的关注,增强了品牌的传播力。

(四)市场分析总结

1.市场总体状况

◇一方面,手表行业得到国家政策扶持;另一方面,由于中美贸易战的影响,加之前期蓄力和国潮的蓬勃发展,雷诺手表的发展迎来了良好的环境。

◇雷诺定位清晰:"新一代商务经典手表",更加重视"时尚商务"风格。时尚商务手表市场目前有待开发,发展空间大。

◇雷诺手表面临着严峻的竞争,除了国内外手表品牌与雷诺抢占市场外,智能可穿戴设备、功能性产品也对手表行业产生了不小的冲击。

◇雷诺目前传播力度较弱、效率低,导致品牌形象模糊、缺乏辨识度;此外,对于新兴消费群里来说,雷诺品牌形象老化严重,难以与消费者沟通。

◇互联网数字技术的发展改变了消费者的行为习惯,推动了消费升级与进阶,导致雷诺已有的传播无法覆盖到目标消费者。

2.雷诺品牌SWOT分析

(1)S分析

◇品牌定位清晰:"新一代商务经典手表"。

◇价格区间广,产品线丰富,消费者

选择多元化。

（2）W 分析

◇品牌传播力度弱、效率低，导致品牌形象模糊、知名度较低。

◇前期产品设计缺乏独特风格，手表同质化现象严重。

◇品牌形象陈旧、老化，难以与新兴消费群体沟通。

◇目标消费群体变化，使雷诺已有的传播方式无法覆盖到目标消费者。

（3）O 分析

◇中美贸易战为国潮发展铺了路，加之政策的扶持，国产手表有较好的发展环境。

◇品牌积极打造时尚商务风格，时尚商务风格手表市场存在品牌空白，发展空间大。

◇消费者对国产手表品牌的认知度低，有利于品牌重塑形象，形成新的认知。

◇互联网与科技进步，可以帮助品牌精准、直接地触达目标受众。

（4）T 分析

◇市场新进入者（智能可穿戴设备、功能性替代品等）对传统手表业发展构成了威胁。

◇行业准入门槛相对较低，许多奢侈品品牌也开始推出手表产品。

三、消费者分析

(一) 第一期调研

1.目标消费者画像

基于二手资料分析以及甲方对目标消费者的锁定——"20—35 岁的都市青年"，我们首先通过深度访谈对目标消费者进行了筛选。在选取 25 位不同职业、不同性别的 20—35 岁都市青年进行深度访谈后，我们得出以下结论：

◇有戴表习惯的人群重视手表的进阶体验。

访谈中，有戴表习惯的人大多有两年以上的戴表经验，他们认为戴表的主要原因是体现职业素养，满足职场、社交等需求，体现个人的独特品位。此外，他们购买第一块手表的时间大多是在入职后的 1—3 年内。

◇没有戴表习惯的人群也存在一定的购表意愿。

◇大多数人没有购表欲望是因为手表的可替代品多。

◇手表产品本身承载着时间概念，相比其他产品，更具有入手和收藏意义。

在与受访者的对话中，我们发现了一些关键信息：

◇"现在戴的 DW 是临近毕业的时候买的，因为要正式进入社会开始工作，大学戴的 Swatch 显得太学生气了。基于经济层面上的考虑不适合买太贵的表，但是又不想买看起来有太廉价气息的，所以就选择了 DW，简约大气且实惠，价格大概是 1200 元。"

◇"对品牌没有什么特殊的爱好，样子的话应该会买秀气一些的吧，表带最好是皮的，质量要好。应该不会选择网购，可能会去香港，觉得进入工作岗位的话还是希望一块表能陪自己久一点，不会仅仅只是觉得好看就买它。"

◇"(手表对我来说是)一种象征性的东西吧,见客户或者是必要场合的时候要准备,但是平常戴对我不算必要,平时时间主要也是看手机。"

◇"有钱有时间的时候;搭配衣服;实习……都是(影响我买手表)可以参考的要素。但是关键是钱,是我现在能有时间去看表……"

◇"刚开始实习的时候开始想要购买一块商务表。因为目前在银行工作的原因,上班时要将手机存起来,以防信息泄露,所以想要看时间的时候就有点尴尬。"

综上所述,可以看到:受访者们普遍认为手表比其他腕间佩戴产品、可穿戴设备等更有价值。手表可以承载更多的意义,因此消费者在重大的人生节点、身份转变期、某些特殊场合等情况下,对手表的购买意愿会相对提高。

2.第一期调研小结

根据一期访谈,结合受访者年龄及其戴表习惯推算,我们发现即将从校园进入职场以及初入职场、处于身份转变阶段的人群大多有较强烈的购表意愿与需求。因此我们进一步将目标消费者筛选为20—28岁即将进入职场的大学生和职场新人。

他们大多认为戴表能给他们塑造专业的形象,他们也认为手表可以作为彰显个人品位的配饰。基于经济条件有限,他们购表时会更注重手表的外观、性价比及多场合适用性。

(二)第二期调研

1.消费者眼中的手表

本次问卷共684人填写,最终收回有效问卷652份。通过问卷分析,我们了解了消费者现状。

(1)对手表的认知

大多数受访者认为手表主要有时尚搭配、增强时间观念、彰显品位的作用。他们对手表的认知是:手表既能彰显个性身份,又是能满足多种场合的需求。

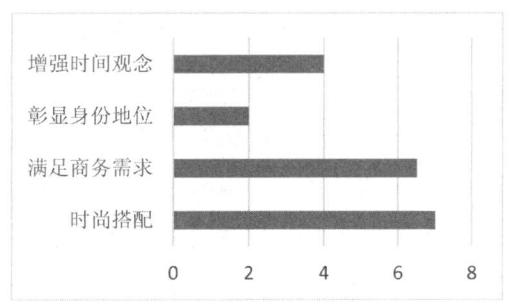

图5-3　消费者对手表作用的认知

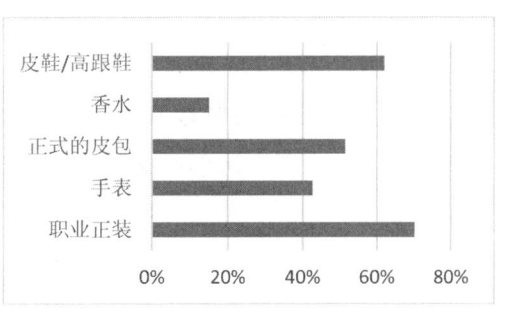

图5-4　消费者认为的职场必备品

相较国际知名手表品牌,消费者对国产手表品牌的了解度较低。

(2)消费行为特征

大多数人没有日常戴表的习惯。

戴表行为和购表行为大多发生在受

访者从校园进入职场的身份转变时期。

超过四分之三的受访者佩戴手表的时间低于4年,且大多集中于2—4年。根据推算可知,受访者大多在初入职场的时期开始佩戴手表,其戴表行为和购表行为大多发生在他们从校园进入职场的身份转变时期。

对于受访者来说,购买手表大多是为了自己日常佩戴所用,应对场合也是购表原因之一。相比之下,用作送礼的较少。

(3)消费心理与动机

大多数人注重自己的职场形象,职场穿搭意识较高;手表等配饰可以提升职场形象,彰显品位且能给他人留下好感。

目标消费者的购表选择最容易受朋友的影响,其与手表品牌相关信息接触的主要渠道是朋友推荐、微博与广告杂志。

目标消费者容易受到品牌驱动,其对某一个品牌的设计、理念等方面的赞同会驱使他进行消费。

2.第二期调研小结

通过第二期调研,即对第一期调研锁定的目标消费者进行问卷调查发现,处于从校园进入职场的身份转变阶段的人群,其购买手表的意愿和需求确实较为强烈。

综合受访者对手表的认知情况、消费行为特征、消费心理与动机,我们洞察到目标消费比较注重自己的职场形象,有较强的职场穿搭意识。

(三)第三期调研

在一、二期调研中,我们在对目标消费者对手表的认知情况、消费行为特征、购表心理与动机进行调查分析的基础上,将目标消费者筛选为处于从校园到职场的身份转变阶段,有职场穿搭意识的大学生和职场新人。

为了更进一步深入洞察目标消费者的生活状态、职场心理以及对雷诺品牌印象的感知度等,我们选择对20位带有上述标签的目标消费者进行深度访谈,调查发现此类消费群体具有以下特征:

◇有主见、有想法,重视别人对自己的看法。

◇追求生活和工作之间的平衡,兴趣爱好、斜杠人生的选择让他们生活多姿多彩。

◇认为传统商务略显沉闷,对于"轻商务""时尚商务"的接受度更高。

◇专业而不沉闷,严谨而不死板。

◇想打破社会对90后"不靠谱"的刻板印象。

此外,我们还发现,通过调研筛选出的目标消费人群大多为90后,2018年90后已全部成年,大部分90后已步入职场,成为职场新人主力军。因中国社会环境变化巨大,不同年代人群之间差异巨大。与70后、80后相比,伴随着90后成长的是互联网技术,手机、电脑的普及让他们更早地接触网络。在信息发达环境下成长的90后更容易受社会不同文化的影响,因此也更容易被赋予个性化的标签。

在此基础上,我们通过二手资料收集以及访谈中对90后群体的研究,进一步洞察了目标消费者,找到了与消费者的情感连结点：

◇大部分90后奉行娱乐至上主义，享受生活，追求个性化。

◇相比80后，90后更愿意尝试新的品牌，喜欢追逐潮流，重视体验。

◇90后是互联网重度用户，用户黏性极高，对虚拟消费接受度高。

◇90后人群普遍"爱玩"。

◇90后有"吐槽"的特性，因而形成了各式各样的网络语言文化、表情包文化。

◇90后网络社交属性强，更加偏向兴趣向导型社交，在兴趣圈子里表现活跃。

◇关于工作，90后更加倾向于选择与自己兴趣相符的工作，重视劳逸结合。

(四) 目标消费群体概况

综合以上三个阶段的调研，我们最终把目标消费者圈定为以下人群：

20—28岁、有职场穿搭意识、专业而不沉闷、严谨而不死板的即将进入职场的大学生和初入职场的职场新人。

我们将这样一群90后职场人定义为"新职场青年"，我们将他们的职场观定义为"新职场主义"。有别于职场前辈们，90后职场新人更加个性化、更加活跃，今后职场也将会因这群人的加入而变得更加活跃。90后新职场青年将会为原有的职场注入新的能量。

1."新职场青年"画像

（1）基本属性

20—28岁，比较注重自己的形象，有较强的职场穿搭意识，即将进入职场的大学生和职场新人。

（2）心理特征

他们大多受亚文化影响较深，热衷于给自己贴标签。

他们有主见，有想法，努力想要打破社会对90后职场人的刻板印象。

他们崇尚自由、公平，同时也认为颜即正义。

（3）行为特征

他们依赖于社交软件，热衷于接受新鲜事物。

他们是网络原住民，接触信息的渠道较多。

（4）购表方面

他们倾向于购买一款适合多场合使用的手表，注重手表商务性与休闲性的结合，对手表的外观样式有一定追求，希望能彰显自己的品位。

由于经济水平与消费水平有限，他们不会一味追崇品牌，注重手表的性价比。

（5）信息获取方式

日常资讯：微博、微信。

手表信息获取：亲友、微博、微信、小红书等平台。

个人爱好资讯：各种不同种类的社群平台，如soul等。

四、传播策略

(一) 问题呈现

1.发现问题

◇品牌辨识度不高，受众对品牌的认知度低。

◇品牌势能不足，品牌价值与产品力

的传播力度不足。

◇大部分目标消费者对国产手表品牌存在刻板印象与误解。

◇产品功能性弱化,目标消费者的戴表意识降低。

2.解决问题

根据目标消费者的价值取向,我们提出了"新职场主义"的概念,以寻求消费者的品牌共鸣与品牌认同,同时打造品牌的差异化特征,以在消费者中建立认知优势。

提升品牌势能,丰富"新一代商务经典手表"的具体内涵,丰富品牌的文化内涵。此外,运用全渠道配合诠释新职场主义下的时尚商务风格,以提高品牌的传播性。

运用社会化营销,打造国产商务手表年轻时尚的新形象,配合内容营销去丰富品牌的价值内涵,更新品牌形象。

寻找品牌与消费者的情感沟通连接点,弱化手表的功能性,打造时尚商务潮流,以全时空性的沉浸式营销策略培养目标消费者的戴表意识。

(二)策略思路

1.传播策略核心

将雷诺的品牌核心卖点与90后消费人群特点相结合,我们决定打造"新职场主义"概念:

**做不沉闷的职场人,
做有担当的90后。**

围绕此策略核心,我们将通过线上线下多种形式呈现具体创意,对概念进行诠释。再配合公关内容,增强活动的话题性和内容的传播性。

创意中将运用场景营销刺激消费者的戴表意识,同时增强消费者的参与感与体验感,以提升品牌的知名度,塑造雷诺手表专业而不沉闷、适合多场合穿搭的品牌形象。

2.广告调性

**积极向上、充满热情、
轻松有趣、打破常规**

3.传播口号

时间由我造

90后人群具有较强的主观能动性,对时间也普遍有自己的看法。初入职场或资历尚浅的他们总是不愿妥协,想要在工作中也保持个性,他们的加入无疑给沉闷的职场注入了新的能量。但也正因为"个性",大部分职场前辈会对他们形成"不靠谱"的刻板印象。

经典百搭,在多场合切换自如,雷诺将与新职场青年一起,带着不沉闷的态度与主见,为当下职场社会注入一股新鲜有活力的年轻血液。

五、策略执行

(一)Q1:运势加持,新年新运

1.活动洞察(略)

2.主要活动

◇雷诺 X Alex 是大叔:我的朝九力

◇联名预热:"职场运势投稿征集"

◇微博直播:"2019 职场运势解答直播"

◇H5 传播:《2019 我的朝九力》

◇线下活动:"雷诺星座主题快闪店"

◇深度合作:周边产品发布

3.活动目的

借助"Alex是大叔"在目标群体中的影响力,以品牌联动提升雷诺的品牌曝光度,提升品牌势能,传达品牌调性,提升品牌好感度。在帮助大家建立积极的心理暗示,把握新一年机遇与挑战的同时,在消费者中建立雷诺年轻化、积极化的品牌形象。

4.创意具体呈现

(1)联名预热:职场运势投稿征集

活动时间:2019.2.12—2.20

活动内容:(略)

活动目的:以雷诺与"Alex是大叔"的联名推送作为2019年活动的序幕,可以在短时间内带来较大的传播效益,增强传播声量,同时为后续运势解答直播等活动做预热铺垫。

媒介选择:雷诺、"Alex是大叔"官方微博与微信公众号。

创意示例1(略)

创意示例2(略)

(2)H5传播:《2019我的朝九力》

投放时间:2019.2.25—3.3

创意内容:(略)

活动目的:通过在新年返工期间推出该H5,寻求与消费者之间的"返工潮"共鸣,引发转发与大众传播,使消费者对雷诺品牌形成价值认同,提升雷诺的品牌知名度与好感度。

媒介选择:雷诺、"Alex是大叔"官方微信公众号。

创意示例3(略)

(3)线下活动:雷诺星座主题快闪店

活动时间:2019.3.6-3.10

活动内容:(略)

活动目的:以事件营销的形式吸引消费者的注意,增强品牌的曝光量及好感度,同时将消费者引流至线下门店,刺激潜在消费者的购表欲望。

媒介选择:雷诺官方微博、微信公众号;"吃喝玩乐深圳游""深圳潮生活"微信公众号;"深圳吃喝玩乐 fun""深圳头条大热门"微博;微信朋友圈信息流广告。

创意示例(略)

(4)深度合作:周边产品发布

活动时间:2019.3.11—3.24

创意内容:雷诺与"Alex是大叔"共同发布联名周边产品(表盘刻字/手表星座包装盒/开运周边等),并以发放优惠券等促销活动作为本阶段活动收尾。

活动目的:提升品牌的附加值,以优惠券、礼品卡等促销手段引起消费者的关注并达成促销目的。

媒介选择:雷诺微信公众号及微博账号、"Alex是大叔"微信公众号及微博账号;雷诺表业线下门店。

创意示例(略)

(二)Q2:等你下课,待你上班

1.创意洞察

应届毕业生在毕业季大多处于百感交集的状态,需要情感宣泄与引导,雷诺通过在高校举行活动,引导毕业生表达自我,带领他们走过这段忐忑不安的时期,传递"时间由我造"的观念,引导大学生以更自信的姿态走入职场。初入职场的新人会遇上职场形象穿搭等难题,雷诺通过发起职场新人计划,输出职场穿搭知识等干货内容,为职场新人提供帮助。

2.活动目的

本期活动旨在向目标群体传达"新职场主义"的概念,通过与应届毕业生的互动对话,利用线上渠道向新职场青年普及相关职场知识,以刷新社会对"商务"的刻板印象,同时提出"新职场主义"的概念,塑造雷诺手表时尚商务的品牌形象,强化雷诺手表与职场穿搭之间的联系,激发潜在消费者的购买雷诺手表欲望。

3.主要活动

Rarone 愿望林

雷诺职场新人计划

#新职场主义#概念发布

4.活动内容

(1)#RARONE 愿望林#

活动时间:2019.4.1—4.21

创意洞察(略)

活动目的:提升雷诺品牌在大学生群体中的知名度与好感度;提升企业的社会责任感;通过发放优惠等促销手段刺激潜在消费者的购买欲望,导流618京东购物节与天猫粉丝节,达成销售目的。

活动具体内容

◆线下互动装置:"RARONE 愿望林"

以#时间由我造#的主题冠名赞助高校毕业晚会活动,并在现场设置巨大的"RARONE 愿望林"装置,提供雷诺手表形状的卡片与彩色荧光笔,参与者可在手表卡片上写下自己对即将进入职场的期待与愿望,当愿望林被荧光手表卡片挂满时,愿望林的夜晚便显得五光十色。

◆线上 H5:"RARONE 愿望林"

通过各高校知名公众号发布文章《等你下课,待你上班——请种下属于你的愿望林》,用户点击"阅读原文"后将被链接到#RARONE 愿望林#的 H5 页面,选择自己所属高校的愿望林页面,可以自行选择愿望手表牌的颜色与形状,填写自己对职场的期待和愿望并将手表牌挂上愿望林。由此,每个高校都可以创造出与众不同的愿望林。

用户完成种树行为后将获得雷诺送出的大学生购表优惠券并被引流至天猫与京东旗舰店。

◆公益活动:在荒漠种下 RARONE 愿望林

各高校每满1000人在 H5 的愿望林挂上愿望牌,雷诺品牌方就会在西北荒漠地区种下一棵属于该高校2019届毕业生的愿望树,这棵树种下的时间与应届毕业生的入职年份相同,寓意着这棵承载着应届毕业生期待与心愿的愿望树将会见证他们在职场和社会中的成长。

媒介选择:10个高校公众号(暨南大学-暨妹妹、复旦大学-混旦、深圳大学-深圳大学快讯&荔园丽事、华南理工大学-华工微博协会、武汉大学-此间珞珈、吉林大学-吉林大学还睡吗、浙江传媒学院-浙广客、西安电子科技大学-西电学生会、广州大学-有独、南京航空航天大学-南京航空航天大学学生会)。

创意示例:通过高校公众号发布《等你下课,待你上班——属于你的愿望树等你来种》微信文章,文章简介将以"2014届在校时间余额××天"为题引起消费者的注意。文章以第一人称的角度讲述应届毕业生与愿望树之间的关系,阐述活动内容与意义,寻求与目标群体之间的共鸣。文章最后的"阅读原文"将链接到#RARONE愿望林#的H5页面,以实现用户导流。

(2)雷诺职场新人计划

活动时间:2019.5.6—5.19

创意洞察:初入职场的新人往往更注重自己的职场形象,但经验不足的他们往往不知从何下手。雷诺职场新人计划可以向职场新人传递时尚商务的职场穿搭知识,并让他们意识到在职场穿搭中雷诺时尚商务手表是一个不错的选择。

活动目的:以PGC圈层创作进行职场新人穿搭干货内容输出,在增强雷诺品牌曝光的同时强化雷诺手表与职场穿搭、时间之间的联系,提升目标消费者的职场穿搭意识与戴表意识。

媒介选择:微信公众号(略)

创意示例(略)

(3)#"新职场主义"#概念发布

活动时间:2019.6.3—6.16

创意洞察(略)

活动目的(略)

活动内容:

◆#新职场主义#话题炒热

配合雷诺2019年新品发布会,雷诺官方微博联合KOL在微博上发起#新职场主义#的话题,借助微博KOL进行话题炒作,引发讨论与关注。

◆#新职场主义#概念视频发布

视频画面结合"去打破、去挑战、去尝试、去坚持,是我的职场,是我的主场,雷诺,时间由我造"的文案,以意识流风格传递雷诺新职场主义"做不沉闷的职场人,做有担当的90后"的概念。

媒介选择:

微博:雷诺官方账号、微博搞笑排行榜、小野妹子学吐槽。

微信:雷诺官方平台、她刊、知业、优酷、爱奇艺视频贴片广告。

创意示例(略)

(三)Q3:整装待发,羽翼自丰

1.活动内容

(1)病毒视频传播:我有一百种看表姿势

平凡的办公室日常,当领导或同事问"到几点了"时,主角们用奇异搞怪的姿势看表,引发众人的诧异。用一百种看表的新奇姿势让职场不再沉闷,变得轻松有趣。

(2)抖音挑战赛:#我有一百种看表姿势#

承接病毒视频传播的流量,雷诺官方抖音账号在抖音短视频平台发起#我有一百种看表姿势#,发布官方病毒视频并邀请抖音达人参与挑战赛,以 PGC 回应官方动作,并带动 UGC 创作,吸引用户参与和传播。

2.媒介选择

抖音平台:雷诺官方抖音号、露啦嘞、老王欧巴、Boogie93、笑园团队等抖音达人。

微博:雷诺官方微博、小野妹子学吐槽、办公室小野。

3.创意示例

地铁车厢广告:#RARONE 新职场主义#专列

投放时间:2019.8.12—8.18

创意洞察:在有全国众多应届毕业生涌入的一线城市毕业的学生,需要以一种更积极乐观的态度去迎接职场生活,本创意通过打造雷诺的"新职场专列"车厢,向新职场青年传达雷诺的#新职场主义#概念与"时间由我造"的具体表现,以呼应"我有一百种戴表姿势"主题活动,形成自发传播的事件营销。

活动方式:利用地铁车厢承接"我有一百种戴表方式"线上活动,向大众收集与新职场相关的话题内容,整合"RARONE#新职场主义#专列""一百种看表姿势""职场哲学"等优质内容,将其移植到线下的地铁车厢,同时配合渠道公关文发布,引发话题营销。

媒介选择:雷诺官方微博、微信公众号、微博热搜榜单、微信公众号"广告门"、今日头条、网易新闻等新闻号。

(四)Q4:大放异彩,此刻尽现

1.创意洞察

当代都市人普遍对时间概念比较模糊,对"时间"的体验和感受也相对单一,因此本期活动将通过线下体验馆及 OTV 的形式来提醒参与者时间的存在,让他们感受时间的变化,意识到时间的珍贵,进而向他们传达"要珍惜当下,享受生命的每分每秒"的内容。

2.活动内容

(1)线下体验馆:<时间造作馆>

活动时间:2019.10.8—10.14

场馆设计:场馆设计呈表盘形状,分成四个相互联系又略有分隔的区域。

造点艺术区/"现在"是什么颜色?

创意示例:

图 5-5 消费者认为的职场必备品

媒介选择:双微平台:雷诺官方微博与微信公众号;受众普遍关注的 KOL(宣传);干货推荐类公众号(前期发布宣传

稿件,后期发布总结稿件)。

(2)《时间有答案》视频发布/你的所有疑惑,时间都有答案

投放时间:2019.10.15—10.21

创意洞察:时至年末,许多人都会对过去的一年进行回顾与总结,以增强"辞旧"的仪式感。结合这个特殊的时间节点,发布《时间有答案》情怀OTV,以此作为2019年"时间由我造"活动的收尾,通过内容输出吸引受众的关注,从而使之成为热议话题。

媒介选择:雷诺官方微信微博平台、微博搞笑排行榜、51job官方微博等。

创意示例(略)

六、案例评价

考虑到学生实践经验匮乏,能结合其自身的理论知识做出该品牌的推广方案已属不易。对于一些关键考量因素,方案虽未能够做到面面俱到,但整体框架比较完整,对消费者的洞察比较透彻。现主要总结以下几点不足,供日后毕业设计小组参考以规避同类问题。

总体而言,整个方案文字表述不够简洁、凝练,无法让人一眼抓住重点。

(一)关于产品定位

该方案在产品定位方面做了较全面的比较,但有三个问题值得注意:

第一,产品既有的定位与新的定位出入太大,要改变一个企业既有的定位很难,而且这样做对企业的品牌资产也不利。既有的定位是"商务+经典",新的定位可以解释为"商务+休闲+个性+时尚潮流",要一个东西既有个性又紧随时尚潮流是很难做到经典的。

第二,整个推广策略,包括媒体渠道的选择和推广活动等,都偏于彰显个性和时尚,忽略了产品的"商务性",这偏离了目标定位。

第三,对消费者进行调查后,学生们发现了一些问题,但在品牌推广策略上并没有提出针对这些问题的解决方案,前后缺乏一致性。

(二)关于策略执行

整个策略执行的过程中忽略了这样三个问题:

第一,策略执行前忽略了成本预算,没有考虑企业的财务情况。

第二,在整个策略实施的过程中没有深入了解对手的反应及实施的后果。

第三,线上线下各种推广活动火力全开,一次性全用上,没有留有策略调整的余地。而且,任何策略都有一定的时间限定,具有阶段性,不可一次性用尽所有的力量,如此才能保持企业的可持续发展。

第六章
广告本科毕业设计的策划指导

本章要点》

1. 广告策划指导中的策划观念及其历史演进
2. 毕业设计中广告策划具体指导过程
3. 广告策略中的常见问题与案例评析

第一节 广告策划指导中的策划观念及其历史演进

在古代,"策划"这一概念在军事思想中就已有所体现,军事活动中许多著名的战例都是经过严格的谋划和预先设计的,所谓"运筹帷幄,决胜千里",运筹就是一种策划。

但是"策划"作为一种严格的商业活动和传播操作手法,却是与现代营销和广告相伴而生的。早在20世纪初,当美国南加州的橘农们开始协作生产橘子时,后来成为罗德·托马斯广告公司总裁的克劳德·霍普金斯就创作了著名的新奇士品牌广告,从中我们已经可以看出其现代广告和品牌策划高超娴熟的技巧。

20世纪20年代,乔治·盖洛普(George Gallup)又把一种市场调查的方法引入策划广告之中①,其后这一方法得到了普遍的运用,从而使得现代广告策划在操作中更加趋于科学化和规范化。策划作为一个明确的概念,则是在20世纪50年代中期由著名学者爱德华·波纳斯(Edward L. Berneys)提出的,其后伦敦BMB公告公司的创始人斯坦利·波利坦于20世纪60年代在广告领域中率先使用这一概念,很快便使之普及开来。

1984—1985年,伴随着中国市场经济的高速发展,现代广告策划被引入中国的广告实践中,"以调查为先导,以策划为基础,以创意为灵魂"的现代广告运作观念被树立起来。1989年4月,上海的唐仁承出版了中国内地第一本《广告策划》专著,唐仁承提出,广告策划就是对广告的整体战略与策略的运筹规划,广告策划就是对广告决策、实施广告决策、检验广告决策全过程进行预先的考虑与设想。广告策划不是具体的广告业务,而是广告决策的形成过程②。

现在教材中将广告策划普遍定义为"广告策划以科学的、客观的市场调查为基础,以富有创造性和效益性的定位策略、诉求策略、表现策略和媒介策略为核心内容,以具有可操作的广告策划文本为直接结果,以广告运动的调查为终结,追求广告运动进程的合理化和广告效果的最大化"③。它是一个整体运动的广告策略观。

广告策划要基于对现代广告运动的认识,而广告运动是对广告策划的深化。广告策划概念的发展也反映出广告运动从单一到系统、从简单到整合的演进过程,广告策划作为对一个整体广告运动的战略决策,它在整个广告运动中处于指导地位,贯穿于广告运动的各个阶段,涉及广告运动的方方面面,是一套系统、整合的运动哲学。

---

① 科特勒,凯勒.营销管理:第十三版[M].王永贵,等译.上海:上海人民出版社,格致出版社,2009:3.
② 单凤玲,李亚婷.广告创收策划先行[J].新闻传播,2009(5):8.
③ 黄廓.试论"北药"广告策划[J].中外企业家,2006(4):36-38.

■案例呈现：系统性与整合性在优秀的广告策划中如何呈现

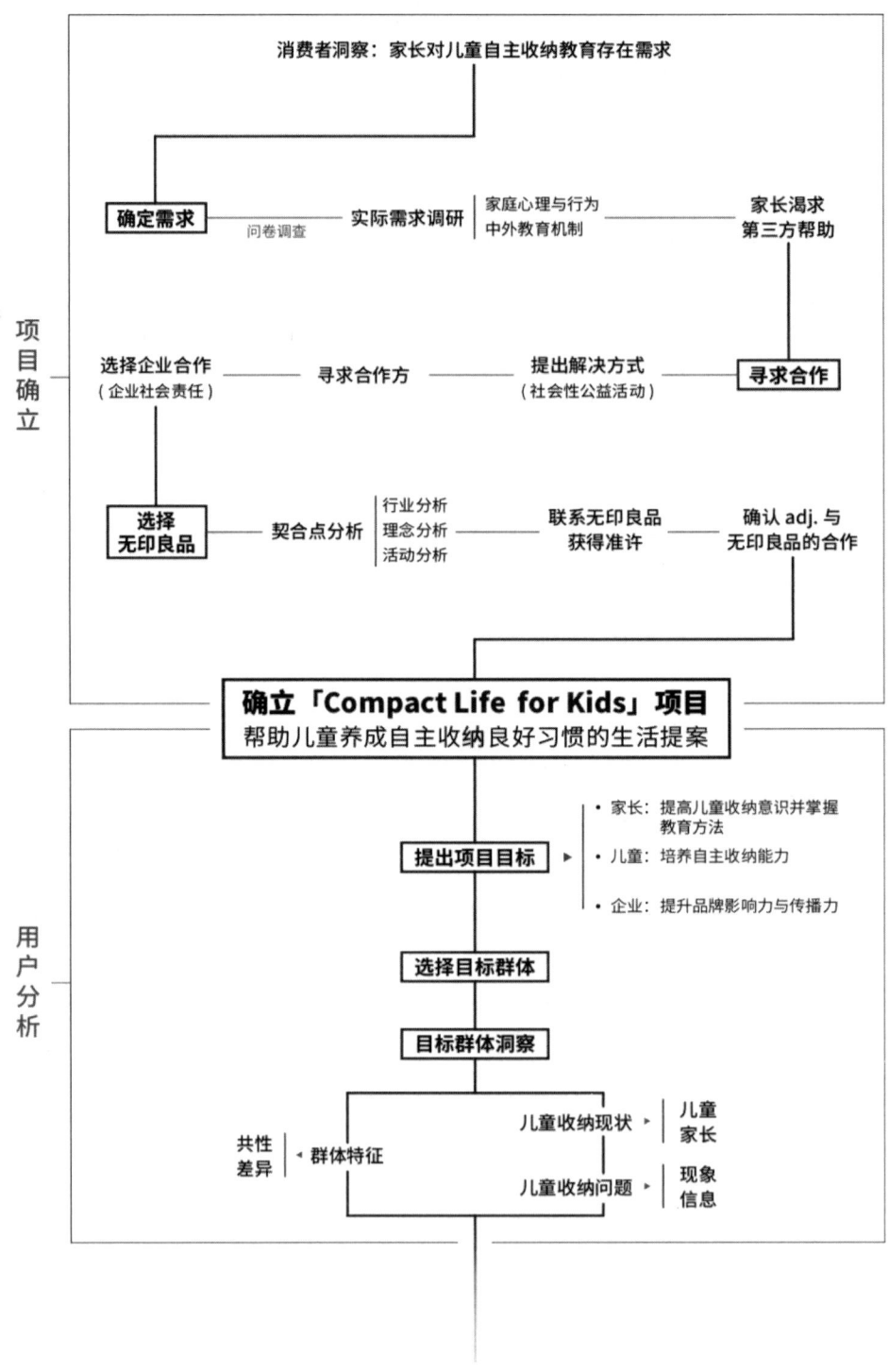

图 6-1　2016 届广告学专业"无印良品第三季度「Compact Life for Kids」项目提案"框架思路

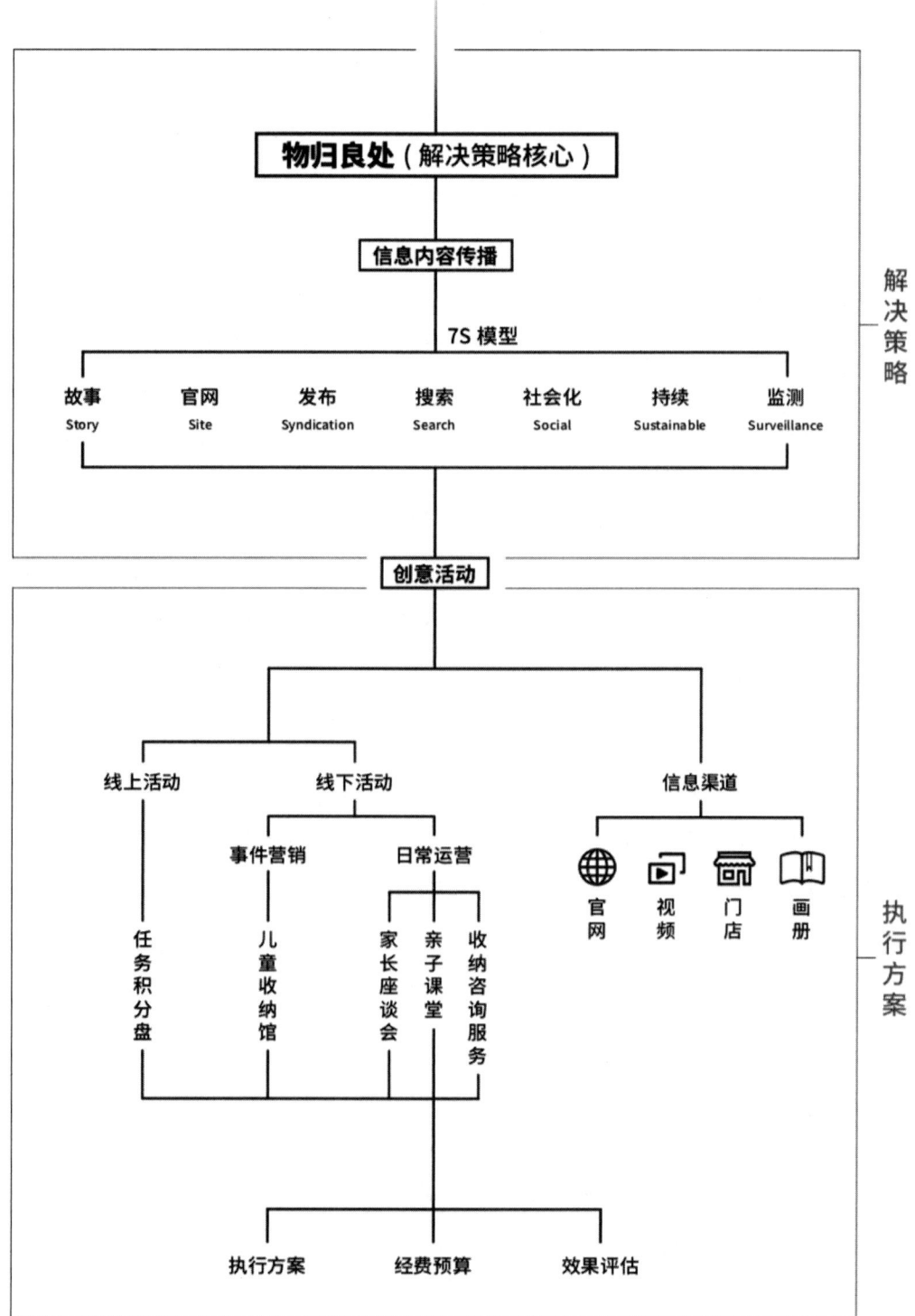

图 6-1　2016 届广告学专业"无印良品第三季度「Compact Life for Kids」项目提案"框架思路(续)

第六章　广告本科毕业设计的策划指导

无印良品项目框架思路图向我们展示了广告策划运作的一个完整流程，从中我们不难发现，广告策划是一个相对独立、完整的工作体系，无印良品的项目从需求的确立到最终的执行方案，呈现出一个系统的结构。此外，它在宣传上也并不是单一、独立的，而是追求不同信息渠道及活动形式之间的整合效应。

一、广告策略观念的演进

广告策划是随着市场营销观念的演进而不断丰富、深化和发展的。综合学界的观点，广告策划观念的历史演进分为以下四个阶段：

（一）第一阶段：产品推销的广告策划——从诉求到创意（20世纪初至60年代）

20世纪是人类生产力大提升、市场经济大发展的时代，因而也是市场营销与广告理论大发展的时代。这一时期的广告策略主要有以下四大理论流派。

1.硬性推销派："原因追究法派"

20世纪头20年里，以约翰·肯尼迪（John Kennedy）、克劳德·霍普金斯（Claude Hopkins）、阿尔伯特·拉斯克尔（Albert Lasker）为代表的硬性推销派（或称"原因追究法派"或"理性销售派"）属于广告策划的科学学派，其广告诉求为理性诉求。理性销售派的广告理论总结起来主要有两点：第一，广告是一种科学，而不是艺术；第二，广告必须为消费者提供一个购买商品的理由，广告是印在纸上的推销术。

2.软性推销派："情感氛围派"

"软性推销派"与硬性推销派同时出现或稍后，以西奥多·麦克马纳斯（Theodore McManus）和雷蒙·罗必凯（Raymond Rubicam）为代表，或称"情感氛围派"，属于广告策划的艺术流派，其广告诉求为感性诉求。情感氛围派不主张从科学、理性的角度去看待广告，而主张从情感的角度去打造广告，他们认为，广告应围绕着暗示和联想展开，这种暗示和联想都在传递关于产品质量和声誉的完美印象，赞美它将给消费者提供的喜悦。

3.科学推销派："独特销售主张"

20世纪40年代至50年代，最具代表性的广告理论是罗瑟·瑞夫斯（Rosser Reeves）提出的"独特销售主张"（Unique Selling Proposition，简称USP），我们称之为科学推销派。

USP广告理论主要包括以下内容：

（1）每则广告必须向消费者陈述一个主张，它不光是一些文字，也不是针对商品的夸大广告，也不是一般展示橱窗式的广告；每一则广告都必须对受众说明——"买这样的商品，你将得到特殊的利益。"

（2）这一项主张必须是竞争对手无法提出的，它必须具有独特性。

(3)这项主张必须是强有力的,足以影响成百万的社会大众,也就是能够吸引新的顾客来买你的商品。

USP理论的核心在于挖掘产品功效中的特质,提出其他竞争对手不能或不会提出的销售主张,从而造成产品诉求的差异化。

4.广告创意派:从诉求走向创意

20世纪60年代,广告进入了一个以创意为主旋律的时代。广告关注的重点不再是"产品特点",广告的核心功能进一步向"销售"倾斜。大卫·奥格威(David Ogilvy)曾斩钉截铁地说:"广告的目的就是为了销售,否则就不做广告。"(We sell or else)"推销"作为广告的核心功能上升到了第一个制高点,只不过推销的方式发生了相应的改变,从产品诉求转向了广告创意。

这一阶段主要的广告策划观念包括:DDB广告公司的威廉·伯恩巴克(William Bernbach)提出的"ROI理论",强调广告创意的相关性、原创力和冲击力(Relevance、Originality、Impact)。威廉·伯恩巴克被后人称为唯情派大师,他高举广告是艺术的大旗,视科学精确的调查研究为广告艺术创新的绊脚石。他把广告看成"说服的艺术",认为广告人在创作广告时,"怎么说"比"说什么"更为重要。

另一位著名大广告大师,芝加哥广告学派广告创始人李奥·贝纳(Leo Burnett)提出要在广告中挖掘产品"与生俱来的戏剧性"。他认为,广告人的任务就是辨别"产品本身所具有的能使它在市场中长期生存的东西……目的是为了赢得市场,把握这种东西,无论它是什么,并使它引人注目"。李奥·贝纳塑造的万宝路牛仔,一改万宝路女性香烟柔媚、亮丽的传统,给消费者描绘了一个充满男性阳刚、粗犷、豪放气质的文化偶像,这个最具男人气、最具美国风格的万宝路牛仔一下子征服了无数美国人的心。

20世纪60年代前,广告策略聚焦于如何推销产品本身,经历了从"说什么"到"怎么说"两大发展阶段,广告理论的探讨从"诉求"走向"创意"。但它们都是在为推销产品服务。这一阶段的广告策划观念仍局限于单一活动或者单一的广告作品。

(二)第二阶段:品牌时期的广告策略——品牌形象和品牌定位(20世纪60年代至80年代)

随着世界范围内经济的持续飞速发展,商品前所未有地丰富起来,消费需求普遍高涨,技术飞速发展,出现了产品高度同质化的现象,产品的独特性大大削弱,这意味着广告再单纯立足于产品特点的诉求和创意已经很难取得很好的效果了。这个时期,对品牌观念的重视成为打造产品差异化的重要手段,大卫·奥格威的品牌形象论和艾尔·里斯(Al Ries)、杰克·特劳特(Jack Trout)的品牌定位理论成为这一时期的主导观念。

1.品牌形象论

20世纪60年代,奥美广告公司的大卫·奥格威提出了"品牌形象论"(Brand Image),主张:

(1)为塑造品牌服务是广告最主要的目标,广告就是要力图使品牌具有且维持一个高知名度的形象;

(2)任何广告都是对品牌的长远投资,广告应该尽力去维护一个好的品牌形象,可以为此不惜牺牲追求短期效益的诉求重点;

(3)随着同类产品的差异性减小,品牌之间的同质性增大,消费者选择品牌时所运用的理性就越少,因此描绘品牌的形象要比强调产品的具体功能特性更重要;

(4)消费者购买时追求的是"实质利益+心理利益",对某些消费群来说,广告尤其应该重视运用形象来满足其心理需求。

品牌形象理论的提出,使得传统以推销为导向的广告策划发生了转向。单个广告的完成并不意味着广告运动的结束,它只是以树立与消费者心理相吻合的良好品牌形象为目标的整个广告运动的有机组成部分。因为,"每一次广告都是对品牌形象的长远投资"。

2.定位:广告策划的精准化

1969年艾尔·里斯和杰克·特劳特在美国营销杂志《广告时代》上发表了一系列文章,总标题就是"定位的时代"。

1981年,两位大师合著了一本改变营销传播的书《定位》(Positioning),他们宣称:"定位是一种观念,它改变了广告的性质。"

进入20世纪70年代后,企业之间的竞争从局部的产品竞争、价格竞争、信息竞争、意识竞争等发展到整体性的企业形象的竞争,原来的广告定位思想进而发展为整体形象的广告定位理论:CIS理论。

CIS是企业形象识别系统(Corporate Identity System)的缩写。由MI(理念识别 Mind Identity)、BI(行为识别 Behavior Identity)、VI(视觉识别 Visual Identity)三方面组成。利用CIS进行企业整体形象定位的广告策划思想,改变了产品形象和企业形象定位的局部性和主观性,也改变了早期广告定位的非统一性、零散性和随机性,更多地从完整性、本质性、优异性的角度出发去明确广告定位。

(三)第三阶段:营销传播整合时期的广告策划——整合营销传播(从20世纪80年代开始至今)

20世纪80年代以来,市场与技术的飞速发展使营销广告等开始面临新的整合难题:全球化发展带来市场的扩张,零售商的连锁经营带来市场权力的转变,各种营销方式的创新导致多部门参与到企业的营销中来,媒体的快速发展使得广告营销投放面临难题,而数字信息技术的崛起又给企业提供了整合的可能。营销与传播的整合成为一个世纪性难题。

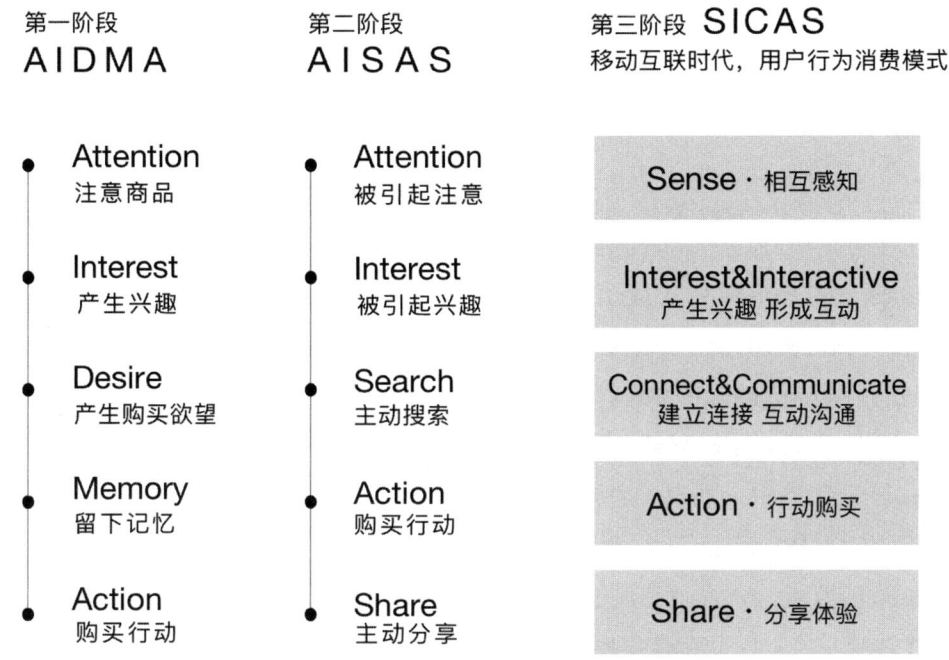

图 6-2　品牌触点·用户行为·消费路径变革

　　整合营销传播理论的先驱、全球第一本整合营销传播专著的第一作者唐·舒尔茨(Don E. Schultz)教授认为：

　　整合营销传播是一个业务战略过程，它是指制订、优化、执行并评价协调的、可测度的、有说服力的品牌传播计划，这些活动的受众包括消费者、顾客、潜在顾客、内部和外部受众及其他目标。①

　　整合营销传播是一种关于市场的理论，它以对营销和传播的整合而突破了广告的范畴。整合营销传播不应像广告那样因为消费者付诸"购买"行为而终止，反而应该通过售后服务，通过消费者的社交圈传播，继续维系和扩大厂商与消费者之间的关系。另外，广告是做给消费者看的，而整合营销传播却在消费者的基础上提出了"利益关系人"的概念。这个概念不仅包括消费者，还包括员工、竞争对手在内的所有可能对市场营销起到影响作用的有关人员。"传播"与"营销"最终在"利益关系人"这个概念身上汇集到一起，唐·舒尔兹把这种营销叫作关系营销(Relationship Marketing)。

　　关系营销的出现，最终使营销与传播画上了等号。广告理论发展到"整合营销传播"这里，广告的核心功能终于在"传播"和"营销"二重变奏的基础上"合而为一"，广告本身变成了一种营销传播。

---

① SCHULTZ D E, KITCHEN P J. Intergrceted marketing communications in U. S. advertising agencies:an explorary study[J]. Journal of advertising research,1997,37(5):7-18.

(四)第四阶段:互联网时代的广告策略——从 AISAS 到 SICAS(Web1.0 时代至今)

1. AISAS 模式:互联网营销新法则

AISAS 模式是电通公司提出的全新消费者行为分析模型。在互联网背景下,营销方式正从传统的 AIDMA 营销法则(Attention 注意, Interest 兴趣, Desire 欲望, Memory 记忆, Action 行动)逐渐向含有网络特质的 AISAS(Attention 注意, Interest 兴趣, Search 搜索, Action 行动, Share 分享)模式转变。在全新的营销法则中,搜索(Search)和分享(Share)成为重要的组成部分。在交互网络时代,口碑成为影响消费者购买决策的重要因素之一。

2. SICAS:移动互联网时代的用户行为消费模型

DCCI 通过技术手段对用户进行长期、连续、实时的监测,发现用户行为消费模式正在由 AIDMA、AISAS 模式转向 SICAS 模式。这种转变的起因在于用户、消费者的信息触点—用户行为—消费路径在改变。

从 SICAS 模型可以看到这样的链条:品牌—用户互相感知(Sense),产生兴趣—形成互动(Interest & Interactive),用户与品牌—商家建立连接—交互沟通(Connect & Communication),行动—购买(Action),体验—分享(Share)。也就是说,商务营销活动的核心驱动力是基于连接彼此的对话而非广播式的广告营销。对话、微众、利基市场、耦合、应需、关系、感知网络是营销的关键词。如何在快速移动的碎片化环境中动态实时地感知、发现、跟随、响应一个个"人",理解他们并与他们对话,成为提高品牌商家营销成本效率的关键。

二、广告毕业设计中常用策略模型简介

(一)新媒体人格化 RCSC 模型

在这个模型中,IP 的定型与定位有四个维度:

角色(R):与用户建立的关系类型,比如导师、朋友、达人、保姆等;

性格(C):向用户呈现出的性格,比如幽默、亲切、呆萌等;

场景(S):和用户交流的场景,比如购物、时尚、度假、做饭等;

内容(C):向用户传递的信息类型,比如价值观、生活方式、专业建议等。

图 6-3 企业新媒体人格化 RCSC 模型

■ **案例呈现**：2018 届广告学专业太兴鹅叔 IP 营销

"太兴餐饮深圳地区 2018 年第三季度品牌营销方案"项目小组结合产品特点(以鹅出品的菜系是太兴的招牌菜系)及太兴的主要品牌特征(有实力、重出品、踏实、令人觉得舒服、具备社会责任心、港式时尚餐厅)，将 IP 定位为：一只名为"太兴鹅叔"的鹅。

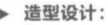

(1)

(2)

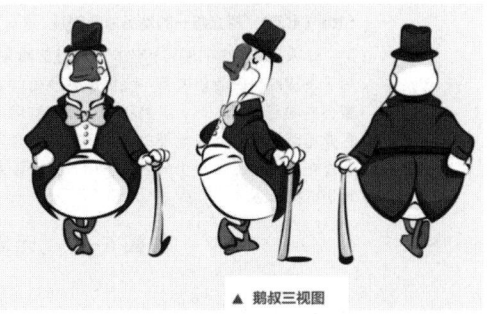

(3)

图 6-4　太兴鹅叔 IP 形象展示

第六章　广告本科毕业设计的策划指导

(二)美通企业传播 7S 模型

图 6-5 美通企业传播 7S 模型

■ **案例呈现:"无印良品第三季度「Compact Life for Kids」项目提案"中的 7S 策略**

Social（社会化）：利用社会化媒体实现互动式传播
在儿童收纳馆和专题网站中，设置了引诱分享的细节（如展馆中拍照与手作环节）与事件营销（像素城市剪影），吸引家长拍照并分享至朋友圈，以达到社会化媒体的传播效果，让信息到达更多的目标用户。

Sustainable（持续）：持续不断的沟通和互动
项目的信息传播不仅限于活动和网站，我们在日常运营中也设置了"家长座谈会"与亲子课堂等，针对性解决家长问题，同时小型的运营活动中我们都会设立了微信群，对部分高忠诚度和活跃度家长持续沟通，以达到更好的口碑传播效果。

Story（故事）：策划发布有价值的内容和信息
「Compact Life For Kids」延续了无印良品希望传达的感觉美好生活的品牌理念，也切实为目标受众提供了一个儿童收纳问题的解决方案，通过多媒体的表现形式和线下线上结合的活动方式为家庭提供了一套统一的有价值的内容。

Site（官网）：建立统一的信息聚合网址
为了让项目有价值的内容和信息更有效的聚集，除了发放统一的画册内容，我们还将所有内容聚合在项目专题网站，以供所有有需要的用户在专题网页获得所有需要的内容，同时也为内容发布和聚合提供一个统一的渠道，方便不断地更新和传播。

Surveillance（检测）：检测传播效果
项目每期活动的效果都具备可视化可检验的评估指标和方法，以便检验活动的效果和性价比，以调整后期活动。

Syndication（发布）：利用相关的传播渠道传播
项目的信息和内容不仅限于专题页面，我们也利用门店、新媒体（微信微博等）和线下的活动场所等渠道进行内容的发布，同时针对目标受众，我们有选择性在目标受众集中出现的场所（如购物中心）和共同关注的自媒体（如长颈鹿妈妈公众）进行信息投放，以达到更精确的效果。

Search（搜索）：完善项目 SEO 帮助受众查询
项目优化搜索引擎结果，让项目关键词和标签在搜索中更容易出现，以便用户查询，同时增强项目影响力，增强用户对"儿童收纳"与无印良品之间联想。

图 6-6 "无印良品"7S 策略应用

(三)TPMC 模型

TPCM 模型为日本电通公司开发的一套策略规划作业模型，以达到营销项目的目标，TPMC 模型分为四个主要部分：T——沟通对象，P——认知、知觉，C——沟通内容，M——沟通方式、方式。

■ **案例呈现:**"微信支付 2015 年第三季度珠三角地区整合营销推广方案"中的 TPCM 模型应用

思路框架

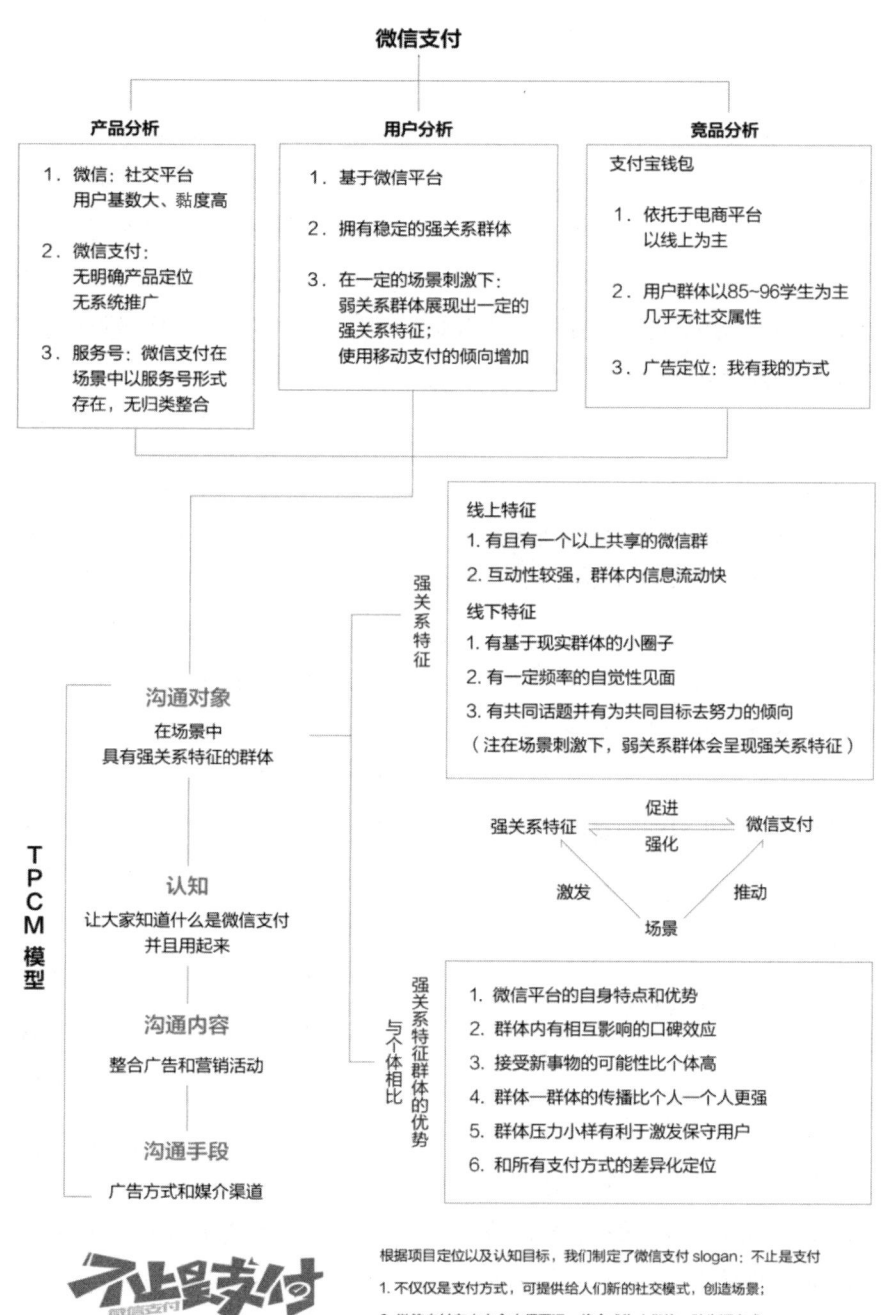

图 6-7 "微信支付"TPCM 模型应用

(四)SICAS 模型:数字时代用户行为消费模型

品牌—用户互相感知(Sense),产生兴趣—形成互动(Interest & Interactive),用户与品牌—商家建立连接—交互沟通(Connect & Communication),行动—购买(Action),体验—分享(Share),这便是SICAS 模型。

■ 案例呈现:"嘟嘟巴士2016年下半年深圳地区推广方案"中的 SICAS 模型应用

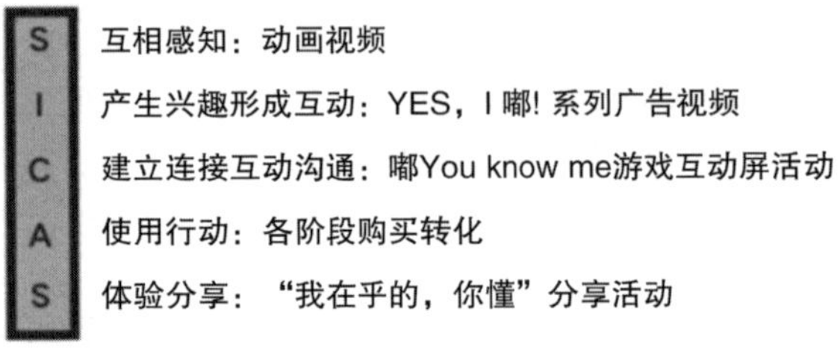

SICAS
互相感知:动画视频
产生兴趣形成互动:YES, I 嘟!系列广告视频
建立连接互动沟通:嘟You know me游戏互动屏活动
使用行动:各阶段购买转化
体验分享:"我在乎的,你懂"分享活动

图 6-8 "嘟嘟巴士"SICAS 模型应用

第二节 毕业设计中广告策划具体指导过程

一、广告策略的来源

(一)确认问题

学生在针对某个品牌或者某个产品进行策划构思时,必须深入了解品牌或产品在市场中的真实生存状态,包括其现有的推广策略、产品生命周期、企业成本预算、消费者购买状况,等等,以针对品牌、产品的后续推广扬长避短。

一个策划的开始始自问题,而所有的创意皆源于问题本身。所谓问题,就是预期与现实之间的差异,这种差异会给人带来困惑,最终上升到令人焦虑不安的地步,这正是广告策划的起点。策划的目的就是解决品牌发展遇到的困惑。但是,并不是所有的问题都可以拿来作为策划的起点。问题的发现依赖于以下两个路径:一个是从消费者的角度出发,从细微的日常生活中观察、发现,进而通过科学的市场调查对该问题的真伪进行验证,确定该问题具有探索和解决的价值之后,再进一步展开后面的策划,这个路径有利于发现真问题。另一个是从品牌的角度出发,通过对品牌进行诊断而进行品牌自身的升级优化。这个路径一般适用于已经具有一定知名度的品牌,这种路径紧密结合品牌自身特性来发现问题的方法有利于我们发现品牌存在的独特问题。在实际的策划当中,这两种发现问题的路径是结合着进行的。2016届优秀毕业设计作品"无印良品第三季度「Compact Life for Kids」项目提案"发现的真实存在的独特问题具有很好的借鉴意义,堪称近年来学生毕业设计作品中的典范之作。

(二)真问题而非伪问题

真问题存在于消费者那里,品牌和产品是帮助消费者解决问题而存在的,真问题不是品牌和产品自身存在什么问题,而是品牌和产品没有很好地告诉消费者它们可以帮助消费者解决什么问题。如何"很好地告知"将决定创意表现及媒介策略,而"帮助消费者解决什么问题"则决定了策略核心是什么。策划最重要的任务是找到品牌和消费者的沟通点,然后根据消费者的需求将品牌声音精准地传递出去。

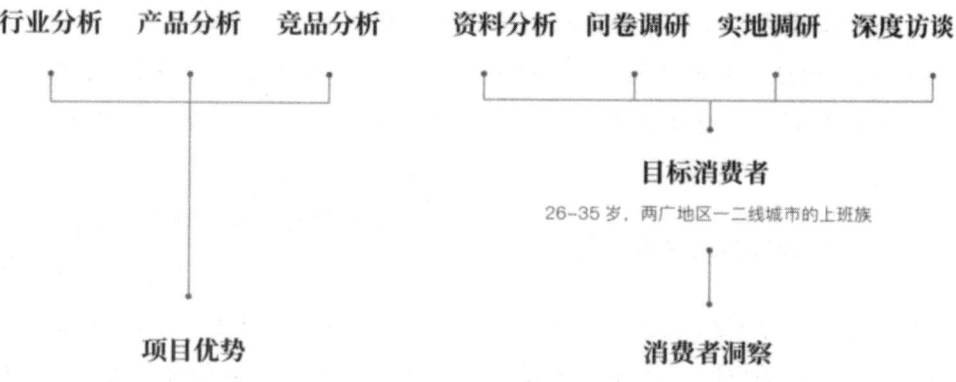

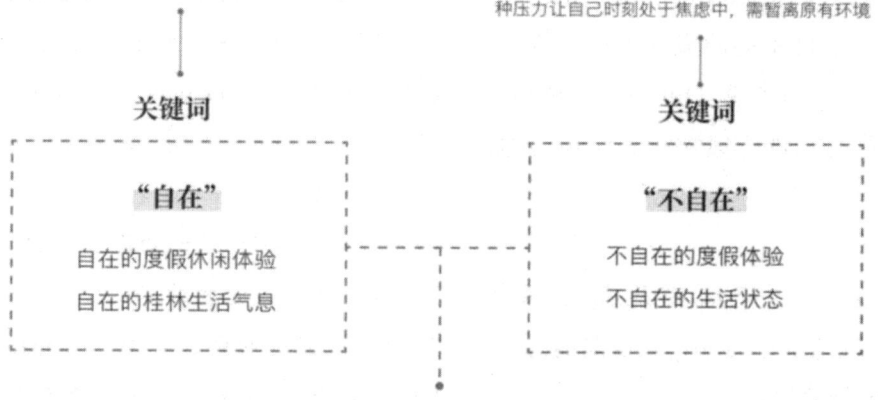

对于在度假和生活中常常处在"不自在"状态的消费者来说,拥有"自在"基因的「自在桂林」是一个帮助消费者释放压力、偶尔自在的空间。

▼

传播口号

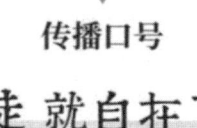

图6-9 "自在·桂林"真问题发现思路

■ **案例呈现:"自在·桂林"2019年下半年品牌推广传播方案"如何发现真问题**

"自在·桂林"策划案洞悉现代人存在不自在的生活状态和度假体验的问题,于是结合项目特征,提出了"自在"的核心策略。"自在"一词原本稀松平常,但在特定场景面对特定人群的特定状态进行传播,它便创造了对话空间,成为该方案的核心创意点,去打动消费者。

(三)独特问题而非普遍问题

要发现独特的问题,就要善于不断深入追问现象背后的成因。品牌知名度不高是一个结果和表象,是一个普遍问题而非独特问题,因为对于不同的产品和品牌,品牌知名度不高的成因不同。因而,对一个策划项目来说,只有发现该项目的独特问题,做出的方案才能够做到"对症下药"。

■ **案例呈现:"无印良品第三季度「Compact Life for Kids」项目提案"如何发现独特的问题**

无印良品策划方案中的灵感源于一个小小的生活细节:茶余饭后,妈妈们在闲谈中总会抱怨孩子们房间易乱、随手扔东西、校服上有墨迹等,这极大地启发了小组成员——社会是否需要一个儿童收纳整理方面的解决方案呢? 然后小组成员通过问卷调查,对家长们在儿童自主收纳教育方面的实际需求进行了调研,验证了家长们对儿童收纳教育确实有迫切需求并渴求第三方帮助的事实。这个问题的发现过程即上文中提到的第一种路径——通过对日常生活的观察发现真问题。

在无印良品的前期调研中,小组成员发现了真问题之后并没有止步,而是转换角度,对品牌本身进行诊断,即这个问题是否适用于这个品牌来解决。他们通过行业、品牌理念及公益活动三个方面分析了本项目与无印良品之间的契合点,验证了无印良品为本项目的最佳合作方。在得到认可之后,「Compact Life for Kids」项目得以正式确立。此时,该问题从消费者角度层面的真问题又被扩展到品牌角度的独特问题层面,通过两面性论证,该问题得以"成立",它联结了消费者与品牌;而针对该问题的解决方案「Compact Life for Kids」此时则成为满足消费者与品牌双方利益的双赢之策。可以说,该小组对问题的深刻洞悉已经为其后续的策划工作奠定了成功的基础。

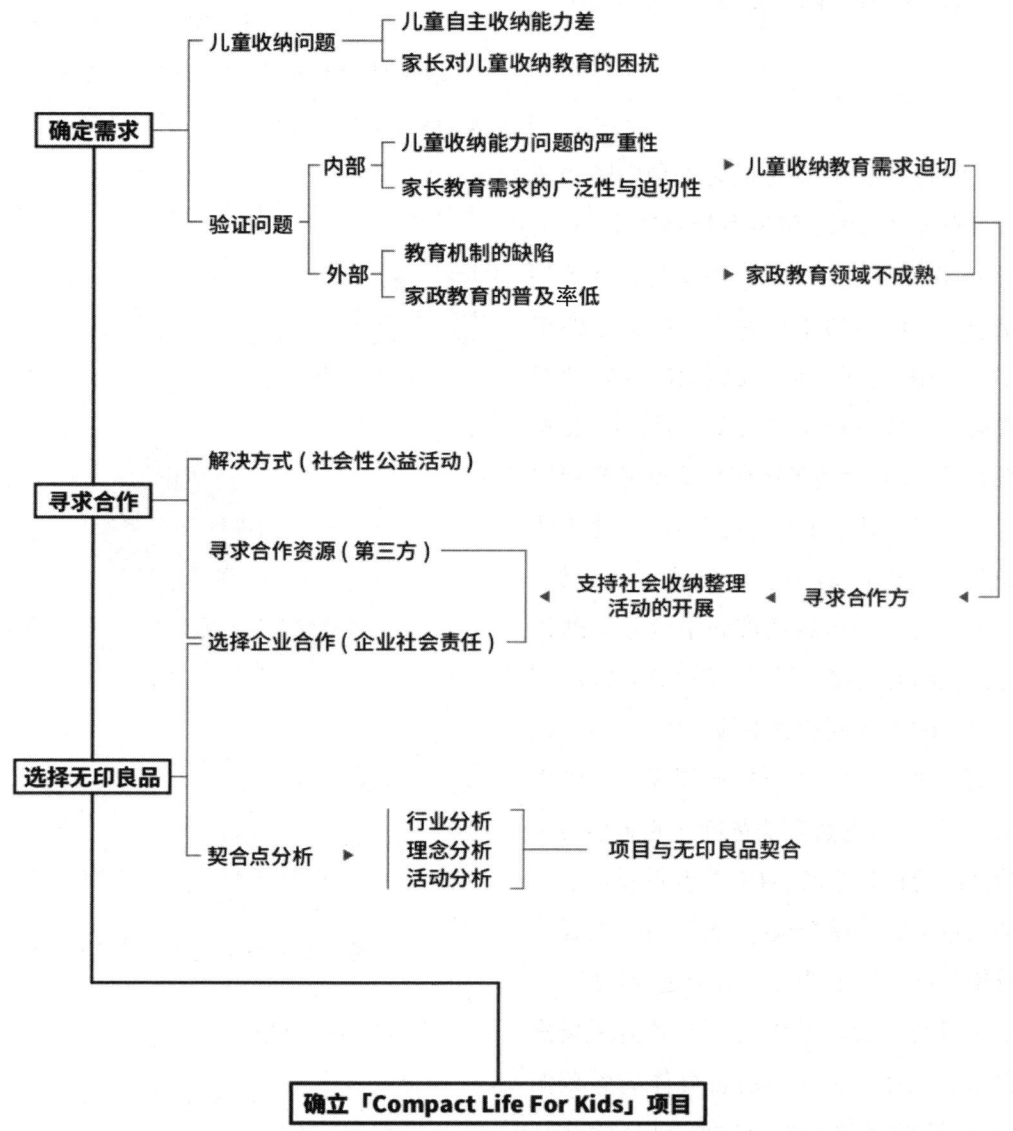

图 6-10 "无印良品"独特问题发现思路

二、广告策略的形成：精准洞察

(一) 洞察什么

消费者洞察，洞察的是一种内隐的消费者态度和习惯，消费者群体特征、购买行为、媒介接触行为、心理、文化风格等都是消费者洞察的重要内容。在实际的策划实践中，针对不同的品牌和产品，消费者洞察的侧重点也会有所不同。如面对教育类产品，消费者洞察会重点考察消费者的教育观念；对于美妆产品，消费者的护肤态度也许是一个重要的考量指标。此类洞察大多与后续策划中核心沟通概念的提出有直接联系；对消费者兴趣的洞察会影响广告创意表现的风格及内容，比如面对热爱朋克的群体，暗黑风的广告创意更有效；对消费者消费特征的洞察会影响产品的价格策略；对消费者媒介接触点的洞察会影响媒介选择、媒介组合及媒介排期策略。对消费者洞察的过程，实际上也是对消费者日常生活及产品适用场景再造的过程。没有对消费群体的深刻洞察，后续的策略思路、创意表现、活动执行、媒介策略也就毫无意义。

■案例呈现："嘟嘟巴士2016年下半年深圳地区推广方案"中的消费者洞察

在嘟嘟巴士项目中，小组成员结合项目对消费者的媒介使用、出行方式、生活压力及生活态度四个方面展开了洞察，这四个维度的展开能够较好地为后续策略的制定及执行展开部分提供支撑。项目小组将消费者的"累"提炼为核心沟通点，进而将嘟嘟巴士作为问题解决方案介入，推出累要有"嘟"的核心策略。

综上所述，我们将选择22-40岁的白领作为本次项目的目标客户群体。

图6-11 "嘟嘟巴士"目标客户画像

(二) 如何洞察

可以由以下三个角度切入，思考"如何洞察"的方法层面：一是从产品入手，搞清楚该产品的卖点是基于消费者的什么需求而开发的；二是从有需求的消费者入手，弄明白这些需求是如何产生的；三是从消费情景入手，还原消费者的心理状态。

但是，消费者调查≠消费者洞察。消费者调查是针对消费者的消费行为而进行的调查,主要是了解消费者的消费习惯和态度,是一种浅层次的、表面的研究。而消费者洞察是针对消费者更深层次的、更深入的研究,它可以帮助品牌了解消费者的消费逻辑,了解其消费心理及影响其消费行为的各种因素,从而做到解释现在,预测未来,促进广告效果的最大化,最终促进销售。

奥美曾给出一些判断消费者洞察好坏的标准,他们认为好的消费者洞察需要让观者投入,要让他们发出"哦,这就是我的感受!"这样的感叹,要看穿消费者的表面意图,分析其深层含义,挖掘其内涵,得到普遍的共鸣而非停留于夸大一个人的感受,要将产品利益点和情感需求相连接,达到一箭双雕的目的等。

因此,品牌一定要深入了解消费者群体,通过实地观察、问卷调研、深度访谈、实验法、大数据等方法,给消费者画像,从而确定自身的品牌定位,制定相应的产品策略,在进行广告宣传时找出消费者群体的共同点与共鸣点。

■案例呈现:"无印良品第三季度「Compact Life for Kids」项目提案"是如何洞察的

无印良品的消费者洞察过程由三期扎实的调研组成,不同阶段的调研解决不同的问题,层层深入。

一期调研:发现真问题,定位目标受众

利用问卷调查的方式对儿童收纳问题的真伪进行确认与验证,以3—12岁儿童的家长为目标,选取广州市天河区、深圳市南山区和宝安区3所小学、两所公立幼儿园和一所私立幼儿园(共6所)作为调查对象,共计发放问卷1320份,回收有效问卷1241份。通过一期调研,项目小组了解了儿童收纳问题的普遍性与严重性,并且发现了儿童年龄与收纳习惯之间的相关性。利用一期调研结果,项目小组将目标受众定位为:生活在一线及省会城市,注重儿童素质教育,儿童年龄5—8岁,家长为"70后""80后"的亲子群体。

二期调研:目标受众洞察

针对目标受众,在前期调研数据分析的基础上,围绕着性格特征、教育方式、媒介习惯、家庭消费者观念,在广州、深圳两地的小学及幼儿园再次展开问卷调查,对目标群体的共性及差异进行呈现。

三期调研:问题成因溯源

三期调研采用深度访谈法,通过ZMET隐喻诱引法来探悉儿童收纳问题的成因,最终确认儿童收纳问题的根源和家长内心需求所在。

由此可见,对消费群体的调查与了解不是一蹴而就的,而要通过多种调研方法的结合,对消费者的表层行为及深层次的心理进行抽丝剥茧般的了解与深入,才能发现共鸣点。

目标受众定位策略

我们在目标群体选定上，主要出于以下几点考虑：

① 前期调研中确定的群体范围

根据前期的需求调研，会受到儿童收纳问题困扰的家长群体主要集中于小孩处于 5-12 岁的区间，涵盖了学龄前儿童和小学学生两大类。在小学学生中低年级和高年级的学生在收纳方面的问题又有明显不同。这一年龄段孩子的父母主要是 70 后和 80 后群体。

② 教育观念和需求

70 后和 80 后的家长注重素质教育，投资情商胜过智商，注重亲子互动。这一代的家长学历文化水平有了较大的提高，有了更强的家庭教育意识，但同时他们也面领着许多压力，认为自己没耐心也没有时间陪孩子，缺乏育儿知识。针对我们的方案，我们也需要寻找认同儿童道德素质教育具有重要性，儿童收纳是个重要的问题，同时也被其困扰的家长群体。

③ 无印良品门店的辐射范围

无印良品在中国的门店数量达一百五十多家，主要分布在一二线城市，北上广深的门店数量最多。目标受众需要处于能接触到无印良品实体店的城市，才能参与我们的项目活动。

目标受众的选择

结合以上针对目标人群的调研结果，并出于对目标受众定位策略、项目传播性、后期活动可行性等因素的考虑，我们将本项目的目标受众定位为：生活在一线及省会城市，注重儿童素质教育，孩子年龄处在 5-8 岁，家长为 70 后、80 后的亲子群体。

图 6-12　无印良品受众定位策略描述

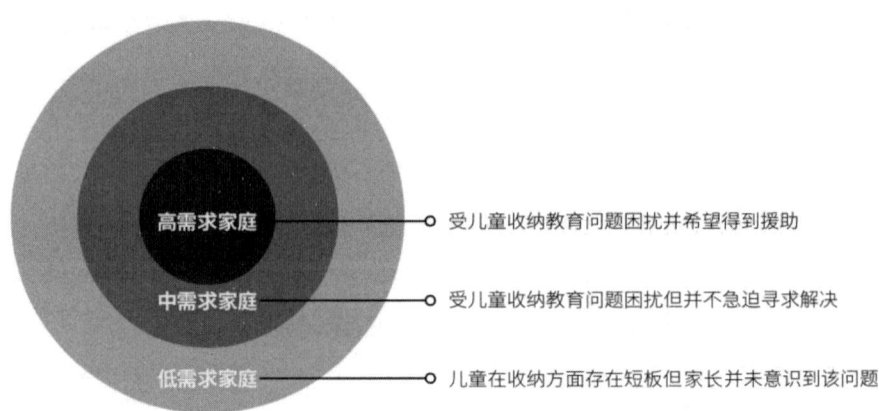

目标受众差异

在共性之外，家庭千差万别的生活形态使得目标受众在儿童收纳问题上存在着需求差异。以"二胎家庭"为例，我们可以分析下家庭生活形态对儿童收纳问题需求的影响：

① 在一些二胎家庭中，因为父母把更多的精力放在照顾家中年纪小的孩子身上，而对于年纪较大的孩子的关注则会少一些，仅是抓紧督促学校课程的学习，像儿童收纳这样的素质教育并不是他们当下关注的问题，这就导致了这个家庭中家长对于儿童收纳问题解决的需求较低。

② 在另一些二胎家庭中，情况则相反。父母因为家中有两个小孩，平时事务繁忙，反而更注重小孩自理能力的培养，希望孩子能够养成独立自主的习惯，以此也能减轻父母的照顾压力，这就导致了这个家庭中家长对于儿童收纳问题解决的需求较高。

像"二胎家庭"这样的家庭生活形态的差异还有很多，如家庭中是否有父母角色的缺失，小孩交给祖父母辈带的情况，父亲和母亲在家庭中职责的不同等种种生活形态的差异会造成对于儿童收纳教育需求层次的不同。

因此，我们的项目活动设计力求考虑到不同需求层次的家庭，期盼不同需求层次的家庭都能在项目活动中获得不同层次的效果。

图 6-13　无印良品目标受众差异描述

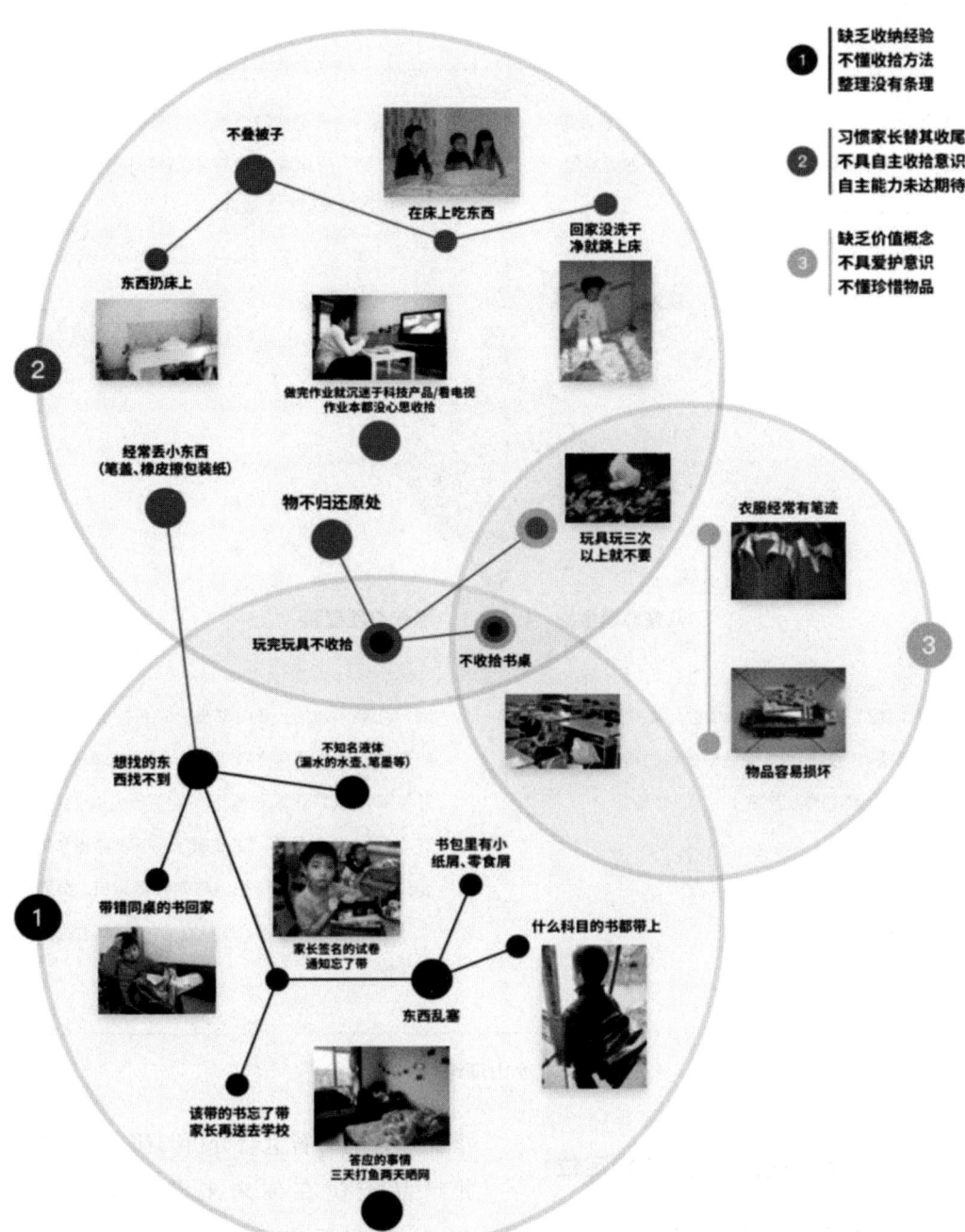

图 6-14　ZMET 隐喻诱引法操作示例

习惯于把东西乱塞进书包里，平时便缺乏有条理、系统性的收拾经历与行为，没有养成习惯；家长总会替其收拾好

对孩子的收拾动作缺乏明确的指令，致使孩子对于"收好"的标准模糊不清；对孩子的收拾方法教育未成效果或缺乏教导

"收好"的标准到底是什么？大多数儿童并不清楚；同时缺乏要收拾好的意识与收拾好后的美好体验，想去收拾好的动机难以产生

因为儿童不收拾，所以家长只好帮忙收拾，这样的因果行为对于家长来说平均损失成本并不大，并没有严重到让家长感觉一定要教育好的程度。其次，"以后就会"、"这次算了，下次再教"的心理让家长容易放弃该把握住的教育契机，久而久之容易让儿童建立起"我不收拾，爸妈就会收拾"的逻辑

图 6-15 "冰山理论"分析示例

三、广告策略的核心：广告定位

定位理论是 1969 年艾尔·里斯和杰克·特劳特首次提出的。在《定位》一书中，该理论被表述为"定位从产品开始，其可以是一种商品、一项服务、一家公司、一个机构，甚至一个人。定位并不是要你对产品做什么特别的事情，而是要求你对潜在顾客的心智进行分析与研究，也就是把产品定位在你未来潜在顾客的心中。"①20 世纪 70 年代，定位理论发展成为完善的理论。

1984 年，为了适应竞争和变化，特劳特在保持定位的差异性这一基本要求

---

① 里斯,特劳特.定位[M].北京：中国财政经济出版社,2002.

的基础上,提出了"再定位"的概念。"再定位"就是重新定位,即打破事物在消费者心目中所保持的原有位置和结构,使事物按照新的观念在消费者心目中重新排位、调整关系,以创造一个有利于自己的新秩序。

定位理论在20世纪70年代被菲利普·科特勒(Philip Kotler)吸纳、整合进《营销管理》一书,成为现代市场营销理论体系中营销战略规划的重要一环,也就是"STP-4P"体系中STP营销战略规划的"P"这个环节——定位(Positioning)。

回顾定位理论发展至今的历程,它共经历过三个时代。

(一)产品定位时代

产品定位主要指将具体的产品定位于消费者的心中,如果消费者产生相关需求,就会联想到该品牌生产的产品。产品定位策略以此来达到提高经济效益的目标[①]。

(二)品牌形象定位时代

在产品之间越来越趋于同质化的背景下,奥格威提出广告应该将重点放在树立、描绘和宣传产品的品牌形象上。此处强调的品牌定位,就是在市场与产品定位的基础上,对特定品牌在文化取向等方面做出的商业性决策,这也是建立一个打造与目标市场相关的品牌形象的过程[②]。

(三)心理定位时代

当下企业之间的市场竞争已经演化为没有硝烟的战争,而战场正是潜在顾客的心智。企业为了谋求发展,必须从竞争的角度出发制定战略,这就要求决策者不仅要考虑潜在消费者的心理,还要考虑竞争对手,根据潜在消费者的心理和竞争对手的情况来制定战略[③]。《营销革命》一书指出,"真正的战略来自在市场中的一线营销人员,来自潜在顾客的心智"[④]。

雷诺项目采用心理定位策略,根据目标消费者的价值取向,提出了"新职场主义"的概念,以寻求消费者的品牌共鸣与品牌认同,同时打造品牌的差异性,从而在消费者中建立认知优势。

四、广告媒体策略

广告媒体策略的目的是选择适当的传播渠道,将广告讯息在适当的时机、适当的地点传递给适当的对象,它决定了广告目标是否能实现,决定了广告创意的内容及形式,事关企业的费用投入。广告媒体策略是广告策划活动的重要组成部分,其中广告媒体选择策略和媒体组合策略是关键的两个环节。

---

① 王歆迪.市场营销中之"定位"理论探索[J].现代营销(下旬刊),2015(12):66-67.
② 武博扬.定位理论的发展与评析[J].邢台学院学报,2016,31(4):86-91.
③ 武博扬.定位理论的发展与评析[J].邢台学院学报,2016,31(4):86-91.
④ 刘悦坦.论定位理论的"定位"失误[J].广告大观(理论版),2007(4):91-95.

■ 案例呈现:"[时间有我造]雷诺表业 2019 年度品牌推广方案"的策略定位

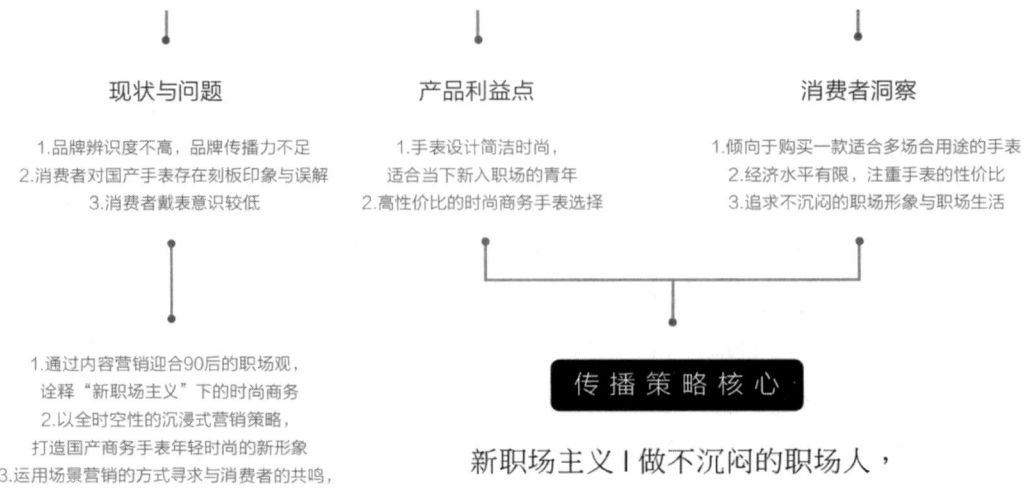

图 6-16　雷诺表业策略定位

(一)广告媒体选择策略

媒体选择的依据是讯息能否有效地到达目标受众群体,因此选择媒体时要遵从一定的原则:

目标原则:媒体传播的目标应该与策略目标一致,为策略目标服务。

适应原则:媒体选择要与消费者的媒介接触特征相适应,与客观环境相适应。

效益原则:媒体选择应满足经济化的原则,用低成本实现高传播、高转化,最终实现传播效果的最大化。

一些常见的媒体选择策略有:根据消费者媒介接触习惯选择,根据营销策略选择,根据媒体的自身特点选择,根据广告主的预算选择等。

(二)广告媒体组合策略

媒体组合的依据是这种组合能否实现目标受众的有效覆盖,大体上可分为时间和空间两个维度上的覆盖。不同的媒体组合能够在广告讯息传播周期上做好配合,例如:通过短期媒体集中发声而造势,从而增大声量,通过长期、持续曝光产生长尾价值。空间即"场景",一种媒体不可能适用于所有的场景,不管是在车站、购物中心、书店等各种实体空间,还是在线上虚拟社区、购物网站、资讯平台等虚拟空间,消费者都处于不同的场景,需要不同的媒体组合才能有效地触达他们。

常用的媒体组合策略有:根据广告目标进行组合,根据媒体特征进行组合,根据自身预算进行组合。

■ **案例呈现：" LEMOMENT WEDDINGS 2017 年第三季度品牌推广项目提案"中的媒介策略**

目标消费者洞察（媒介接触习惯分析）

- 媒介消费行为
  - 互联网为受众接触度最高的媒体形式
  - 根据前期数据调研发现，消费者对社交媒体的依赖度很高
  - 移动互联网具高偏好度和高影响力，且能直接引流转化，可作为核心传播渠道

- 与媒介的关系

目标受众具有较强的社交属性，在社交媒体上与受众深度互动，增进品牌好感度。围绕受众的使用习惯，在付诸新闻/搜索/娱乐等主要上网行为时，定向曝光。地域上，针对性（广深）进行定向投放。

- 对行动决策的影响

	需求产生	初步筛选	仔细筛选	最后选择	购后体验	再 购
行动目标	确定婚礼需求，考虑婚礼形式以及敲定预算	根据预算，初步确定婚礼形式和婚庆公司选择	在初步筛选出的范围内进行对比，并进行最终的确定	确定婚礼的购买形式（定制、套餐等），完成购买	感受品牌服务	对品牌其他产品线产品的购买
影响因素	身边亲友；社交媒体；各渠道所接触的信息	身边亲友；婚礼网站；垂直网站；App；社交媒体；各渠道的广告	垂直网站；App；线下门店；社交媒体	促销手段；礼品吸引力；过往优秀方案	仪式成果；过程体验；沟通服务体验	忠诚服务计划（客户回访的唤醒、附加服务等）
时间精力	低精力投入	中等精力投入	高精力投入	低精力投入		

图 6-17 "LEMOMENT WEDDINGS"目标消费者洞察

媒介传播目标

- 快速为lemoment建立广泛的知名度基础，多渠道与消费者进行接触；
- 输出lemoment的品牌理念，在消费者心里留下清晰的品牌形象
- 支持，增加销售转化

媒介组合

- 媒介组合策略
  - 高曝光媒体选择，带动品牌知名度
  - 紧扣目标受众触媒习惯与品牌调性需求，进行媒介平台选择

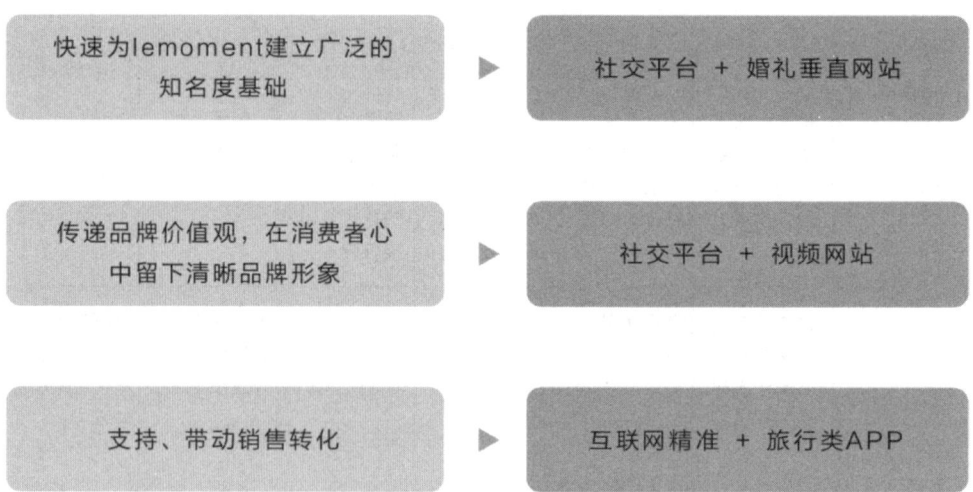

- 媒介运用

运用目标：

- 内容营销吸引用户主动关注，使媒介投放效果最大化；
- 以高偏好媒体为沟通渠道，为用户布置全方位入口。

图6-18 "LEMOMENT WEDDINGS"媒介策略

- 具体运用：

  内容塑造

  优质内容传输，在公信力高的媒体平台传播婚礼以及澳洲相关信息，增强对消费者的理念传达

  - 充分利用中澳旅游年，品牌与**澳旅局**的合作资源
  - 结合**旅游相关内容**提升曝光
  - **七夕**期间借助节点，制造话题引爆话题
  - 七月**大V婚礼**期间，蹭热度借势炒作

  事件营销

  利用活动事件造势，通过线上活动、中澳旅游、名人婚礼借势等营造高热度讨论，吸引目标受众关注

  - 与"moment"**内容关联**，在生活中强化moment的概念
  - **旅行媒体合作**，打造产品亮点，凸显LeMoment的品牌优势
  - **微博**、**婚恋网站**以及**主流视频网站**中高频次曝光，快速提升知名度
  - **新闻客户端广告**、稿件传播传播品牌信息，加深传播广度及深度

  销售提升

  通过用户精准引流，吸引用户进行购买体验，达成销售目标

  - **基于社交平台广告**精准曝光，选取**微博粉丝通**、**微博品牌速递**、**视频信息流**等工具组合进行精准投放，收集销售线索
  - 与**途牛旅游App**深度合作，定向结合目标受众，线上整合营销，进行产品线优化，扩展销售渠道

  图 6-19 "LEMOMENT WEDDINGS"媒介运用

媒介执行

媒介创意执行/账号资源资源/旅游APP

媒介创意执行

- 微博
  - 曝光：运营联合推广资源、信息流伴随、硬广资源、合作资源
  - 传播：事件营销(结合节日节点及活动、游戏噱头)/产品支撑(活动分享/定制H5)
  - 转化：吸引用户参与并产生联结，主题及KOL等溢价资源提升好感度

- 平台资源（以移动端为主）

硬广曝光	基于用户阅读习惯进行首页顶端公告、发现页顶端的banner占据，定向广深、年龄、标签进行精准投放
原生类信息流	a. 利用微博产品：品牌速递。进行软性信息流广告投放，用户转、评、赞、加关注后，粉丝可在信息流中看到此广告，进一步扩大曝光度。 b. 视频流。根据微博全屏播放任意视频，播放结束后的自动播放以及用户习惯性连续观看视频，进行品牌理念的短视频传播。
微博粉丝通 （CPM竞价计费）	a. 投放方式： 根据研究发现，微博粉丝通常有两种竞价收费模式——CPM和CPE（千人成本和参与付费），由于CPE的参与收费性质，不能确保其有足够大的曝光量。并且对比与CPM模式，同样的投放预算，CPM带来的传播效果会更大，所以我们选择采取CPM的投放模式。 基于竞价的模式，以CPM定价，价高者得。由于品牌选取的标签（旅行、时尚、情感）为较热门标签，所以预期按20元/CPM进行竞价。 b. 目标定向： 地域——广深；年龄——22~35岁；标签——旅行、时尚、情感属性；根据微博数据库进行不同维度的人群自定义；结合婚礼公司相关账号、澳洲旅游相关账号进行人群框定。组合以上多种方式，找到精准的目标用户，将广告向其覆盖。 原则：定向区域，有一定消费能力的年龄层，标签不超过三个，确保有一定数量的人群曝光。 c. 形式：博文、九宫格图片、信息流账号推广、特别推荐（具体形式结合内容发布进行选择） d. 投放时间：根据活动、内容推送的时间进行配合，尽量合理地避开高峰投放期，做到高性价比的投放。

图 6-20 "LEMOMENT WEDDINGS"媒介执行

账号资源支撑

- **借助KOL影响力**
  基于合作的"原来是西门大嫂"账号,在活动期间选取那些重点展示品牌相关信息的微博进行微博粉丝头条投放,让账号的影响力最大化,使品牌广告在粉丝信息流第一位展示,瞬间触达广泛粉丝;选取相关的KOL合作账号进行媒介投放。
- **自身品牌IP与合作方的品牌影响力**
  借助Lemoment的合作方——澳大利亚旅游局、途牛旅游官方账号进行品牌信息的曝光。

旅游App

- 途牛旅游

与"途牛旅游"深度合作,进行LEMOMENT婚礼旅行专题页面建设,产品路线售卖基于"途牛旅游"。结合"途牛旅游"的硬广资源,例如移动端开屏广告、首页banner等进行多方位曝光。

- 蚂蜂窝

在蚂蜂窝的澳洲攻略中投放软文——原生类产品路线推荐;为了达到一定的曝光率,让该推荐处于攻略首条的位置。

门户媒体公关传播

- 联动全网进行公关稿件传播(备选)

媒体类型	平台	账号	标签/频道	粉丝数量(万)	报价(元/条)
社交媒体	微博	微驴友	旅游	260	2800
		深圳生活圈	广东,深圳	50	1000
		瞳画集	摄影,美图	173	1700
		潮我看	时尚	564	8400
		今日热门推荐	综合	155	1300
		女神笔录	情感	186	1300
门户综合	新浪		新闻		430
	网易		新闻		360
	凤凰		资讯		360
	中国网		生活消费/科学		290
	21CN		生活		290
APP	今日头条	创意潮生活	阅读习惯智能推荐		1500
		全球时尚汇	阅读习惯智能推荐		1800
		泛观察	阅读习惯智能推荐		900

图6-21 "LEMOMENT WEDDINGS"媒介资源展示

第三节　广告策略中的常见问题与案例评析

一、杜绝抄袭，避免雷同

从法律上看，抄袭、模仿广告，是违反《中华人民共和国民法通则》《中华人民共和国知识产权法》《中华人民共和国反不正当竞争法》《中华人民共和国广告法》的侵权行为。这种抄袭行为也是一种违背伦理道德的不诚信行为，不论是从法规的角度还是从伦理的角度看都无法立足，抄袭对于广告行业的发展有百害而无一利。因此，广告从业者和广告专业学生一定要有知识产权保护意识，要杜绝抄袭，尊重原创，养成良好的诚信习惯，提高广告专业素养。

但是广告作为一种创意活动，它的创意生发点基于对市场、产品、消费者及品牌的洞察，围绕此洞察点，通过文字、图片、视频等形式将诉求点表达出来。而在大部分的商业行为中，所谓产品的独特卖点是非常少的，在广告中更多体现的是产品的使用场景、使用体验、使用后的情绪，这些要素组合在一起之后，有时难免导致广告在文案、画面上出现"撞车"的现象。但这种创意"撞车"现象到底是借鉴还是抄袭，其中存在一个核心点，即品牌最核心的诉求部分是否相似。即使两条广告在文案、视频、平面等外在表现上存在80%的相似性，只要核心的品牌诉求部分是独特的，也只能说它们在形式上存在雷同，但不是抄袭。在创作的过程中，我们无法避免的是这些创意作品会融入创作者自身的经验，而这些创意人员毫无疑问又会不断从自己所接触到事物中获得创作灵感，甚至在他未意识到的时候就已经构成了某种程度上的借鉴，更不要说有意识地模仿与借鉴了。尤其学生这个群体，他们正处于不断模仿吸收优秀经典创意作品并自我成长的阶段，因而他们更要把握好借鉴与抄袭的边界，只有通过学习再创新，才能避免雷同。

■**案例呈现："LOHO 眼镜 2020 年度品牌推广方案"原创性争议事件**

传播学院广告系 2015 级学生对 2019 年广告本科专业本科毕业设计答辩中"LOHO 眼镜 2020 年度品牌推广方案"的原创性提出质疑，质疑内容包括 PPT 呈现形式、主题推导文案、活动创意部分。在 2015 级学生的质疑中，他们将自己的毕业设计方案"雷诺表业 2019 年度品牌推广方案"（后文简称"雷诺表业"推广方案）与"LOHO 眼镜 2020 年度品牌推广方案"（后文简称"LOHO"方案）的存疑处进行了举证：

（1）形式与文案相似率高

雷诺表业推广方案使用"够 x 够 xx"的系列文案，与 LOHO 文案中使用的"够 x 不够 xx"之间存在一定的雷同感。

(2) 画面设计与天猫跨界实验室的相似率高

"LOHO"方案中使用的人物形象，除了将人物形象进行镜面反转以及背景修改外，与2019年3月天猫跨界实验室"Lee×喜茶"海报中的主视觉(人物形象)完全一致。

图6-22 "LOHO"海报方案

LOHO方案

图6-24 "LOHO"方案海报主体形象

雷诺方案

图6-23 "雷诺表业"海报文案

天猫跨界实验室活动海报

图6-25 天猫跨界实验室海报主体形象

第六章 广告本科毕业设计的策划指导 ▪ 131

LOHO方案海报中，肩膀上未抠掉的"活"的一半字体

图6-26 "LOHO"方案海报细节说明

（3）第二阶段的活动质疑

◆ 活动形式层面

"雷诺表业"推广方案第三阶段"久坐不如雷动一下"的活动形式可以简单概括为：病毒视频发酵→抖音挑战赛→收集UGC制作地铁长图。

而"LOHO"方案第二阶段的活动形式也可以简单概括为：TVC→抖音挑战赛→收集UGC制作地铁长图。

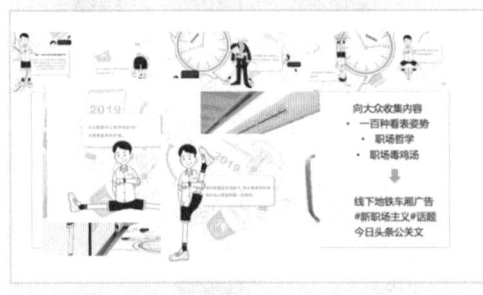

雷诺方案

图6-27 "雷诺表业"推广方案之活动方案

LOHO方案

图6-28 "LOHO"方案之活动方案

同时，地铁长图的形式和展现形式也完全一样，在毕业设计答辩现场，雷诺方案小组将地铁长图印制出来作为场置辅助现场展示，而"LOHO"方案小组同样将地铁长图印制出来作为场置辅助现场展示。

▽ 地铁车厢地面设计完整图

"雷诺表业"推广方案

"LOHO"方案

图 6-29　"LOHO"方案与"雷诺表业"推广方案之地铁海报对比

◆ UGC 产出方面

"雷诺表业"推广方案向大众收集"一百种看表姿势"（PPT 中有明确展示）；而"LOHO"方案则向大众收集"花式戴镜的 100 种姿势"。

图 6-30　"雷诺表业"推广方案之活动主题细节

第六章　广告本科毕业设计的策划指导 ▪ **133**

图6-31 "LOHO"方案之活动主题细节

◆ IP合作方面

"雷诺表业"推广方案在第一阶段选择与知名星座博主"Alex是大叔"进行IP合作,"LOHO"方案则选择与另一星座博主"同道大叔"进行同样的IP合作。

图6-32 "雷诺表业"推广方案之IP合作细节

图 6-33 "LOHO"方案之 IP 合作细节

◆ 真人海报呈现形式

"LOHO"方案在第二阶段的概念海报中选用明星照片作为主视觉设计,直接放弃了一次创作而进行素材拼接的二次创作。

图 6-34 "LOHO"方案之海报主体形象

在后续的"关于 2019 年广告学本科毕业设计作品争议鉴定的专家意见"中,专家组认为两组作品之间不存在借鉴和抄袭的现象,但是在部分活动思路、形式等方面存在一定的雷同和借鉴之处。因此要求 LOHO 组及时修改与天猫女王高度相似的海报广告,力求原创;修改第二阶段的活动思路,注重独特性。

学生在毕业设计项目过程中,要严格遵循学校的规范制度,若在毕业设计作品和论文中引用他方图片、视频和广告口号用语等,一定要注明出处与原作者。借鉴有风险,操作需谨慎。

二、避免套路化、形式化

广告中最能吸引和打动消费者注意力的地方,便是它能在消费者观察的过程中感染消费者[①],使其注意力停留在产品上,而这种感染力来自广告的许多方面,比如广告的色彩色调、整体渲染环境、广告文案等。但是在广告感染力的基础之上,能够增强广告感染力度的是广告的创意。因此,学生在制定广告策略时,不能只局限于广告设计、活动规划、媒体策略等几个层面,将它们套路化、形式化地对应到模板中,而要更多地发挥自身的主观能动性,在文本、设计、文案、视频层面上,尽可能多地展现自己的原创内容。

在具体的广告文案中,则需要学生根据品牌、产品的主要卖点,强化消费者的感知。广告文案的"科学性"的说服过程就是"事实"展开的过程,这不是通过简单套用文案通用形式就可以获得的广告效果。在开始设计毕业设计项目之前,资料的收集、整理,整体文案的思路,不同阶段广告形式的明确以及活动规划的细节,这些都要求学生亲自深入到市场环境、品牌文化中,通过细致地洞察、合理地推导、

---

① 霍普金斯.科学的广告 & 我的广告生涯[M].邱凯生,译.北京:华文出版社,2010.

创意性地设计,最终交出一份具有原创性的品牌推广方案。

在评审学生策划方案的过程中我们发现,那些评分低的作品虽然在形式上做到了完整,也看似拥有广告策划的"套路",但这种套路化和形式化的东西反而成了这些质量较差的毕业设计作品的遮羞板。如果抽掉这种形式和套路,就会发现这类策划案空无一物、毫无灵魂。广告创意是广告策划的灵魂,往往由一个核心概念生发、延伸出多种多样的表现方式,在视频、平面、文案中均可以通过不同的创意形式来传递一致的声音、表达一致的诉求。而套路化和形式化的广告策划只是对广告策划流程的粗糙演练,而非经过扎实走心的推敲研究获得的真正的洞察与创意,其结果必然导致最终的作品平淡无味甚至粗制滥造。要想避免流于形式化、套路化,就要回归策划最开始的问题,即发现真实而独特的问题。

■ **案例呈现:"配美App2016年下半年度深圳地区推广策划方案"的套路**

存在的问题	解决的方法
宣传不足 用户基数小	通过平面及影视广告的大面积曝光加深消费者对品牌的认知。多种线上线下营销手段,鼓励消费者下载App,进而增加用户数量
配美提供的风格太少 用户测出的风格不够精准	重点推荐使用形象顾问 一对一进行咨询
用户黏度较低	增加平台互动性,如论坛、积分兑换礼品等

图 6-35 "配美"问题的提出流于表面

配美的问题呈现部分,呈现的是伪问题及普遍问题

"配美App2016年下半年度深圳地区推广策划方案"是一件比较套路化的学生毕业设计作品。首先,对其问题缘起并没有给予交代,导致在问题的来源上已经失"真"、脱离实际。策划并非由问题出发去展开市场调研,因而,本策划要解决的问题一开始就是盲目的。这就导致后期的策略思路无法聚焦、无关痛痒、流于形式。其次,问题层次单薄、流于表面,对消费者的调研以及对产品自身的分析并没触及问题的深层次的本源,仅仅停留在现象层面,并未做深层次的原因挖掘。相比优秀案例"无印良品第三季度「Compact Life for Kids」项目提案",后者在发现儿童收纳问题之后并没有浅尝辄止,而是通过深入访谈进一步洞察了家长的心理动因,从而提出了"物归良处"策略主题,并在后期活动策划及创意表现部

分更有针对性地解决现象层面的问题和信息层面的问题。再者,创意表现弱。关于广告是艺术还是科学的争议早已有之,它从另一方面反映了广告的创意表现在广告活动中的重要地位,它通过各种传播符号和艺术化的表达形式,将广告讯息传递给消费者。这才是广告策略思想的具体展现形式,是品牌与消费者沟通最直接的载体,是科学性与艺术性兼具的广告作品。配美策划案中的创意设计毫无疑问是不符合广告设计专业学生毕业的能力需求的。此外,配美策划案中的活动策划由于前期市场调研部分不扎实,问题挖掘得不深刻,结果导致传播的主题"穿对了才像样"既能作为解决配美 App 问题的独特解决方案,换作其他品牌的服装造型类 App 也适用,而无印良品的"物归良处"的策略主题则显然是为 MUJI 量身打造的。这就导致其后期的活动策划与执行部分更不能解决配美 App 的品牌传播存在的真问题了,一切都沦为形式化与套路化的存在。无疑,这个方案成了毕业设计作品的反面教材。

图 6-36 "配美"创意设计粗糙

三、力戒有谋略(核心定位)、无对策(具体执行)和有对策、无谋略等问题

广告策划是整个广告活动的核心环节，而广告谋略又是整个广告策划的关键指导思想，是对整个策划方向的宏观把控，它由前期周密的市场调查推导而出，针对发现的问题给出解决的核心思路，而对策正是对此核心思路的落地与执行。对策由一系列的平面设计、文案创意、活动规划、媒体投放等内容组成，通过一系列可行的执行方案，将宏观思想具体化，使之最终成为可操作的广告文本。

谋略与对策既有区别又有密切联系，谋略具有全局性，对策具有局部性；谋略具有纲领性，对策具有操作性。谋略与对策之间是一个不断周而复始、循环往复的过程，谋略为对策提供方向，对策为谋略的呈现提供具体方案。谋略与对策的关系正如战争中战略指导方针与具体作战计划的关系，两者相辅相成，互为表里，缺一不可。

谋略与对策之间的紧密结合、相互呼应，一同构成了整个策划方案的逻辑的完整性。在实际的广告策划中，优秀与一般甚至较差的案例之间的差别很大程度上并不是因为洞察点或者创意点的差距，而是这种逻辑完整性的缺失。众所周知，一个完整的广告策划需要创意人员和策划人员的共同参与，一旦一方缺失，就容易导致以下两类问题。

(一) 空喊口号式：有谋略、无对策

此类策划方案往往在发现问题并提出解决问题的思路之后没有给出强有力的执行方案来给予支撑与回应，创意表现、活动执行与媒介策略之间结构松散，创意表现弱，活动执行可行性差等，而且无法针对现行谋略给出可操作的方案，属于"空喊口号"式错误。学生小组中若缺少创意设计人员便容易导致该类问题。

■ **案例呈现：《再忙，也能回家吃饭》**

图 6-37 "回家吃饭"创意呈现薄弱

该策划方案给人的第一直观感觉是创意表现部分表现差,缺乏创意亮点,策划文本设计不美观,视觉效果不好。这一下子就降低了评分教师打开阅读的欲望。在对该策划方案进一步评审时我们发现,该策划案在前期市场调研部分及消费者分析部分执行得较为扎实,核心策略的提出也能较好地回应发现的问题。在实际的商业运行中,创意表现部分作为广告策略的呈现载体,也是甲方最为关注的结果,所以我们常常会听到乙方抱怨甲方对创意作品"指指点点",会看到消费者因为视觉设计具有冲击力、艺术感而为产品买单、疯狂转发,但很少有人会去思考广告背后的策略,那是专业人士的事情。策略是看不见的,是依附于执行与作品而存在的。因而,广告专业尤其是广告策划方向的学生千万要重视创意表现对广告策划方案的重要性。

(二)师出无名式:有对策、无谋略

此类策划方案缺乏核心的指导谋略,只有具体执行方案的堆叠,为执行而执行。这多是因为前期市场调查不认真、广告洞察不深入、策略思考不严谨而导致的。活动执行再具体丰满,创意设计再精致,如果缺乏一根贯穿始终的线索去牵引,无法解决核心问题,那这个活动也会成为绣花枕头,徒劳无功。这属于"师出无名"式错误,学生小组如果缺乏专业策划人员,就会导致此类问题的出现。

"Kindle paper white 2016 年下半年品牌推广策划案"的策划文本简约清新,平面设计干净舒服,文案视频内容充实,其创意表现部分及策划文本整体风格设计都给人以好感,但本策划案却被列为较差的作品。之所以如此,就是因为前期的市场调查及策略推导部分比较肤浅,主题策略的提出莫名其妙、逻辑断裂。如果在这个策划方案与上面的"再忙,也能回家吃饭"之间选择,这个整体上会略胜一筹。原因如下:首先,视觉表达美观,而人又是视觉动物,这种直观的感受是令人无法抗拒的;其次,执行力比谋略更重要,因为没有执行,谋略得不到落实,传播的效果便无从谈起。

这里有个小故事可以说明执行的重要性:日本软银公司董事长兼总裁孙正义与马云曾经探讨:"一流的点子加上三流的执行水平,与三流的点子加上一流的执行水平,哪一个更重要?"结果他们得出一致的答案:"三流的点子加一流的执行水平比一流的点子加三流的执行水平更重要。"在广告策划中,创意表现水平无论好坏,如果活动方案的可行性足够出彩,则能在很大程度上弥补一个平庸的策略主题所导致的先天不足。

■案例呈现：Kindle paper white 2016 年下半年品牌推广策划案

图 6-38 "Kindle"创意呈现尚佳

第七章
广告本科毕业设计的创意指导

本章要点》

1. 创意的来源——生活
2. 数字营销时代的广告创意
3. 广告创意的指导

"寻找心灵的按钮"这句话是我在日本电通广告集团学习期间（2006年12月—2007年4月）电通讲师们经常挂在嘴边的一句话。它像一盏灯，让我在纵横交错的创意沼泽里看到了方向。无论是广告学书籍，还是业界操作，常常充斥着各种模型、各种术语，有的还中英文夹杂，常常让初学者们一头雾水。"寻找心灵的按钮"这句简洁、形象的话，为创意人既指明了方向，也指明了目标。对于广告人来说，消费者（用户）才是我们最核心的研究对象，找到消费者内心的按钮，并设法点亮他们的心灯才是我们的终极目标。

从事广告教学已有15年之久，除了教给学生基本的广告创意技巧之外，我所有的教学设计都在围绕如何寻找消费者的心灵按钮而展开。因为我认为，有关创意技巧的书籍俯拾即是，技巧本身也不难掌握，只要反复训练即可，但如何寻找消费者的心灵按钮却非常难。对于20来岁的大学生来说，他们贫瘠的人生阅历无法为其创意提供深刻的洞察力，他们对生活的"视而不见"与"熟视无睹"又让他们无法看到生活的细节与本质。因此，在他们的创意作品中我们较难看到真实的"人间烟火"，较难看到对生活细节的捕捉与提炼，大多是对各类创意作品的模仿与移植。因此，尽管本章的主旨是介绍自己在指导学生广告毕业设计方面的心得体会，但不可否认的是，学生们创意设计的功夫主要还是来自平时的课堂教学与训练。因此，除了介绍对毕业设计的指导，我更愿意分享自己在广告创意教学领域的经验与体悟。

另外，尽管每个广告人都会注重对消费者的洞察、对生活的深入思考。但由于专业背景的差异，每个人的依赖路径也各有千秋。我的专业背景是文学与电影，也写过不少小说与剧本，如何观察生活、如何塑造人物、如何提炼生活细节，这几乎是影视创作的必修课与基本功。因此，在训练学生创意方面，我更多地借鉴了影视创作的方法。

第一节 创意的来源——生活

"抓住一只蝉，你就抓住了整个夏天！"

这是金定海教授在他送给我的书的扉页上写的一句话，这本书叫《广告创意》。

这句形象生动、颇具诗意与哲理的话，几乎包含了创意的所有精髓。

夏日的喧嚣、热闹、追逐、嬉戏，都在一只蝉身上体现得活灵活现。

蝉不是编出来的，它就隐藏在夏天的树丛里，它需要我们有一双看穿生活的眼睛，把蝉从树丛里抓出来。这就是创意，让点子从"生活"里自动生长出来。

从事"广告创意"教学十多年，我希望赋予学生一双看穿"生活"的眼睛。我一直认为，创意人需要有两双眼睛：一双用来"看到"生活，一双用来"看穿"生活。

为什么必须看到生活并看穿生活呢？

看不到生活，你的创意就缺乏生活的气息与质感，就无法与目标对象共处同温层。看不穿生活，你的创意就缺乏灵魂与深度，更不可能触及心灵的按钮。

生活本身是无形的，又是碎片的。我们每天过的日子在我们无意识中静静流淌过去了，不留痕迹。即使我们记住了那些给予我们强烈刺激的生活瞬间，那其实也是碎片化的，缺乏连续性与延展感。

要看到生活，其实需要我们抽身而出，站在一个旁观者的角度，才可能看到生活的样子。那为什么必须看到生活的样子呢？因为人的生命就是由一段段生活构成的，人之成为"这"个人而不是"那"个人，他的独特性的编码都隐藏在这些生活片段中。只有看到了生活，你才可能去解读其中的编码，找到点亮其心灵之灯的按钮。

实际上，我们没有可能看到其他人的全部生活，我们看到的其实只是别人生活的碎片。因此，如何借助这些生活的碎片拼接出一段完整的人生，其实是非常关键的。

我们需要解决的第一个问题是：如何才能看到生活；第二个问题是：如何才能看穿生活。

一、回到生活，重拾记忆

要看到、看穿别人的生活，其实首先得看到、看穿自己的生活。

如何看到自己的生活呢？很简单，就是老老实实地将生活记录下来。课堂训练中，我会要求学生写日记。当然，这种日记不等于我们平时写的日记，平时写日记只写对自己影响最大的事或者心情。而课堂训练的日记则要求作者按照下面的表格，将每天发生的事情、每天的心情变化原原本本地记录下来，不省略，不添加，像"流水账"一样，至少记录两周的时间。基本格式如下：

表7-1

时间	动作描述	心情
9:20—9:30	宿舍没啥吃的，饭堂已经没早餐了，也懒得下去买，就吃了月饼当早餐。然后去打了热水，泡了一壶茶。	后悔昨天没买面包回来，害得早上没早餐吃。
9:30—10:00	翻开新买的为六级准备的《巅峰听力》，听了两个小测试。对完答案，发现英语听力水平有待加强。	看到一个个红色刺眼的叉叉，有点灰心。猜想这六级能过吗？责怪自己平时不该偷懒，开学这么久了，第一次听听力。握紧拳头告诉自己，嗯，继续努力！
10:00—11:30	看小说《红瓦》	这小说还不错，挺吸引人的，里面的故事情节让我回忆起了许多童年往事。

上面是一位学生写的日记,我只截取了一小段。看到这本"流水账",每个时间段的生活细节都串起来了,生活的"模样"开始浮现。这位同学写到中秋节自己一个人留在学校,享受一个人的清静,她没有出去游玩,按照自己的学习计划背完了英语单词,学习了绘图软件,并阅读了我布置的书籍。只是到了晚上,自己一个人上了天台,给家人打了电话,吃了月饼……这些外在的细节,串起来便构成了一个女生中秋节一天的"生活"。尽管日记对这一天生活提供的细节不多,但一个自律、内敛、珍惜时间、感情也相对克制的女生形象已经跃然纸上。对于这位学生本人而言,这也许就是她的生活本身,没什么稀奇的,她每天都是这么过来的;但是,如果我们再把另一个同学中秋节当天的日记做对比,就可能发现两者之间的巨大差异,比如另一个女生可能更多的是去逛街、看电影、与同学约会。由此,我们可以看到两个个体间存在的差异与独特性。

如果我们再进一步追问,是什么导致这两个女生存在如此巨大的差异呢?这就需要回到每个人的成长历程之中。

因此,日记让我们看到了自己的生活面目。只有回溯自己的成长故事才会让我们看清生命的本质。

从心理学来说,一个人之所以成为"这"个人而不是"那"个人,其实是由其每一个成长经验的瞬间累积而成的,任何一个无意识动作(选择)的背后,都是一个人(或一群人)所有生活阅历及其价值观的折射。其中,一些关键的人、关键的事件可能起到了主要的作用,比如成长过程中重要的第一次:第一次抽烟,第一次上学等。特别是那些具有"创伤"性质的体验,它们对人生的影响特别深刻,甚至会伴随人的一生。为了让学生能真正认知自我,我会引导他们重拾成长经历,唤醒成长的记忆,比如通过阅读一些成长小说(我推荐他们阅读曹文轩的《草房子》和《红瓦黑瓦》。《草房子》讲述的是小学时候的生活,《红瓦黑瓦》讲述的是中学时候的生活。)我也会要求他们写出影响自己最深的人或事件。通过这些记忆的回溯与思考,我希望能引导他们对现在的"自己"的行为模式与心理模式有更为理性的认知,即为什么会成为现在的自己。实际上,影视作品中构建人物的最核心的手法便是塑造人物的成长历史,过去的历史形塑了现在的自己,无论是理解自己还是别人,最好的方式便是回到成长的轨迹中去。

在同学们的作业中,有位同学写自己在幼儿园的时候经常被一个男孩子欺负,这个男孩子还联合其他几个孩子集体撒谎,让老师对她产生误解,导致她遭到孤立,一直缺乏安全感。她最喜欢的事情便是一个人在院子里荡秋千。这也导致她长大后性格相对封闭,不敢在公开场合演讲,甚至有一定的人际交往障碍,难以交到知心朋友。这些童年记忆所导致的心理创伤平时可能令人难以察觉,但关键时刻便会显现出来。为什么童年的记忆特别深刻？因为它们是人生的最初体验，带着某种特殊的味道，一个人长大后的样子，或多或少是由童年许多个瞬间堆积而成的。

当一个人从成长的视角对自我进行了全面剖析，他便从理性上认识到了自己行为背后的心理逻辑，不再将这些行为视为纯偶然的因素。通过对自己的理性认知，学生们也能够逐步学会从成长的视角去理解他人的行为举止，找到他人行为背后的心理逻辑，而不是进行简单的道德、是非判断。

其实，从他人的视角出发，理解他人言行举止背后的行为与心理逻辑，实际上是完成消费者洞察的关键步骤。我把这种能力称为共情力。

二、共情力

所谓共情力，就是能够从他人的视角出发，通过对他人外在行为的片段性观察，体会他人情感世界的能力。共情力不是同情心，同情心是站在自己的视角萌发出的一种善良的天性；而共情力是从对方的视角出发，真正理解对方的情感与行为逻辑，其中隐含着视角的转换。

对创意人来说，共情力是必不可少的。

没有从消费者（用户）视角出发的创意，都将被消费者视为干扰，随之而来的便是厌恶与逃避。

消费者给予广告创意人的机会，其实只有短短的几秒钟。这几秒便决定了一则广告的命运。只有那些真正懂得消费者、说到消费者心坎上的广告，才可能赢得消费者的青睐。对于消费者来说，是否将一则讯息视为"广告"，判断的标准很简单，就是是否对自己造成了干扰。

对学生们来说，能够真正理解自我的情感与行为逻辑也仅仅是培养共情力的第一步，这一步也相对容易，毕竟无论是自我的生活还是成长，都是自己的，完全可以借助日记和回忆来激活与呈现。但学生需要学会还原他人生活与成长故事的能力，这才是真正的共情力。

现实中，我们观察到的他人的生活，其实都是一些零星的碎片。比如我们看到一名中学生买了一双橙色篮球鞋，我们大概能推断出他是一个篮球爱好者，喜欢橙色，仅此而已。但广告人如果仅仅停留于此，则远远不够。我们还需要追问更多的问题，去找到这名中学生购买一双橙色篮球鞋的心理逻辑。比如，为什么买橙色不买其他颜色？为什么买这个品牌的运动鞋？篮球鞋对于喜欢打球的中学生到底意味着什么？

下面这一段是一位学生的调查作业。

男生，今年14岁，上初二，热爱打篮球。我想买一双**真正的篮球鞋**很久了……詹姆斯13岁，**我们班有好几个男生穿**，我们经常一起打篮球……一开始我看上了一款红色的篮球鞋，我觉得颜色特别跳，觉得**有一点夸张就没买**。后来我选中了一款**白色的**，和一款**银灰色撞橙色**有未来感的篮球鞋，银灰色那款**比较耐脏**，设计更加好看……**鞋子买大一码**，因为我还在长身体，我本来穿43码的，就买了44码的。我们班上有男生29个，其中买耐克AJ系列的有2个、耐克詹姆斯系列的有10个左右，买阿迪达斯的有1个，我们每天花费在篮球上的时间大概是**1.5个小时**……把NBA球星詹姆斯看作自己的理想形象，想象自己穿着这个系列的鞋就能像偶像一般在场上飞驰、碰撞，有一种飞扬的感觉，弹跳力非常好，同学们的注意力都在新鞋上，会有一种**"荣耀感"**。同学们会围过来问我在哪买的？多少钱？在这其中会让人有一种优越感。

男生会问他"你这双鞋是不是**正版**"？"正版"与否对于一个男生来说是关乎脸面的。

从消费心理学的角度来看，这个洞察已经做得非常到位了，抓住了中学生买球鞋的所有细节，包括买哪个球星代言的球鞋，其他同学穿的什么品牌，买什么颜色，为什么买大一号，为什么对真正的"篮球鞋"特别在乎，为什么对正版特别在乎，为什么去香港购买，"鞋"对于男生意味着什么，穿上新鞋其他人有什么反应，穿上新鞋在球场上是什么感觉。这些问题共同构造了买鞋这个行为的"生活场景"与"心理场景"，而不再仅仅关于鞋本身。

如果我们延展这次调查，我们可以追问中学生的普遍心理是什么，他们特别在意的是什么，一些典型的中学生生活场景是什么，校服对他们意味着什么，等等。总体来说，中学生是把"面子"和"友谊"看得特别重的群体，最害怕在朋友特别是自己喜欢的异性面前"丢面子"。他们也渴望有个性，渴望获得同伴特别是异性的关注。这其实就是中学生一种普遍的心理和行为逻辑。抓住了这种普遍逻辑，我们完全可以将其用在更多与中学生有关的产品之上，比如饮料、服装，等等。

三、抓住生活的细节

细节是构成生活的元素，也是消费者心理逻辑与行为逻辑最真实的再现。无论是广告还是文学影视作品，如果缺乏生动鲜活的细节，便会显得空洞乏味。另外，正是由于细节来源于生活，我们的创意作品才有了生活的质感，才能够引起人们的共鸣。

那么，什么样的细节才是好的细节呢？

我认为需要满足两个条件：一是新鲜；二是有一定的戏剧冲突。新鲜表明这个细节具有独特性，只有独特性才会引起人们的注意。当然，这种独特性是一个相对的概念，比如对于成都本地人来说，将脚泡在河水里打麻将可能是习以为常的事，但对于那些来成都游玩的客人来说，这便是很新鲜的事。对于广告创意来说，新鲜也是针对受众而言。二是细节有一定的戏剧冲突，没有冲突的细节只是展现了一个场景或动作，缺乏必要的记忆点，比如一群老人打太极拳，一个小孩子放风筝，这些都只是一些场景或动作，缺乏冲突感。课堂上我曾给学生们播放过麦当劳的一支广告片,其中有三个细节令人印象特别深刻:一个小女孩过生日,一个小男孩抢先把蜡烛吹灭了;一对青年男女在麦当劳约会,他们同时去抓一根薯条,手指触碰的同时羞涩地相视一笑;一位老人和家人在麦当劳用餐,不自觉地用吸管去夹薯条。这些细节都具有很强的内在冲突。另外,我也给学生们播放一些纪录片,其中有一部叫《山那边儿》的纪录片,讲述的是四川边远山区儿童的生活,有一个细节是:国庆节到了,学校没有国旗,老师教孩子们用红墨水把白布染成红色,做成红旗,场景极为令人震撼;还有一个场景是一个小男孩背上背着沉重的柴火,手中还拿着一本书边走边看。这些细节都富有冲突感与力量感。我希望学生能够从生活中去发掘、打捞这些细节并将它们存储在自己的创意薄里,让它们成为自己创意的燃料。

经过反复的训练,许多学生已经学会了去记录一些生活的细节,比如有位同学记下了她的一些童年故事,这些故事都是非常好的创意素材。

第一次不小心把西瓜籽吞下去,以前听大人说籽会发芽从头顶长出树,虽然有点忧虑,但也是满期待它真的从头顶长棵树,那以后就可以随意摘果子了……

儿童的想象力多么丰富和新鲜,我们其实需要还原这种想象的能力。

还有的学生能够有意识地将生活中的故事直接转化为创意并获得了很大成功。比如一位学生暑假去川西旅游,拍了些当地彝族小孩的照片,但临走时却无法把照片留给他们,看着那些小孩渴慕的眼神,他甚为惆怅。当时刚好有一个金犊奖的广告创意大赛,其中一个项目叫"爱普生随身打印机"。于是这个学生将这个旅行故事转化成了一支影视广告片,取名《旅行篇》。文案是这么写的:2004年夏天,我去了一个山清水秀的地方,一场大雨把我带到了小姐妹家里;孩子最好奇的是我手中的相机,她们兴高采烈地看着小液晶屏里自己的样子,还招呼小哥哥来看。小姐妹盛情邀请我吃烤馒头;小哥哥则做出各种把戏吸引我的注意;临走前我拿出糖果分给他们;他们还不时瞄着我的相机,跟我说:"姐姐,我还想看一看照片。"我心里不禁涌上一阵深深的难过,这些孩子的童年停留在许多过客的镜头里,但她们也许一生也不能拥有一张属于自己的照片。让你的旅游不再有遗憾,爱普生随身印照片打印机。这支广告片获得了当年内地的金奖和年度最佳广告奖。

这支广告几乎包含了我对广告创意的诸多要求:真实的故事、真实的细节对他人内心世界的深刻洞察,以及由此而引发的共鸣感。也许正是这些才打动了评委吧。

第二节　数字营销时代的广告创意

无论是在业界还是在学界,都流行着一种观点:现在都是大数据时代了,先前广告的理念与操作模式应该彻底抛弃了。特别是那些有计算机背景的从业者,他们更是抱持这样的观点。但对此,我不敢苟同。

理由大概有以下几方面:一是从本质上说,广告都是围绕消费者而进行的营销活动,无论是在大众传播时代还是在数字媒体时代,这个核心没有任何变化。因此,不能因为广告传播技术发生了变化,便认为广告的本质就发生了变化,这显然是以现象代替本质。二是从数据本身的结构特征来看,无论"大数据"有多大,无论用户被打上多少标签,它本质上都是有限的数据,大量的用户行为是缺失的,我们都是在借助有限的数据去阐释数据背后隐含的规律,都是在借助我们的逻辑和经验进行归纳与提炼,数据本身不会呈现结论与观点。我在课堂上曾经举过一个战场上收集情报的例子:此次战役,敌人伤亡率15%,撤退速度每秒1.1米。这些是中立的数据,但对于战场的指挥官来说,他们需要通过数据看到背后的东西,比如敌人是真的撤退了,还是在诈退?这些结论更多地要依赖指挥官对敌我双方的全面了解、对战场形势的判断以及战斗经验去共同构成。因此,对数据的分析与判断依赖的是判断者长期形成的"底层基模"而不仅仅是数据本身。同样的数据在不同人的眼中可能得出完全相反的结论。

事实上,训练学生全面深刻地理解生活本质,抓住生活的细节,培养共情力,就是在培养学生的"底层基模"而不是一个电脑操作人员。三是从信息编码来看,所谓的大数据实际上就是把用户数据化、标签化,用户活生生的生活现实被抽离成了数据标签。无论数据多么庞大,与"活色生香"的现实相比,这些数据都是冷冰冰的。事实上,随着消费者的自我认同意识的增强,他们越来越追求有共鸣感和价值感的产品,越来越追求价值观上的共振快感。而这些,需要的是更为深刻而感性的视觉与文字,需要创意人具备更为犀利的洞察力、更为敏锐的共情力和更为精准感性的表达力。但大数据本身却难以做到这些。当然,程序化创意借助不断地试错,可以满足一般意义上的沟通需求,但别忘记,所有用于程序化创意的原材料同样来自创意人员的创造。

还有一个更为现实的原因是,中国是一个结构极为复杂的庞大市场,不能将一线城市的营销模式与三四线城市的营销模式等同起来,也不能把大企业的营销模式与中小微企业的营销模式等同起来。比如在三四线城市,看电视仍然是很多家庭主要的娱乐活动,通过电视进行广告传播仍然是非常有效的手段。另外,由于大数据营销其实有比较高的门槛,一些预算较少的中小微企业,特别是区域性很强的产品,可能更倾向于传统的营销传播方式,其效果也未必就没有大数据营销的效果好。

当然,数字营销也确实带来了广告操作层面的变化,看不到这些变化,创意人员就可能被时代淘汰。比如我们重新审视定位理论，先前定位理论的精髓是找出产品最核心的消费人群，然后针对这个人群去开展营销活动。毫无疑问，在同类产品中，消费人群实际上具有高度的重合性，因此，他们也成为竞争极为激烈的区域。长尾理论则强调避开竞争的红海，进入竞争的蓝海，而且，打破了实体与地域限制的电商交易确实为长尾理论提供了支持，从而使得产品不同层级的消费者都有可能接触并购买产品。因此，传统的定位理论就需要重新审视，创意人员要关注不同层次的消费人群的需求。另外，一些经典的广告理论可能也需要重新审视，比如伯恩巴克的 ROI 理论，它强调好广告的标准主要有相关性、原创性和震撼性三个特性，这三个特性确实具有很强的涵盖力，它阐释了怎样的广告才能抓住受众的注意力，在大众传播时代非常经典。但在数字营销时代，和震撼性相比，共鸣感和消费者的口碑传播又变得格外重要，因此，仅仅将好广告的标准限定于 ROI 则便显得有些过时了。至少它还应该包含共鸣感、惊喜与分享价值。因此，我将数字营销时代好广告的标准由 ROI 延展为 ROISSS，即 Relevance、Original、Impact、Sympathy、Surprise、Share 几个单词的缩写。当然，这仅仅是本人的经验总结，也希望学生在做广告创意时能从上述六个方面进行思考。我想，一则广告如果能够符合其中的四个原则，就已经可以算非常不错的广告作品了。

第三节 广告创意的指导

无论是平时的创意作业还是广告毕业设计，我都会坚持自己的创意理念，希望学生们能通过对消费者（用户）生活的全方位洞察，找到深埋于消费者内心的"心灵按钮"。下面我以 2018 年的毕业设计项目雷诺手表为例进行说明。

产品介绍：雷诺表，创办于 1988 年，是商务手表领先品牌，国内手表五大品牌之一。雷诺手表产品线众多，可选择空间大；价格相对适中，入手门槛低；性价比高。

产品风格：传统商务与经典休闲风格的融合。与传统商务手表相比，雷诺更休闲；与经典休闲手表相比，雷诺更商务，强调简约。

■ **任务**：选择一个消费群体，进行营销的全案策划。

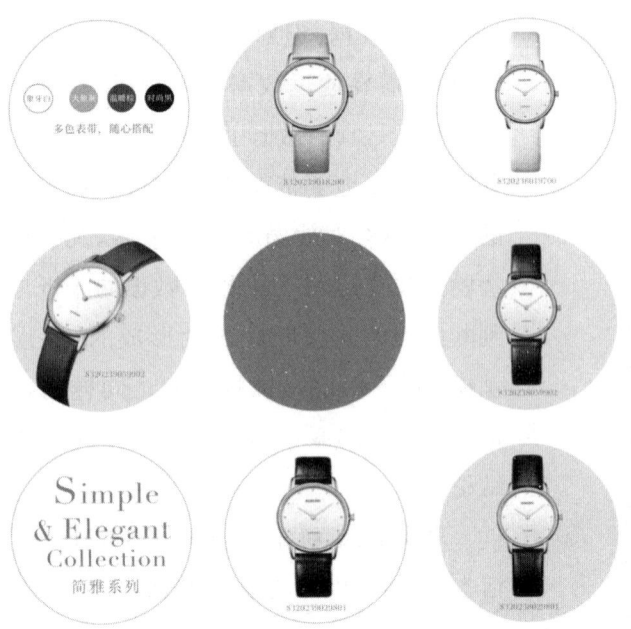

图 7-1

作为指导教师,在进行创意指导时,我主要坚持几个原则:

一是多问问题,少出主意。通过多问问题,可以了解项目团队对产品、市场、消费者的熟悉程度,也可以考察他们思考的深度。少出主意,就是不要变成项目团队的一员,即使自己有好的想法,也尽量克制自己,目的是激发团队自己的创造力,老师不能越俎代庖。

二是多问细节,少问宏观的问题;多问感性问题,少问抽象问题。比如雷诺手表团队在做消费者洞察的时候,我通常会问他们采访了多少人,每个人采访了多长时间,采访者有没有特别打动你的话,他们是怎么戴表的,表对于他们来说是种怎样的感觉等。事实上,与消费者沟通的深度、广度和采访时间是成正比的:时间越短,洞察越表面;时间越长,采访对象越容易消除对采访者的防备心理,也更愿意通过回忆等方式讲述自己的故事,这是采访成功的关键。以下是雷诺团队对消费者的几则采访记录,有很多丰富的细节和信息。

对象一:"现在戴的DW是临近毕业的时候买的……大学戴的Swatch显得太学生气了。基于经济层面上不适合买太贵的表,但是又不想买看起来太廉价气息的表。"

对象二:"(手表对我来说是)一种象征性的东西吧,见客户或者是必要场合的时候要准备,但是平常戴对我不算必要。"

对象三:"有钱有时间的时候;搭配衣服;实习……都是(影响我买手表)可以参考的要素。但是关键是钱,是我现在能有时间去看表……"

三是强调创意时感性切入,而不是概念切入。我希望学生多从真实的、有感觉的细节或场景切入,不要直接对创意概念进行演绎。由概念演绎的创意尽管比较精准,但由于缺乏生活的质感,会缺乏共鸣感与沟通力。我在指导毕业团队的时候,发现许多毕业设计团队都有一个共同的问题,就是把大量精力放在了核心概念的推敲上,尽管核心概念很重要,但实际上,对于执行团队来说,他们只要把握了创意的方向,便可以进行创意工作了。因为,实际上品牌与消费者沟通的点是非常立体的,包括画面、声音、文案等各个层面。其实,受众对核心概念的认知是比较模糊的,更多的是一种形象记忆。比如雷诺手表的传播主题是"做不沉闷的职场人,做有担当的90后",传播口号是"时间由我造",表达的是一种自由洒脱的职场概念。只要抓住了这种感觉,就可以将各种有共鸣感的职场和生活场景作为与消费者沟通的触点。下面是雷诺手表团队设计的几则概念海报:

  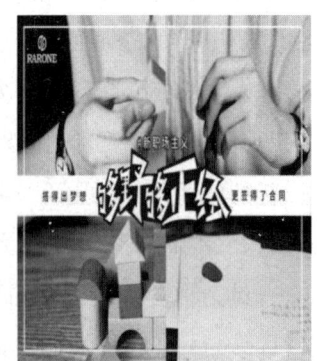

图7-2

这三则海报分别将职场与生活中的某些休闲活动元素做了衔接,职场元素包括用电脑、拎公文包、签合同;生活元素包括弹钢琴、玩滑板、搭积木。应该说创意本身还是很精准的,比较充分地表达了"新职场主义"的"够野够正经"的概念。但我却觉得创意过于概念化了,也过于规整,没有将职场新人真正"野"的一面表达出来,因此,其共鸣感与沟通力还相对欠缺。其实,关于职场新人,有太多可以挖掘的故事,比如想法大胆,敢提意见;处世不够圆滑,可以直接顶撞上司;喜欢跳槽;讨厌加班;晚上熬夜打游戏,上班迟到等。这些点只要挖掘得好,都是具有一定沟通力的。

四是要求创意团队要有市场思维、成本思维与甲方思维。市场思维要求创意团队抛弃书本知识的束缚,从真实的市场需求出发,强调创意方案的落地执行能力,而不仅仅只是强调"创意"本身的新颖与独特。成本思维要求创意团队必须有严格的"支出—回报"成本意识。甲方思维和成本思维具有一定的共性,希望创意团队学会从甲方的视角来审视自己的创意方案是否经得起推敲,如果自己是甲方,是否愿意为该方案买单。学生创意团队相对缺乏业界经验,容易受一些营销教程的影响,对"成本"与"收益"的概念缺乏敏感度。因此,他们在创意上容易天马行空,营销设计追求大而全,预算庞大,但对效果的评估又严重不足。比如,广告教科书都会按照"导入期""成长期""沸腾期"这样的划分方式来设计营销过程,但如何判断什么是导入期、成长期、沸腾期,教科书则相当模糊,也缺乏明确的边界划分。从甲方视角来看,营销活动能够直接进入沸腾期,引爆话题,达到品销合一才是他们追求的最终目的。因此,对于甲方而言,营销其实不存在所谓的三阶段划分。在指导学生团队做创意的时候,学生们通常会说:"这是导入期用的视频广告,只是传达一种理念,引起受众的共鸣,因此,不打算出现产品。"这是一种非常普遍的现象,但没有产品的理念沟通在一定程度上是缘木求鱼,只会白白耗费大量的广告费用。真正好的创意能将品牌的价值观与消费者的价值观进行无缝衔接,使创意本身同时具备销售力、传播力与共鸣感。

雷诺创意团队策划了一场活动,具体方案如下:

"新职场主义"概念发布

活动时间:

2019.6.3—6.16

创意洞察:

绝大部分90后已步入职场,成为职场的新鲜血液,而社会上对90后有着不少的偏见,在刻板印象下的90后新职场青年渴望发声,渴望用自己的力量改变沉闷的职场,向社会传达他们靠谱、有担当、不沉闷的特征。雷诺品牌以此发布"新职场主义"概念,为90后新职场青年发声。

活动目的:

由雷诺品牌面向新职场青年传递"新职场主义"的概念,结合"时间由我造",塑造出雷诺手表时尚商务、不沉闷的品牌形象,激发目标消费者的情感共鸣,以概念视频与话题炒热为铺垫,推动新品发布与销售。

活动内容:

1) #新职场主义#话题炒热

配合雷诺2019年新品发布会,雷诺官方微博联合KOL在微博上发起#新职场主义#的话题,借助微博KOL将话题炒热,引发讨论与关注。

2) #新职场主义#概念视频发布

视频画面结合"去打破、去挑战、去尝试、去坚持,是我的职场,是我的主场,雷诺,时间由我造"的文案,以意识流风格传递出雷诺新职场主义"做不沉闷的职场人,做有担当的90后"的概念。

可以说,"新职场主义"概念发布会是一个非常好的创意。原因如下:第一,"新职场主义"本身具有很强的话题性,容易形成网络热词;第二,结合雷诺新品的发布,可以将"新职场主义"价值观很好地植入新的产品中,从而占据目标消费人群的心智;第三,"新职场主义"形成了很好的市场区隔,将市场一分为二,具有很强的战略意义。比较遗憾的是,承载"新职场主义"的核心概念"时间由我造"显得过于温吞,缺乏力量与爆点,也不太可能成为职场人士的口头禅。如果用"Work hard, Play hard"可能效果更好。第二个遗憾是尽管创意团队抓住了这样一个非常好的Big idea,但却没有坚持下去,过多过杂的营销活动冲淡了这个"Big idea",结果使其只是昙花一现。

通过对雷诺手表在创意层面的指导与评述,我坚持多年的创意观念与指导原则也基本上阐释清楚了。总之,创意的核心仍然是想尽办法找到目标对象的"内心按钮",然后去引爆它。

第八章
广告本科毕业设计的文案及文本写作指导

本章要点 》》

1. 广告文案写作过程
2. 广告文案写作指导与训练
3. 案例分享

20世纪60年代以前,广告的主体内容是文案,备受重视。但在70年代之后,广告行业逐步进入策划与整合营销传播时代,广告文案写作因处于广告实践各环节的末端而长期没有得到足够的重视。

随着智能手机的普及,社交媒体替代传统媒体,成为占据人们时间与大脑带宽的"主流"媒体,受众也从被动的讯息接收者变成自主的内容搜寻者与传播者。广告行业开始重视广告的内容制作,文案写作重新成为广告中备受重视的元素。

在近几年的广告专业毕业设计指导过程中,我感受到了学生们对广告文案创作的重视,学生毕业设计项目中的文案内容数量增加了,类型更丰富了,创作水准也明显提高了。

广告专业的学生常常由于担心自己的写作功底而对文案写作缺乏信心,然而事实上广告文案的核心功能是传递信息,文字能力与文学素养可能会为广告文案增色,但是广告文案写作中更为核心的部分却是广告的基础逻辑。以清晰的逻辑为基础,以增量思维指导写作,广告就可以具备一定的表现力,收到良好的传播与说服效果。

广告活动的相关写作任务除了广告文案创作,还包括广告策划书与广告提案文档。因此本章设计了三个小节:第一节梳理广告写作的基本逻辑,介绍广告文案写作的主要过程;第二节详细介绍毕业设计过程中广告文案写作的指导与训练内容;第三节为优秀学生案例赏析。

第一节 广告文案写作过程

一、广告写作中的逻辑

(一)广告的科学性

关于广告到底是科学还是艺术,争论由来已久,但是自广告成为一门学科开始,无论学界还是业界,大家都在探索开发不同的理论模型及方法去指导广告实践,其中丹尼尔·斯塔奇(Daniel Starch)1923年发表在《哈佛商业评论》上的论文为有效的广告提出了一个影响至今的模型——"引起注意、被阅读、被理解、被相信、采取行动"[1]。而持科学的广告观的罗瑟·瑞夫斯(Rosser Reeves)所提出的USP理论也始终在广告专业的学习中占有一席之地。

20世纪60年代,广告进入重视创意的阶段,广告行业出现了乔治·葛里宾(George Cribbin)、威廉·伯恩巴克(William Bernbach)、大卫·奥格威(David Ogilvy)等广告巨擘,他们的广告创作以文案见长。在这一时期,他们写出了一批指导广告文案写作的书籍,虽然多是对业界经验的总结,缺乏严谨的学术性,但是这些书籍都在力图为广告寻求更为普遍意义上的规律。

---

[1] LIPSTEIN B. An historical retrospective of copy research[J]. Journal of advertising research. Dec84/Jan85, Vol. 24 Issue 6, 11-14.

20世纪70年代之后,广告行业逐步进入整合营销传播时代,开始注重消费者研究、市场与竞争关系、策略、广告效果、广告心理、广告策略,企业与广告公司普遍设立了市场调查与消费者研究部门,量化的数据分析成为制定广告策略不可缺少的信息基础。

随着信息技术的发展和大数据的广泛应用,广告运作越发依赖于对数据的采集与挖掘;而计算广告学和广告精准投放的出现,则在为客户有效调配资源之余,推动了广告实务走向精确与可预测之境。

在此,我无意断言广告是纯正的科学,但是广告的规律性与科学性无可否认,这也是广告教育存在的基础与价值。

(二)广告文案写作中的逻辑

科学的基本要素之一是逻辑,逻辑是对思维过程的规律性总结,我们所熟知的最基本的逻辑方式就是演绎与归纳两种。

演绎逻辑指根据已知的限制条件推理得出结论。在广告活动的整体框架之中,营销策略决定广告策略,广告策略制约创意概念,广告文案表现创意概念,广告文案位于广告实践各环节的末端。换言之,营销策略、广告策略与创意概念是广告文案的前提基础。

具体到广告文案成文的过程,大家通常认为获得创意的主要方式是通过头脑风暴、思维导图等思维工具去拓展思考边界从而获得灵感,因而这是一个依靠直觉与形象思维的非逻辑过程。

然而事实是,所有的广告,其本质都是一种说服。广告创意指广告人在确认了想要表达的实质内容后所选择的具体表达方式。好的广告创意是你用了一个别人没用过的方式来说,并且说得很清楚、很有趣、令人印象深刻。好的创意是有效沟通的手段。

因此在创作文案的时候,要充分了解诉求对象,了解他们的需求与偏好、风格与气质、真实自我与理想自我,然后把想表达的内容转化成为他们听得进去、能够理解和接受的语言或文字。而能否实现有效的转化,则基于对诉求对象的了解,基于有效的分析与推断,也基于作品的小规模测试发现。

谈及逻辑,并非是要将文案写作限制在僵化的思维模式中,而是要避免在创意的过程中脱离实际、漫无边际。

二、广告文案写作的过程

广告文案写作要解决两个主要问题:一是写什么,二是怎么写。

广告创意的流程包括六个阶段:(1)汇集资料,进行分析,形成创意简报;(2)形成创意概念或传播主题;(3)完成广告草稿;(4)与创意总监、客户代表/客户沟通;(5)修改完善辅助环节;(6)完成广告完稿。

具体到广告文案写作,则要完成三个核心环节的写作任务:一是撰写创意简报,解决广告"写什么"的问题;二是拟定传播主题,确定广告文案创作的主要方向;三是根据主题完成广告文案的创作。后两个环节都涉及广告文案"怎么写"的问题。

(一) 形成创意简报

关于广告文案应该写什么,广告创意简报就是用来回答这个问题的。在传统的功能相互独立的多部门专业广告公司内部,策划方案的制定由策划部负责,广告创作由创意部负责。为了明确任务、有效沟通,策划部在完成策划方案主体之后,会与创意部商讨,然后形成创意简报,以此作为广告创作的依据。

今天,广告各部分的职能分工界限逐步模糊,但是创意简报与策略单这类指明广告创意方向的工作文件仍然具有明显的价值。创意简报可以给前期工作一个阶段性的总结,以避免整体工作出现不必要的反复,同时也可以为后续的创作确定具体的内容与信息。

在广告专业毕业设计中,学生制定方案的过程,也是一个学习的过程,他们会比专业公司的从业人员有更多的反复试错过程,因而毕业设计不要求学生以完成创意简报作为阶段性考核的依据,但是在方案的制定过程之中,这仍是一项十分核心的工作内容。

创意简报本质上是策略方案的一个部分,但是在广告业务小组化的专业安排下,由谁来完成创意简报并不是一个应该纠结的问题。而对于要完成全案的毕业设计项目来说,整个项目的完整性也使得文案写作工作前移变得十分必要。

(二) 形成传播主题

创意简报形成之后,广告所要表达的实质内容就已经基本确定下来了。但是由于创意简报的语言往往直白浅显,无法向目标受众直接陈述,这时候就应该进入广告作品创作的环节了。

在广告全案中,广告作品的创作往往是跨媒体、成系列的。为了让广告讯息集中,达到协同增效的效果,我们就需要确定一个统一的传播主题,有时还要按照广告策划方案的规划为每个阶段确定一个分主题。

传播主题与广告口号相类似,但是相比而言,广告口号更倾向于展现企业或者产品的精神理念与价值观,角度更加宏观,内涵更加广泛,表述也相对抽象。而传播主题往往要配合一个阶段的广告攻势,信息相对明确,与当下的营销活动结合得更加紧密。

传播主题相比广告口号虽然已经是相对具体的陈述,但是仍然相对抽象,有一定的想象与发挥空间。广告主题确定下来之后,就可以创作系列的广告作品,对主题进行进一步的阐释了。

(三) 广告文案创作

创作内容与方向已经明确,前期基础准备工作已经就绪,此时就可以开始广告文案的创作了。广告文案是面向消费者露出的部分,需要实现多方面功能,才能够有效地传递讯息,达成传播目标。

什么样的文案才是合格的、好的文案?我喜欢用"表现力"这个说法。表现力不是一个成熟的学术概念,只是用来定性地评价文案在传递讯息的时候,所使用的语言文字、画面声音能够有效地传递讯息、观点以及情感情绪,并且给诉求对象带来影响,最终实现广告目标。

足够强烈的、对于诉求对象有吸引力、有影响力的讯息就是有表现力的讯息。越来越多的广告人意识到,如果产品本身有强有力的卖点,那么就直接把这个卖点说清楚就好了,对于消费者来说,关于产品的有意义的事实就是最为直截了当的有感染力的讯息。

在复杂纷繁的媒介环境中,你的文案能否让广告作品脱颖而出,让人看到,而且是让起目标人群看到;广告文案是否具体清晰、易于理解,帮助消费者在头脑中建立起清晰的印象;是否能牵动人的情感情绪乃至引发消费者的欲望或者行为,这些都是写作文案时对表现力的要求。

第二节 广告文案写作指导与训练

一、广告文案写作起步训练——汇集资料进行分析

汇集资料进行分析是广告文案写作的起步阶段,在这个阶段,学生对产品、市场以及消费者的认识还处于一个非常模糊的状态,因此指导教师会要求学生尽快全面把握相关信息,以便诊断广告的问题,确定广告目标。

这个阶段的训练主要包括收集三大板块的资料:有关产品的,有关消费者的,有关市场竞争格局的。

(一)有关产品的分析

这个阶段要收集与产品相关的资料,有关企业发展、品牌形象、行业环境的都属于产品分析部分,要求学生进行分类整理,然后使用产品生命周期、FCB方格相关分析工具对产品的基本情况进行分析,并罗列其中最重要的一些发现。

完成产品的基本分析之后,有一个非常重要的思考训练环节,就是将产品的特征转化为针对消费者的利益。产品有很多不同的特征,这些特征是产品自身的属性,与消费者之间不存在直接的联系,因此在做产品分析的时候,需要把产品的特征转换为对于消费者而言的利益点。比如电水壶的自动断电功能是产品的特性,对于消费者的来说其利益点是可以防止水壶干烧,排除安全隐患;再如药品的缓释胶囊设计旨在让药品的有效成分因为胶囊而逐渐被释放出来,这是药品的特征之一,这个特征给予消费者的利益点则在于药品可以平稳持久地发挥药效。这个部分的训练要求学生尽可能多地去罗列产品的特征,并且将其转换为对于消费者而言的利益点。

（二）检视市场竞争格局

每一项产品与服务在市场中都会存在功能和市场与自己重叠的竞争对手，因而要进行市场竞争格局的检视，从而让产品清晰自己在市场中所处的位置，发现自身目前存在的策略性问题，以便更好地界定目标消费群体。

在进行竞争分析的时候，切忌太过针对性地针对某些品牌，把对方当作假想敌，制造正面的品牌竞争关系，而应该尽可能地将不同的品牌区隔开，寻找自身合理的发展空间。

（三）消费者洞察

在产品分析阶段已经罗列出产品可以给予消费者的利益点，而这些利益点成立的前提是消费者对此有需要，因而训练的另一个核心内容是大家熟悉的消费者洞察。

学生要学会通过消费者调研、访谈与二手资料分析，观察与了解消费者，同时将自己代入消费者的生活经验与情感情绪中，找到消费者与产品相关的、重要的但是被忽略的那些需求或者欲望。好的洞察所产生的力量是惊人的，例如培训行业，它之所以能高速发展，就是基于对中国家长的焦虑的准确洞察。

清楚挖掘、了解了产品能够给消费者提供的利益，洞察到了消费者未被满足的需要或欲求，这时就可以找到产品与消费者之间的连接点了。

2014年，为生鲜电商顺丰优选做推广的小组为项目规划了一个"周四买菜周六吃"的活动，这个活动的设计就是基于对消费者外出吃饭的一个洞察而发现的。以往的消费者会选择周末同家人朋友外出聚会吃饭，但是这种生活方式在逐渐发生改变，工作日忙于工作，很多人会选择在餐厅、快餐厅解决吃饭的问题，于是到了周末就更加倾向于在家里自己吃一点好的，但是买菜又带来诸多麻烦，使得周末在家准备大餐困难重重。而顺丰优选有顺丰速运的冷链配送保障体系，以及优质食材的采购系统，可以为消费者解决买菜这个问题。那么这个产品为消费者带来的利益是什么？就是周末不用那么麻烦地去买菜，仍旧可以在家吃大餐。项目小组以此为出发点创作了系列平面广告，第一幅广告的主文案是"吃一顿大餐，哪用这么麻烦"，配合的画面是车位已满、临时停车提示卡、购物小票等标识，提示消费者周末出去买菜的闹心感受。第二幅广告的主文案是"周末不买菜，留点时间给自己"（图8-1），在广告的背景画面中使用了购物袋、运动娱乐器材设施等符号，告诉消费者不用浪费时间去买菜，原本用来买菜的时间可以利用起来做一些更令人开心的事情。广告中出现的活动主题文案"周四买菜周六吃，优选美味送到家"给消费者提供了具体的问题解决方案。

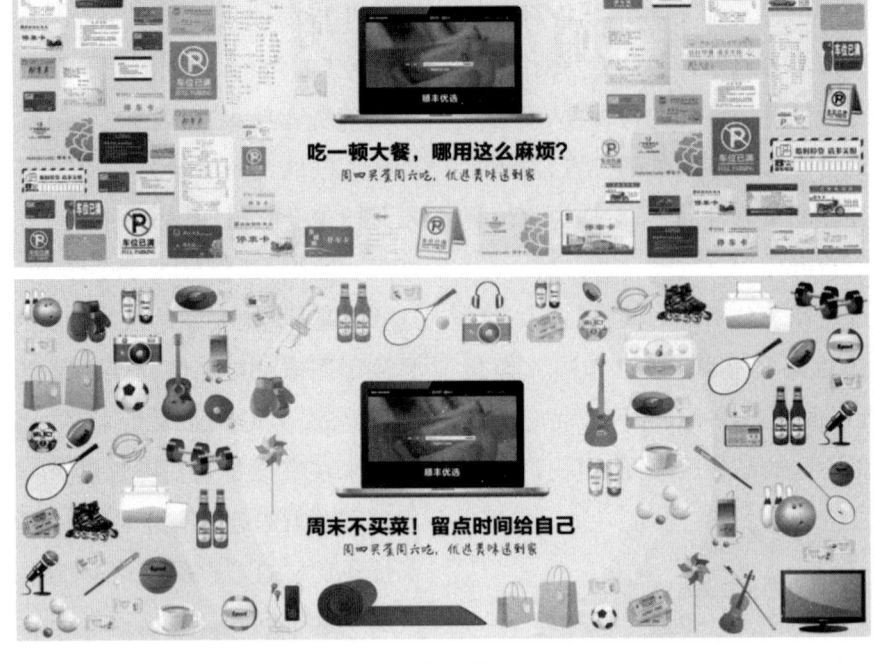

图 8-1 顺丰优选活动广告

在对这三个方面进行分析的时候,这三个方面并非是完全孤立隔绝的,更多的时候,一些有意义的想法往往来源于对三方面信息的思考的交融碰撞。如图 8-2 所示,三个圆圈分别代表对不同方面的分析,三者重合的核心点,就被视为广告创作中的创意热点。

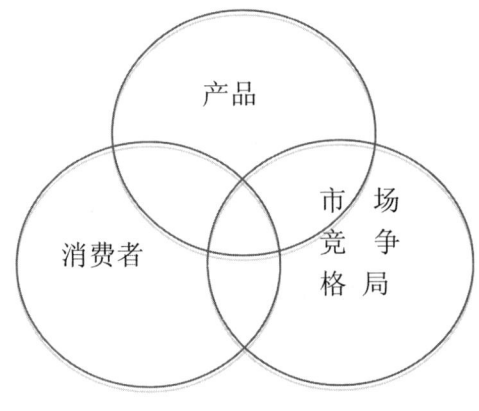

图 8-2

二、广告文案写作的枢纽训练——创意简报写作

广告文案写作有一条原则:"先做对,再做好。"广告创意简报就是广告做对的基础。当产品、市场竞争与消费者之间的连接点被找到,也就意味着创意简报中的主体内容被确定下来了,之后的写作就可以放开分析阶段纷繁复杂的各类资料,聚焦于创意简报中的核心内容了。

广告创意简报主要包括:背景介绍、广告目前存在的问题、需要通过广告达到的目的、目标消费者的界定、消费者洞察、产品给予消费者的主要利益点以及利益点支撑、广告整体风格基调等内容。

上述内容可以精简为一句话,即表述产品给消费者带来的核心价值:

_____(品牌)_____(产品)对_____(目标消费群)而言,是_____(利益点),因为_____(支持点)。

在毕业设计指导中,我会要求学生用这句话来明确陈述他们的结论与发现,他们在组织这句话的措辞的过程中,往往会重新审视自己的发现是否合理、有没有改进的空间。

上述句式是一个最为基本的表述原型。在现实当中,产品与服务的类型不同,提供的价值也更为复杂,消费者群体不单一,产品有可能给不同的消费者提供不同的价值。这时学生可以根据自己的研究发现拓展实际的表述方式,但必须做到不遗漏其中的关键内容。

必须注意的是,其中有关产品能给予消费者的利益,并不仅限于功能上的利益,也可以是情感及其他方面的利益。

更为重要的是,上述分析所得到的发现并不是唯一的,不同的人可能会根据自己的分析得出不同的结论。很多时候,在确认产品核心卖点之时,小组成员之间也会产生分歧,这时他们会咨询指导教师、客户与行业专家,然后补充证据,梳理思路,阐明自己的观点,经过一轮轮讨论甚至争论最终取得一致意见。这个过程会让他们对产品和消费者形成更清楚的认识。

三、广告文案写作的核心训练——形成传播主题

广告创意简报确定了广告的实质内容,大创意是实质内容与创意执行之间的中间环节,一个大创意会有很多不同的具体执行创意。

传播主题基本可以视为大创意的文案部分,是一场完整的广告攻势过程中使用的品牌或产品"副口号"。广告主题并不是换一种方式把广告讯息原封不动地表达出来,而是用一种更有感染力与传播力的表达方式把广告讯息中最核心的内容突出出来。

对于那些分为多个不同阶段的广告或营销传播活动,项目小组还可以根据进展的不同阶段去创意分主题,分主题与执行创意中的文案部分需要与传播主题一致。

2017 年,ace 小组做了"基于英雄联盟 S7 全球总决赛的电竞文化推广"项目,希望借助 S7 全球总决赛宣传电竞的专业性与竞技性,以区别于其他网络游戏。因此,他们将传播的核心策略定为传播"电竞是一种职业"。在这一核心信息之下,他们确定的传播主题"我是职业电竞选手"以一种坚定、果断的语气,将受众的注意力落到职业电竞选手身上;而这一传播主题则借由职业选手之口发生,从而传达了职业电竞选手的专业性以及他们自己对自身职业的高度认同。

之后,项目小组在这一主题之下开展

了"我是电竞人"72小时职业选手体验计划,制作主题视频广告"电竞选手的自白"等传播内容,把"我是职业电竞选手"的内涵表现得更为立体丰富。

四、广告文案写作的重点训练——广告文案成文

当我们确定了广告的内容与目标、主题与方向后,就要开始进入广告文案的具体创作环节了。广告文案的写作应该尽可能地站在目标消费者的立场来上思考,这样才能让广告文案吸引注意、引发兴趣和传递信息。这一部分的训练也是广告文案写作训练中最重要的内容。

(一)吸引注意

在指导学生创作文案的过程中,我经常问学生一个问题:"你的广告中引起注意,让消费者看到的部分在哪里?"他们时常会调侃地回答:"画面。"诚然,在今天这样一个读图时代,画面的直观性以及可以动用的多元的视觉元素确实使它成为广告中非常引人注目的部分,但这并不意味着文案在吸引人的注意方面无所作为。早期的中兴百货、诚品书店的广告文案至今仍为人津津乐道,近年的网易云音乐地铁乐评广告引发了现象级刷屏效应,杜蕾斯从蹭热点转向为年轻人创作诗集,这些文案作品无一不从引发受众关注逐步进阶为吸引持续关注,并最终使得品牌广告成长为自带流量的内容创作者。

与画面相比,文字所具备的确定性更强;同时人们依赖语言文字进行思考,文案可以针对性更强地吸引特定的受众群体,帮助我们接触到"真正的"目标消费者。

广告文案包括广告标题、广告正文、广告随文与广告口号四个部分。平面媒体广告之外,视频、音频、双微推文的广告文案都可以按照这四个部分进行文案结构归类。在这四个部分之中,广告标题是广告文案中最为重要、也最不可缺少的部分。

广告标题在广告作品中的首要功能是抓住人们的注意力。那么该如何引起受众的注意呢?每个人应该都有一些个人经验,就是有一些字眼对于我们来说相对容易被看到,可能是因为这些是我们关心的、感兴趣的,或者是我们内心一些密而未宣的需要与欲求。因而在创作广告标题时,我们要想象自己面对着活生生的人,这些人是什么样的呢?

他们有着普通人普遍具有的最基本人性,他们最感兴趣的是自己;

平静的外表下,人们的内心有很多欢喜与忧愁、幸福与担忧、喜爱与憎恶,渴望成就害怕失败,有需要有欲望有情怀,有着自己的愿望但又介意别人的评价;

最让他们舒适的部分是别人对他(她)的认同;他们也渴望自己被爱、被接纳,以寻找到自己归属的群体;

虽然表面看起来每个人都波澜不惊,但是其内心却暗涌澎湃……

总体而言，人们关心的是与自己最有关的那些东西。相比倾听，人们更乐于表达，因此想要让别人注意到你的广告，你就必须提及目标人群关心的一些东西。

在这个环节，我会让学生做一项工作，就是在一两天内记录自己在不同媒体上下意识看到的广告，特别是文案部分，并且分析引起自己注意的是哪些部分，探讨目标人群是否与自己存在共性，以指引自己的广告文案创作。

同时，我也给学生提供一份清单，列出广告文案中可能会引发注意的成分。

引起消费者注意的内容清单（与产品、服务直接相关的部分）：

消费者喜爱与热衷的品牌；

消费者有需要的特定产品与服务；

消费者存在的亟待解决的问题；

消费者内心的某种微妙感受。

目标消费者可能是某个品牌的忠实粉丝，那么就在广告标题中直接提及这个品牌，把 Logo 放在能够让人清楚看到的位置；如果消费者需要具体的一类产品，就在广告中直接提及产品或者服务，比如消费者心里很想去做个按摩，那么就把广告中"SPA"的字号放大，他一定不会错过，不要兜圈子试图在广告中询问"你是否需要放松一下"。当然，有时候消费者有一些没有解决的问题，也想不到好的方法，或者有某种还无法说得清的感受，那就想办法，帮他把感觉表述出来，他是会看得见的。

还有其他一些可以引起消费者注意的东西，它们与产品并不直接相关，但可能因为是时下的热点，也许因为使用的语言、符号与周围环境形成了差异……这些因素也有助于提高受众的关注度。

引起消费者注意的内容清单（与产品、服务不直接相关的部分）：

运用当下大家都关注的流行元素，或者说，蹭热点；

使用信息处理更快的符号形式，比如说数字；

使用少见的符号形式或排版方式。

清单中的最后一种其实相当于把广告文案中的文字视觉化了，从而让它产生了一种特异感去引起受众的注意。

下面这套作品是 2013 年的毕业生为深圳华夏星光影城创作的品牌形象户外广告，计划发布在公交站台，广告文案取自经典影片中的经典台词，以此构成两个人的对话（见图 8-3）。在文字的排版上，左侧的文字被设计为从右到左排列，这一设计的效果是，受众看到左侧的文案，会迅即产生读不通的感觉，于是需要停下来寻找线索。此外，这一设计还营造了两个人面对面对话的效果，可以说是十分有心思的设计了。

户外大牌、公交站灯箱、App 开屏画面，在今天，这些都属于最典型的平面广告了，这些广告中最醒目的文字部分就是广告的标题，而公众号推文的标题、各类热搜榜中的标题，也一样承载着引起目标受众注意的任务。

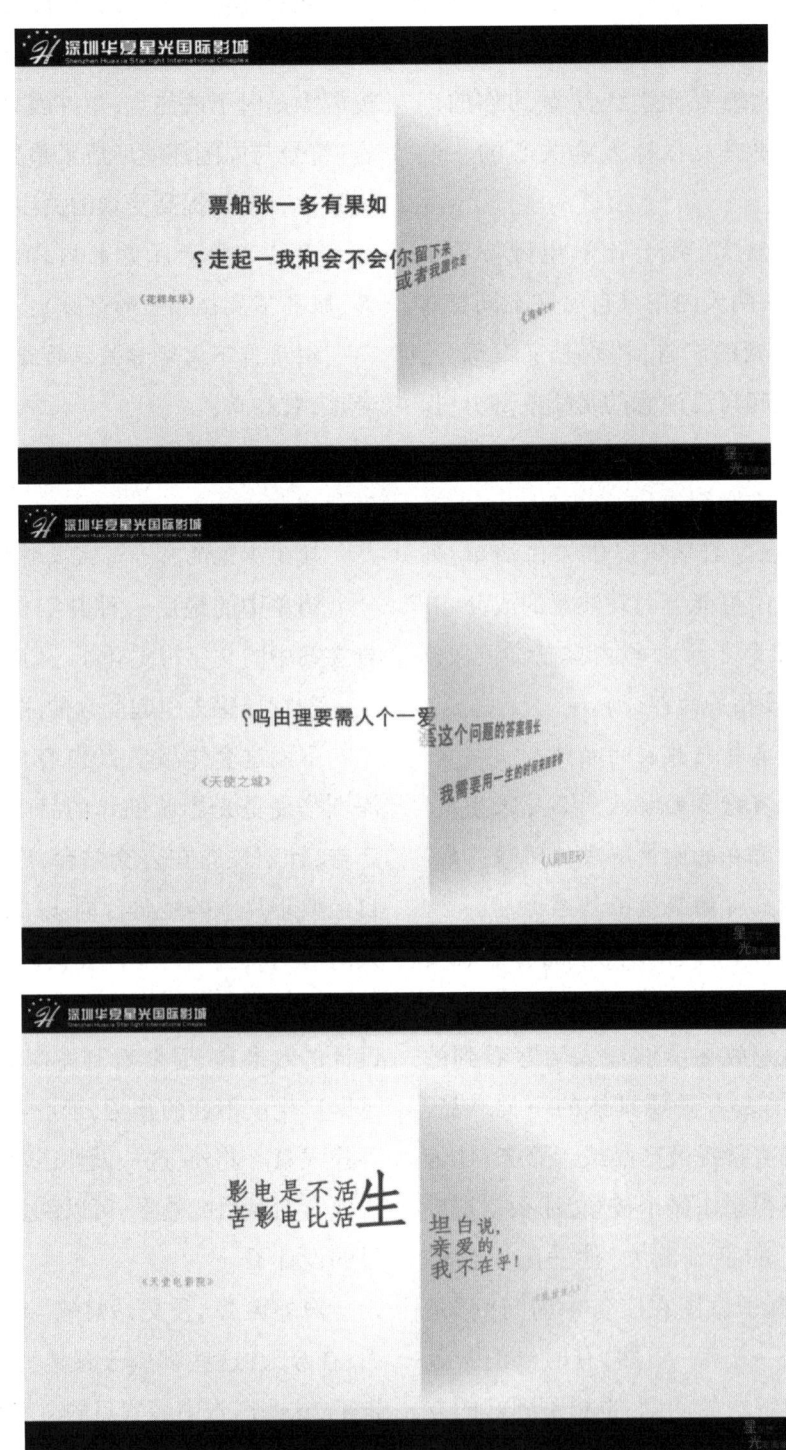

图 8-3　毕业设计作品：深圳华夏星光影城户外广告

(二)引发兴趣

广告标题能够承载的内容是有限的,对于平面广告,我们希望目标消费者看完标题还能再看看正文、看看附文,了解产品可以在哪里买;而对于借助双微平台的广告活动,我们则希望消费者看了标题或者话题之后有愿望点进去看看。这就要求广告文案可以引发兴趣,推动让消费者去寻求进一步的信息。

最常用的引发消费者兴趣的方式是激起他们的好奇心。

先看看下面几个句子:

全世界最好的咖啡不在哥伦比亚。

即使对最好的朋友,她也不曾提起我。

幸福生活价目表。

大家都把钱放在哪里?

看了上面的四句话,你的好奇心有没有被激发起来?其实上面的每一句话都对应一种可以激发好奇心的方式。

第一种是颠覆你的既有认知。"全世界最好的咖啡不在哥伦比亚",在很多人心目中,"哥伦比亚"与"咖啡"两个词是紧密联系的,这句话一下子就否定了人们知识体系中一个非常牢固的点。在这种情况下,人的好奇心很容易被激起,"最好的咖啡"不在哥伦比亚,那在哪里呢?

第二种方式是激起你对他人私生活的好奇心。每个人都有一颗"八卦"的心,"即使对最好的朋友,她也不曾提起我",这句话暗示了关于这个"她"与"我"之间的"不可告人"的一些东西,读者很可能会忍不住地想去了解:这个"她"是谁、"我"是谁?他们是什么关系?为什么不能跟别人提起?但这种写作方式很容易流于低俗,写作时要注重趣味与格调。

第三种方式是暗示解决问题的简单方案。现实中的很多问题都是复杂难解甚至无解的,但是人们偏偏蒙上眼睛视而不见,去寻求一些"放之四海而皆准"的解决之道,这是人性中的天真与懒惰。

第四种方式是针对人普遍具备的欲望:金钱、性、娱乐、刺激,等等。当然,针对欲望的最佳方式是针对目标消费者自身特别强烈的欲望。

触动消费者感受也是一种有效的引发兴趣的方式。

每个人都追求认同感、归属感,追求自己内心的感受被他人所理解与接受。更为重要的是,人们内心有很多莫名的感受,自己可以感受得到,但却无法说清,如果你能够替他们讲出来,便可以很好地引发他们的兴趣。

广告标题的写作是文案创作中最早也是最重要的部分,广告标题最主要的功能就是引起注意与引发兴趣。上述的指引,并不是让学生恪守每一条原则去写作,而是在他们刚刚开始创作不得其门而入的阶段给出一些思考的方向。这个阶段如果有学生来向我寻求指导,我会让他们每一种类型都创作出一些,然后看看是否可以融合与调整,很多时候,他们写着写着就会写出感觉。所以，与其说是广告文案写作的"指导"，不如说是"训练"，后者更准确一些。

（三）具体直观

广告的核心功能是传递讯息，为实现这一功能，广告文案的写作应该尽可能具体直观，就是尽可能让受众在阅读后还原讯息，并在自己头脑中建立起清晰的印象。

如果可以，不妨直接用产品的事实说话。这一原则基本上被广告从业者普遍认可。但在实际运用中存在着一定的误区，认为写事实就是直接陈述产品特征、获奖情况、销售额，等等，这样的广告消费者很多时候是看不进去的，因为与自己无关。

广告文案应该站在读者的立场来写。人们不会看你写的东西，只会看自己想看的东西。广告中不仅要说产品的特征，还要说产品对消费者的价值，也就是利益点。两者相比利益点是更为核心的，产品特征只是为了让利益点更加可信。在内容类的广告中，则可以通过深入细致的描述向受众提供增量信息、阅读乐趣，争取他们的认同或帮助他们刷新观念。

广告文案是否具体直观有赖于创作者对语言文字的选择与构造。具体的语言文字，受众容易理解，不容易出现歧义与误读；而直观的语言文字，则更容易让受众接受广告所传达的讯息。此外，具体直观的写作也会让受众更加按照广告所设定的内容去建立印象，而不是按照他们自己的意图产生想法，从而引导消费者的思考路径，因而也是一种有效的说服方式。

2012年，奥美为长城干红做了一套主题为"地道好酒 天赋灵犀"的广告，分别从产地、酿造经验、贮藏条件和贮藏时间几个方面来写长城干红的优越之处。但这些概念对于普通的消费者而言都是生疏和抽象的，那么怎么让受众理解且被打动呢？

十年间世界上发生了什么？
科学家发现了12,866颗小行星；
地球上出生了3亿人；
热带雨林减少了6,070,000平方公里；
元首们签署了6,035项外交备忘录；
互联网用户增长了270倍；
5,670,003只流浪狗找到了家；
乔丹3次复出；
96,354,426对男女结婚；
25,457,998对男女离婚；
人们喝掉7,000,000,000,000罐碳酸饮料；
平均体重增加15%。
我们，养育了一瓶好酒。
地道好酒，天赋灵犀。

这段文案的核心内容是，长城干红经过十年窖藏，是一瓶好酒。如果直接说这句话，我们的感受可能就是：才十年时间啊？但是文案通过罗列十年间这个世界发生的各种事情，用数字告诉我们，十年时间可以让世界发生沧海桑田的变化。这就是我们所说的具体直观。

那么，如何写得具体直观？

通过打比方、用数字、讲故事的方式

把受众带进某种熟悉的场景,这些是最常用的让讯息变得更加直观的手段。

重复的句式给文案一种排山倒海的力量,把同一信息反复灌输给受众,也会帮助受众产生直观的印象。普通写作中的排比大多是3—4句,广告文案中的重复则可能多达8句、10句,甚至更多。

可以用突出关键词但简化句子结构的松散句式或者语言片段来写作。这类句式对受众的理解没有逻辑上的要求,更易读,同时还能带出某种"态度"与"情绪";此外,松散的句式更接近于我们日常的语言状态,因此写的时候不妨假定我们是在对着某个人说或者独白。

你无法比这一只眼看到更多
战乱,平息;再战乱,再平息;如此反复。
没有人知道什么时候会结束,
法国人来了,又走了。
越南人来了,又走了。
……
黎笋、西哈努克、乔森潘、宋双……
陆续登场,先后谢幕
终于所有人都可以喘一口气。
尽管有时耕田的牛还会踩响一两颗地雷,让人们的回忆时不时被惊醒。
但生活,确实是平静下来了。
一切都开始恢复,包括那闻名世界的吴哥窟。
他,看到这一切的变化,代价是失去一只眼睛。
"不,是我还有一只眼睛,还可以看清一切。"他喜欢这样讲。
他是洪森,是现在舞台的主角。
不知道你的双眼,在这个国度,是否会比他看到更多。
神秘之旅,就在柬埔寨。①

这是某旅行社发布的一条柬埔寨旅游广告,几乎整篇文字都在罗列有关柬埔寨这个国家的关键词,政治的、生活的、名胜的,句子结构非常简单,但是非常清晰地勾勒出了柬埔寨的凋敝与神秘感。

写作时,应尽量避免抽象、宽泛的形容词,使用有视觉、听觉、味觉等感官效果的词;也可以使用比喻、双关等修辞方式,以加强语言的感染力。

(四)简洁易读

约瑟夫·休格曼(Joseph Sugarman)在他的《文案训练手册》中提出了"滑梯效应"的概念:"你的读者应该是情不自禁地阅读你的文案,他们根本无法停止阅读,直到他们阅读完所有的文案,就像从滑梯上面滑下来一样。"②必须承认,我很少会遇到这样的文案,而且连作者自己也没有给出能够写出"滑梯效应"文案的具体方法,但是我认为这是关于文案写作的很好的要求与标准。

与此相似,曾经有人提出文案写作应该写出文字的速度感,我对这句话的理解

---

① 资料来源:顶尖文案网站,https://www.topys.cn/article/21。
② 休格曼.文案训练手册[M].杨紫苏,张晓丽,译.北京:中信出版社,2011:42-50.

是:广告文案在语言文字的运用上要尽量少地设置理解障碍。因此在文案完成后要检查结构句法是否够简洁,是否有不必要的重复,是否可以把被动句式、使动句式改为简单的主谓宾句式,是否可以用多个短句替代从句,复杂句式中的连词是否可以省略,尽量不用否定句式,最后,删掉那些不必要的词、句子甚至段落。

音频视频中的广告文案则一定要选择那些在听觉上容易识别的字词,观众看电影看电视剧的时候,听不懂的地方他们会借助字幕辅助听力,但是广告却得不到这样的待遇。

五、广告文案写作的进阶训练——传播力与审美要求

第四部分,广告文案写作的基本要求,如果一项都达不到,那根本就不能算是广告文案。这一部分要求我们所写的文案不仅能够被受众看到,还能够被他们传播,而独特的形式美感是提高文案效果与品牌形象的有效手段。优秀的广告文案往往可遇而不可求,因而我们把这两项要求作为广告文案写作的进阶要求。

(一)文案的形式美感

优秀的广告文案具备独特的形式美感。形式美感可以吸引受众的特别关注,引发他们的阅读兴趣,最终增进其理解,并带来态度的改变。形式美感也有助于提升语言的风格,对品牌形象的塑造大有裨益。

意识形态广告公司许舜英为中兴百货创作的文案在当时引发了普遍的关注,也成就了中兴百货的品牌奇迹。中兴百货的文案整体给人一种打破固有思维、建立新观念与新态度的印象。这一印象的建立首先是由于广告文案强烈地传递出了站在时代前沿的先锋价值理念,而广告文案的语言文字风格则赋予了这种内核理念外在的华美包装。

中兴百货的广告文案非常擅长使用修辞提高文案的感染力,特别擅长运用"陌生化"技法。"陌生化"指在写作过程中突破语言的固有约定,超越日常语言传播的常规习惯,重新构造语言的事实陈述方式,瓦解人们对语言的常规反应,唤醒人们的感知力,引起人们的注意,引发人们的探究行为,从而促使人们充分领略广告的内容和主题。这种写作方法带来一种超脱与疏离感,为中兴百货这样一家面向"三高"女性的小众百货公司塑造了独立而高冷的形象。

广告文案的形式美感对于学生来说确实属于一个进阶的要求,但绝不属于不可完成的任务。

在2016年的毕业设计中,完成无印良品「Compact Life for Kids」项全案项目的 adj.小组发现了很多中国父母困于"孩子没有整理和收纳物品的习惯",自己又缺乏教导孩子做好收纳与整理的能力,因而渴求第三方机构提供帮助的现实状况。由于幼儿园、学校、早教机构与社会组织都没有提供相关的辅助,于是该小组产生

了创立一个儿童收纳教育项目的念头，希望为受困扰的家庭提供一个解决方案，通过亲子活动让孩子学会收纳，重新发现整洁、舒适生活的要领和美好。由于项目的立意、理念与无印良品（MUJI）高度契合，于是项目小组联合该品牌构筑了一个基于社会营销理念的儿童收纳项目「Compact Life for Kids」项。在为这个项目设计主题的时候，整个小组陷入了极大的困难之中，因为无法找到一句清晰简洁、反映项目核心内容且与无印良品品牌高度契合的文字表达。

于是他们重新审视受众调研资料，发现，许多让家长头疼的收纳问题都源于孩子们对收纳的不得要领。然而孩子们做不好，大多源于许多家长自身不擅长整理，因而向孩子下达的指令也过于含糊：他们让孩子们"收好东西"，却没有告诉他们怎么样才叫"收好"，导致孩子们不明白具体的方法，无从下手。一个学生回忆自己妈妈给自己的收拾物品指令经常就是"物归原处"，这个说法是很多擅长整理物品的人的经验之谈，但是不擅长整理的人却很难做到。小组成员继续研究收纳问题，偶然间有人联想到无印良品的品牌，于是提出了"物归良处"的说法。问题一下子明朗了，做不到"物归原处"，是因为搞不清"原处"是哪里，或者"原处"物品的取放真的很不方便。于是项目小组就将重点放在了"良处"上。"良处"指容易取放而且适合使用者自身生活习惯的地方。在后续的项目中，家长与孩子一起商讨，按照孩子适合的使用习惯与兴趣喜好定制儿童的生活空间，帮助他们做到"物归良处"。

"物归良处"这个说法不仅把项目的核心内容有效地表达了出来，同时也与无印良品的品牌形象、项目的整体调性十分吻合，确实是整个项目中非常精彩的神来之笔。

（二）促成受众参与传播

传统媒体广告时代，广告的常规操作是通过优势媒体投放，简单粗暴地提高频次、反复曝光获得传播效果。社交媒体时代赋予了普通受众话语权，个人化的传播在强关系中的影响力开始占据越来越重要的地位，在传播中渐次形成以兴趣、爱好、价值观、生活与职业场景为要素的社交圈层，人们在信息、商品与品牌等方面的交流与分享越来越不容小觑。于是，广告活动能否会引发关注、引爆话题、自主发酵成为今天广告成功与否的标准。除了自带流量的优势品牌，广告能否促成受众参与传播已经成为一个重要的课题。

最为初级的引发关注与转发的方式是创作能产生乐趣的内容。人性普遍追逐快乐，有乐趣的内容总会让人喜闻乐见。这种类型的内容对于年轻人来说特别有吸引力，除了转发，他们还会做很多再创作，制造出一场场狂欢。但是由于这种方式可能给品牌带来负面印象，因而在广告活动中往往不作为核心的内容。

与品牌内涵关联更强、可以触动目标

消费者的品牌价值主张的内容,因为可以给消费者带来认同感、归属感,同时给予他们展示自我形象的机会,因而可以引发他们的传播行为。根据媒介经济学的社交货币理论,人们会转发带有社交货币属性的内容,目的是通过社交资源的置换达到建立与展示理想自我、获取他人认同以及被目标群体接纳的目的,因而在内容中彰显具有先进性或优越感的格调、观念与智识,就能触发媒介内容的社交货币化。

2018年"太兴好食刻"项目小组把太兴餐厅定位为"对于生活节奏快、饮食习惯不佳却对合理饮食有着本质认同与深层需求的年轻食客而言,太兴是一个能提供好好吃饭解决方案的港式时尚餐厅"。为了制造品牌记忆点,持续制作推出差异化内容,增加与消费者的互动,项目小组采取了IP营销的方式,推出了"太兴鹅叔"之一形象。鹅叔是一个美食品鉴师,也是一个愿意与年轻人沟通的精神导师,他优雅宽容、乐天憨厚,但是对于美食又很挑剔敬业。鹅叔的形象与太兴餐厅的形象高度一致,同时又需要被年轻人所接受和喜爱,在一定程度上形成话题。于是项目小组创作了一系列的鹅叔语录。

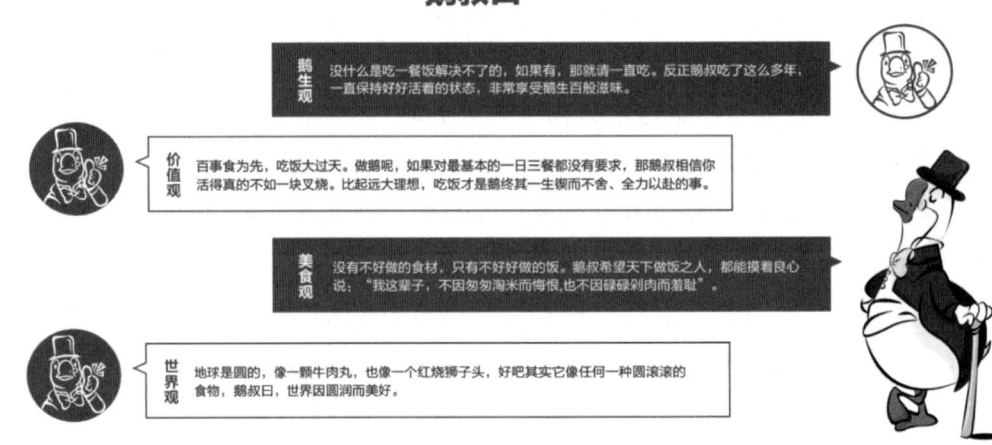

图8-4 鹅叔语录

文案流露出鹅叔幽默、风趣、从容的个性,表达出对"好好吃饭"的高度重视,很多想法与年轻人内心的观念相吻合。在毕业设计答辩前,小组将与IP相关的文案内容以及表情包周边上线,并在朋友圈传播,取得了不错的传播效果。

广告文案写作虽然服务于讯息的传播,但是仍然有很大的原创与自主空间,前面所提及的写作过程以及训练内容,只是给学生们提供一些指引,让他们在无从下手之时有一个可以开始的方向,而写出文案、写好文案则可能是一个只有起点没有终点的过程。

第三节　案例分享

一、平面广告文案案例分享

■案例一

U联生活 2013—2014 深圳地区推广方案

项目成员：郑彭强、林海丹、林芙佳、唐雯舒、张嘉嘉、余佳妍、黄维

U联生活，是2013年深圳市银联金融网络有限公司专为消费用户免费提供吃、喝、玩、乐、购等生活优惠凭证的服务平台。U联生活已与多家商家结盟，涉及餐饮、美容、购物、健身等多个领域。

U联生活旨在让消费用户更加方便、快捷地寻找商家优惠，在线将商家优惠放入消费用户的银联卡，消费者刷卡时自动享受优惠。

项目小组为产品定义的核心主题是"省心智慧，U联生活"，并以此为标题创作了两个系列共四幅平面广告。广告画面用视觉表现指出使用U联生活可以使银联一张卡等于多张卡的产品核心卖点（图8-5 A.B.C.D）。

图 8-5　U 联生活银联卡平面广告

■ 案例二

202 软装实务平台功能规划与 2015 年下半年度珠三角地区推广方案

项目成员：周积鹏、马荣旭、张宇、靳琳琳、林珊、胡月茵、吴璇玲

202 软装平台是 2015 年广告专业毕业设计小组为深圳名雕装饰装修企业规划的以 O2O 模式为发展方向、线上线下相互导流的软装购物平台，旨在以体验馆的方式将互联网上无法做到的体验实景化，将线上的消费者带到现实的体验馆去参与体验消费，在线支付线下商品、服务，再到线下去享受装饰装修服务。

项目中的一套平面广告向消费者提示家庭装饰中软装的重要作用。广告画面是沙发、床、电视等，由不同色彩风格拼接而成，画面属于让大家看到后无法一目了然的类型，配合的文案为"3 分硬装定，7 分软装拼"，让大家在理解画面之余，也因为仿拟了大家熟悉的"三分天注定、七分靠打拼"的歌曲歌词，让人不禁会心一笑，忍不住一起唱出来，确实是非常生动的创作（图 8-6 A.B.C）。

图 8-6　202 软装平台平面广告

■ 案例三

韩国 MILKCOW 冰激凌 2015 年下半年深圳地区推广方案

项目成员：方婉仪、黄翠雯、陈梓玲、陈媛、陈丹丽、王美娟

MILKCOW 是 2015 年准备进驻中国市场的一个韩国冰激凌品牌，其首先面对的是知名度问题，项目小组将项目的核心任务确定为在短时间内提高知名度，并且同时融入品牌的理念和产品的独特性。项目所确定的传播主题是"享受这一刻，快乐就是这么简单"。

MILKCOW 的目标消费者主要是城市白领女性。她们平时工作忙碌，习惯了相对固定的生活方式，情绪多源于自己的工作。MILKCOW 结合产品特点，提出了"轻生活四部曲"的阶段活动主题，倡导"给生活减压，从简单中寻找快乐"的理念。结合主题举行"棉花糖冰激凌——Soft Dream""马卡龙冰激凌——Colorful Life""坚果冰激凌——Tough Heart"和"蜂巢冰激凌——Beautiful Smile"系列主题活动。活动的海报设计是不同款的产品，文案则把消费者的心情与产品的特征做了联结（图 8-7 A.B.C.D）。

A

B

兜兜转转跑累了
现在的我 想打个小盹
掉进了棉花糖似的美梦
梦里有随手可抓住的云朵
似梦？非梦？只有我自己知道
享受这一刻 快乐就是这么简单

以为那些重复的日子里
似乎找不到更好的自己
可是 原来
每一个不经意的小时刻
都可以拼凑出五颜六色的生活
享受这一刻 快乐就是这么简单

从未想过自己
可以如此干脆坚强
喜欢这样的决断
在不断的历练中成长
享受这一刻 快乐就是这么简单

喜欢回到家里
享受一个人的甜蜜
忙碌的时间太多
自由的时间太少
不管如何 给自己多点微笑
享受这一刻 快乐就是这么简单

图 8-7　MILKCOW 冰激凌系列海报

■ 案例三

超级猩猩 2017 年第三季度深圳地区推广方案

项目成员：徐昕雨、陈冠龙、魏宏昌、姜佳艺、徐佩珊、黄思敏、陈小婷

超级猩猩是 2014 年创始于深圳的健身服务品牌，超级猩猩的产品不设年卡，按次消费，不设私教，以团课为主。

经过洞察，项目小组发现健身年卡是阻碍目标消费者进入健身房的门槛，消费者抗拒推销，同时也担心自己无法坚持，因而不愿意一次性投入大量金钱。基于这一发现，项目小组提出了"健身不设卡"的传播主题，第一层信息为超级猩猩按次消费、不设年卡，第二层信息暗示消费者应该勇于尝试，不要给自己的健身设置限制条件。

项目小组为这一主题创作的系列海报直击健身消费中困扰消费者的痛点，陈述超级猩猩的产品特点与优越之处，信息明确，很容易引发消费者的共鸣（图 8-8 A.B.C）。

图 8-8　超级猩猩系列海报

二、视频广告文案案例分享

相模原创 2019—2020 品牌传播方案

项目成员：宁显鹏、叶思豪、朱然、谢卓琳、郭锦芸、韩玉滢、陈呈

sagami original 相模原创是来自日本的顶级避孕套品牌，是 0.01mm 超薄避孕套的世界首创品牌。在品牌形象上，相模的红白设计清新简约，在包装上突出"幸福"两字。不同于很多其他品牌的热烈风格，相模坚信性是一件自然且温暖的事。

于是，项目小组把传播主题的核心定为幸福的相模，并对幸福做了如下解读：

幸福是性爱时生理高潮外的内心充盈，是想要进一步接近你。

是延伸到平凡生活中的相守与陪伴，是鼓励彼此实现人生价值。

更是英雄梦想，在爱情的天地里，解构世俗的价值标准。

相模用最顶尖的产品守护你们爱情中的高光时刻，为你们制造幸福。愿你们也能常为彼此制造幸福，倾听彼此感受，珍藏幸福回忆。

项目小组为产品混剪了两部 TVC 对品牌内涵做了进一步的阐释。

相模原创品牌 TVC1（图 8-9）：

温柔的风，一阵子就吹过去；温柔的你，却总是徘徊不去

可以……麻烦再让时间慢一些吗？

把所有瞬间定格成永远

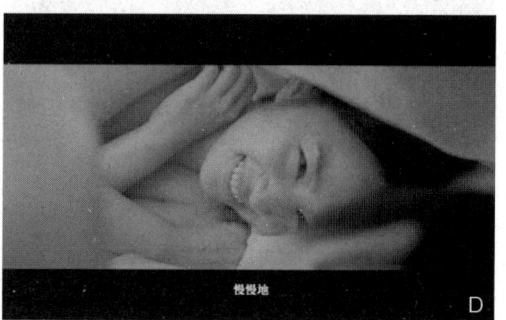

慢慢地

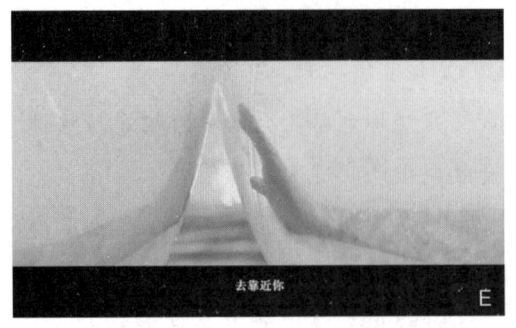 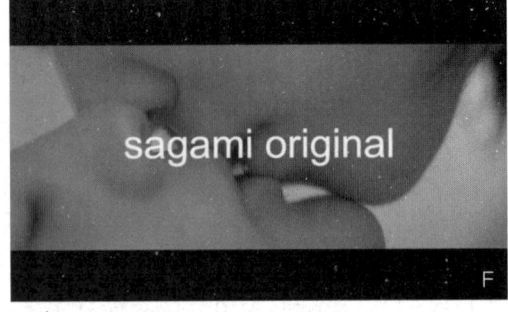

去靠近你　　　　　　　　　　　　sagami

结尾字幕：
从 1934 年开始
相模原创一直致力于为全球爱侣制造幸福体验
2013 年进一步将爱侣安全贴合的距离缩短至 0.01mm

图 8-9　相模 TVC1

相摸原创品牌 TVC2：幸福的可能性 campaign（图 8-10）。

一千万人　　　　　　　　　　　　后来 我们相遇
也许只是在过一种生活　　　　　　我们珍惜彼此的棱角

我想保护她
如果她爱花
那就把家的一半变成花园

如果她不爱打扮 衣柜里就一色黑白
她很自在 如果她想唱歌 那就高歌
唱得难听 又如何
如果她和圈子格格不入 不如交些新朋友

如果她害怕生育
我们将有些天南地北的孩子
如果她恐惧婚姻
我明白
我们之间没有谁打算把谁当成附属品

如果我可以不追随所谓美丽
如果我的角逐场是真正的猎场

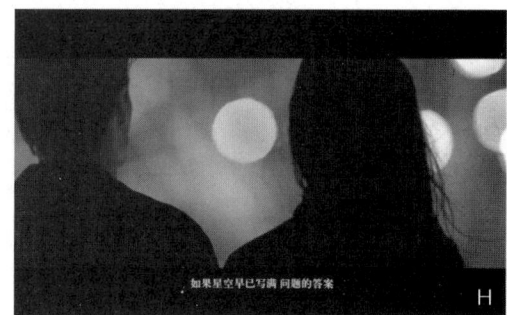

如果我们选择不挣那些钱

如果星空早已写满问题的答案

看这世界静默如谜

无人知晓 幸福的可能性

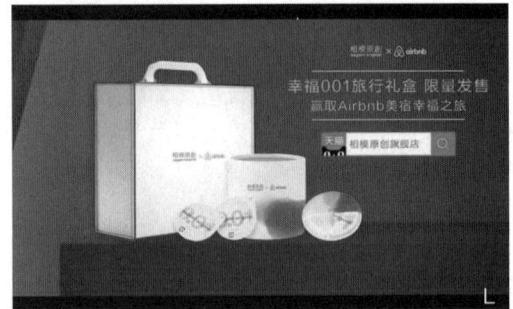

图 8-10　相模 TVC2

第九章
广告本科毕业设计的视觉设计指导

本章要点≫

1. 视觉设计指导原则与判断标准
2. 设计方法
3. 常见问题
4. 案例分析

第一节 视觉设计指导原则与判断标准

一、视觉设计指导原则概述

视觉设计的范畴包括：VI、PPT、海报、易拉宝等，这些设计需要有一个目标，这个目标由项目调研得出。著名传播学者吴予敏先生曾经说过"广告就是戴着镣铐跳舞的艺术"。广告视觉设计与纯艺术不同，后者更多地表现自我的审美观，并不受制于客户，而广告设计则要首先考虑客户的诉求，然后通过视觉表现去实现这个目标。广告诉求被提炼后再进行视觉转化是一个由文本目标向视觉目标转化的过程。视觉要素往往来源于精简后的文本，而善于提炼与转化文本是广告设计人员要下一番苦功夫才能获得的能力。从文段到字词的取舍……这些工作既需要设计人员找准核心诉求，也需要他们尽可能地简化。在多年的实践中，许多不尽如人意的视觉表现作品的问题所在正在这个环节上，有的作品"不达意"，有的作品选择的表现方法不对，也有的表现力不足。

从文字与创意的关系的层面看，从抽象的文字中我们更能获得自由的想象空间，便于延伸我们对设计项目的创作思维。因此，我们鼓励学生在进行文本提炼以后，尽可能多地在草稿纸上采用视觉大脑风暴法进行设计方案的初探。图形、文字、想象力交织在这个过程，经过时间与数量的化学反应往往能产生出既有艺术表现力又契合广告诉求的作品。另外，逆向思维法、与新瓶装旧酒法也是打破固定思维的好方法。

文字元素与设计元素互动。字，既是符号，也是视觉设计的基础元素，它们是实现信息视觉化的桥梁。广为认可的设计方法——平面构成就是一种以科学为基础的设计方法，它探讨如何运用简约的"元素"进行富有美感的视觉表现。因此，平面构成是我们常用的表现手法。与此同时，插画风格和动漫风格也不失为对毕业设计手法的多元化补充。

设计总是有时间限制的，尽管同学们都希望让自己的作品富有创造力与表现力，不断地修改方案以求完美。然而，因为时间的制约，他们往往在作品完整度方面做得不够，最终也无法达到预期的效果。因此，良好的时间管理是让整个设计任务取得稳定效果的关键。

二、广告设计作品的目标与判断标准

（一）围绕设计目标进行设计

有经验的毕业设计评委往往能根据设计作品的最终效果逆推出广告核心，同时也能推理出整个推演的过程。这种从文字到视觉设计的演绎过程本来就是一个逻辑严密的链条，在这个链条当中，文本的提炼是其头部，它很大程度上决定了链条末端视觉表现的成败。所以，考察设计作品的效果,应该先回顾文本的提炼是否合理,然后再判断以后的视觉演绎是否围绕它进行了艺术的表现。链条中的第二段应该是由提炼文本后所得到的字词转化出来的视觉元素,它就是视觉设计部分的开始。合理的视觉元素能够让后面的设计更合理地展开,让创意的表现有根可寻、有据可依。

(二)作品的感染力

1.创意

一件作品的创意是否能给受众留下深刻印象,取决于其立意如何。一个被反复使用的想法自然让人乏味;反之,新颖的创意则往往能给人留下持久的印象,也能够让广告的效应更持久。所以,在审视作品的感染力时,应该先考察其立意有没有独到之处。

2.视觉效果

(1)整体性

针对任何艺术作品,我们大多会考察其整体性问题,它要求项目小组从全局出发去考虑问题并能够将设计中的各个元素有序地组合起来。这需要指导教师以丰富的经验去帮助毕业设计小组成员。

(2)协调性

构成一件作品的元素或单位是否有关联、共同点?一般说来,协调性要求这些内容"你中有我,我中有你"。譬如,图文并茂的海报,其中的文字造型是否与背景有共同点或近似点?它们的色彩关系是属于互补、近似还是对比?海报中的字与图相互比例关系如何?这些问题有利于我们检查广告作品的协调性。

(3)视觉设计质量的判断方法

视觉设计的效果如何,首先要由观众的感受来决定。一般说来,能够让人们产生共鸣的作品就已经具有一定的艺术感染力了;其次,根据表现的风格,我们可以考察它是否表现到位。视觉效果的质量可以用"印象"去衡量,例如,它是否能够在最短的时间内给受众留下深刻的印象。具体说来,作品的视觉效果大概分为:唯美的(美感)、新颖的(形式)、恐惧的、时尚的,等等。这里有一个方法能帮助学生自查视觉效果的质量,即利用自己的第一感觉去判断作品的效果是否到位。第一感觉可以理解为不经意间第一眼看作品时的感受。在没有准备的情况下,第一眼观察更为整体化,会自然忽略掉不重要的细节,更容易辨别作品的优点与缺点(初学美术的时候老师要求学生经常走远一点看自己的作品,这样更容易看到作品的主要问题。依靠第一感觉去判断作品效果的这种方法也是"异曲同工"吧)。当然,判断视觉效果的质量还需要与优秀的同类作品进行比对,找准差距,及时弥补。此外,还可以借助辅助判断方法,例如根据"旁观者清"的道理,可以请同学、朋友等没有参与设计的人来判断作品的效果如何。还可以根据作品选择的风格、基调来自我检查。例如,效果是否有美感?是否能达到预想的恐惧感？是否看上去比较亲切、自然等。

(三)视觉设计逻辑

视觉设计的基本逻辑由提炼文字、视觉设计基调、设计、设计风格和时间管理这几个部分构成。合理的逻辑顺序反映了广告设计是一种有目的的创作。同时，它也保证了广告设计在商业化环境下的质量与时效。

1.提炼文本

经过调研所得的文本，再由学生抽取关键的字词作为设计的依据(有时精辟的广告语也可以作为设计的依据)。这个阶段要求学生既要有一定的文字概括能力，也要有丰富的想象力，即能够通过抽象的字词结合自身的设计经验预判出有价值的核心词。所以，熟悉各种表现方法与拥有丰富的视觉设计阅历是完成这部分任务的基础。

2.提取视觉元素确立基调

文字转换为关键的图形图像是项目从抽象演变为具象的过程，此阶段需要确立项目的核心元素，它们包括具有代表性的形与色。

视觉元素的来源包括：(1)文本提炼；(2)企业原有VI。最终选择什么要视项目的实际情况而定，同时根据高辨识度原则筛选元素，以"简"与"少"为目标。

3.广告元素的艺术演绎

在满足广告诉求的同时，广告的艺术感染力决定了其最终的宣传收效。这种感染力应该是一种能够给受众留下深刻印象的艺术效果，包括：感人的、愉悦的、惊喜的、新颖的、恐惧的等能让受众有所触动的印象。而要实现这个目标，首先要有一个优秀的立意。图形大脑风暴法、逆向思维法、新瓶装旧酒法就是三个有助于拓展形象思维的方法。图形大脑风暴法与传统大脑风暴法之间的差异，在于它将文字、形状、色彩综合起来发展思维，能够演化出新颖有趣的形象，使用时设计人员要不时回顾广告诉求，一旦头脑中闪现出有趣的想法，立刻记下来。经过一段时间的探索，一般能获得多个可行方案，然后从中甄别、挑选出最佳方案。

4.拓展设计视野(站在巨人的肩膀上)

学生阶段的创作既需要自我的实践与探索，也需要优秀的参考对象，以求设计底蕴与个性的平衡，缺乏参考的视觉表现往往显得空洞、乏味。同时，涉猎前人优秀作品也是拓展眼界深度与广度的学习过程，可以采取以下几种方法：(1)大量阅读优秀作品，取其精华；(2)解读与解构其方法；(3)结合毕业设计主题进行实践与探索。

5.时间管理与安排

众所周知，设计类工作总是在与时间

赛跑,所以时间观念对于顺利地完成毕业设计而言十分重要。一般来说,毕业设计总共有6个月左右的时间。从选题到调研结束并能够做提案大概需要2个月,汇总编写文本需要1个月,答辩准备需要两周,最后减去这些已经消耗掉的时间,还余下两个半月可供完成视觉设计。

这段时间包含哪些阶段任务呢?(1)提炼文本;(2)提取视觉元素;(3)艺术地演绎广告元素;(4)打开设计视野;(5)执行视觉设计;(6)调整最终效果。

那么,如何安排这些工作才能取得效率?首先,"打开视野"属于视觉经验累积的准备工作,它可以提前到选题确立之后,这样做的意义就好比能够优先获得一本与选题相关的视觉设计百科全书,以便于后面每一个阶段都能用得上。所以,负责视觉设计的组员应该在这方面提前起跑,为后来的设计做好准备。另外,"提炼文本"与"提取视觉元素"需要在两周左右完成,"艺术演绎广告元素"需要一周的时间,"执行视觉设计"大约用三周的时间,"调整最终效果"约一周的时间。

明确了阶段任务以后,由指导教师按时监督进度,以避免产生拖延现象。

(四)广告主题与设计基调的关系

设计的基调是什么?它是由毕业设计所选择的目标决定的,它的内涵关系到造型与色彩在整套作品上的连贯性与统一性。具有项目特征的造型符号应该贯穿于所有系列作品中;同样,具有代表性的色彩也应关联到整套作品中。基调的意义是加强整套作品的辨识度与统一感,因而在实际制作中应该灵活处理基调问题。例如,如果以某一企业的原标识色彩作为基调,那么在设计多个页面的VI手册、PPT和系列海报的时候,我们不但可以大面积使用该颜色,也可以在每个页面的页码上使用,还可以将其处理成较小的装饰框和装饰线使用。所以处理基调完全可以"点到即止"。

有一些常见类型的设计基调:(1)以企业原标识的造型与色彩作为基调;(2)以广告产品的属性为基础选取造型与基调,其中分为运动、健康、科技、公益、环保、食品。针对这些分类有一些常规的基调处理方法:运动类型产品适合倾斜直线组合及鲜艳的暖色系;健康类产品适合使用水平与垂直线造型搭配鲜艳绿色系;科技类产品适合冷静的直线与蓝色系组合;环保类产品适合圆形与曲线搭配绿色系;食品类则可以细分为刺激性食品与一般性食品,刺激性食品多采用带尖角的造型搭配鲜艳的暖色系,一般性食品可以根据食品的固有色选择基调色彩。

第二节 设计方法

一、设计中的平面构成

(一)平面构成法的意义

平面构成是当今得到广泛认可的设计基础方法,其特点是有数理模式可循,比较符合工业的标准化生产需要。(值得一提的是,统一的标准能够帮助工厂生产出质量一样的产品,简约的造型、数据化的排列形式都是为了同样的目标)学生在学习过程中也比较容易掌握其方法。

(二)平面构成的审美特点

1.元素化概念

元素化即以单个元素作为构成的原生单位反复使用,从而构成最终结果,其视觉效果呈现出一种富有韵律的"重复感"。

2. 强烈的"几何形式感"

平面构成强调几何形元素、几何式分割、数理式推演,这些特点构筑了平面构成的几何形式之美。生活中的很多产品也折射出这种时尚美感,兰博基尼跑车、iPhone等都采用了简约的几何外形,它们的设计者充分发掘了"以少为多"的潜在美感。

(三)平面构成法适合哪些内容

平面构成法的适用范围包括:设计内容上的标识设计、VI 设计、海报设计、PPT 设计等,但对于创意表现形式,即以照片、插图或动漫等素材构筑的作品则不完全适用。另外,建议同学们在选择平面构成法的时候结合毕业设计项目多问一下自己是否需要"重复感""几何形式感"和"简约"这样的风格特征。(提示:平面构成与广告设计的切入口在于元素概念,它往往与我们提炼的文本和元素有更为直接的关联。)

(四)平面构成的手法

1. 点、线、面

在点、线、面表现中,我们既可以以其中之一构成作品,也可以将它们组合起来使用。注意,点、线、面三者是可以相互转化的。例如,沿着路径排列的点,可以被视为是点构成了线,密集排列的线可以被视为是线构成了面;同样,被多次切割的面也可以被视为是面构成了点。因此,点、线、面的构成变化十分丰富,使用时需要视情况而定。

该方法适用的广告设计范围包括标识、海报、界面等。

2. 数列排列

数列排列指以某一公式算出一系列数字作为设计的依据,这些数列既能够用于处理画面构成的元素之间的空间关系,也可以用于处理画面主体的造型比例(例如长宽高的比例)。数列排列的作用是给构成画面的多个元素一个内在的排列规律,让人产生次序感。用这类方法处理画面更容易获得明快、清爽的次序之美。数列排列的方式包括递增、等差和等比三种。递增是多个画面元素的大小按一定数字排列进行,它是一种能够在保持元素共性的前提下获得有序形体变化的方法,其应用多为单个元素的不同比例的重复,在广告设计中更适用于内容比较简单、单调的情形,"递增"既能够表现核心内容又可以赋予它节奏感。

等差是多个元素的大小一致,但间隔空间从一个方向向另一个方向有规律地递增,变化的节奏中递增的间隔由加法所得。该方法的变化由间隔的比例决定,其效果与递增近似,但元素能够保持原比例状态。等比排列与等差近似,但等比的间隔由倍数产生,因此它形成的节奏更为强烈、变化更为剧烈。选择数列的时候要结合项目内容来进行。

3. 视错觉

(1) 矛盾空间

利用平面空间的错觉进行创作可以使广告作品富有趣味性、奇异性、巧妙性。矛盾空间的设计技巧包括:(1)利用空间中的"共形"即近似性偷梁换柱式地替换,替代的对象在逻辑上与原对象相反则效果最佳。

(2) 阴形阳形

利用阴形与阳形巧妙地安排隐藏的造型,阳形是有内容的部分,而阴形往往是背景,多个阳形经过组合后,阴形往往就会出现一些形状。刻意地调整多个阳形的外形能产生有趣的阴形,这种手法的效果正如文字中的"一语双关"。应用时,以阴形、阳形在逻辑上相反或互异为佳。

(3) 重构

重构是一种比较有意思的手法,即重组已有的作品或图像,将已有对象打散或提取其若干元素,再通过自己预先设计的重组逻辑或风格对其再组合,这样往往能够获得一个新的视觉效果。该方法也具有"站在巨人肩膀上"之意,一些优秀的作品被重组后依然保留了原来部分的优点,譬如打散印象派大师莫奈的《睡莲》,并按一定的新次序重组,其微妙的色彩关系依然保持在新作中。重构手法的优点包括:能够通过它收到"新瓶装旧酒"的效果,从旧事物中产生新形象;更容易与优秀作品的长处相融。在采用重构法时,按一定的规则重组才能获得新的次序,可以参考"数列排列"的方式;同时还要根据广告设计的项目需要进行选择。

二、设计中的色彩构成

(一) 色彩构成法的意义

色彩构成与平面构成相呼应,都是一种理性的设计方法,探讨的是色彩次序之美。尽管色彩具有不少的感性因素,但系统地使用颜色更能稳定地保证色彩的质量,更适合现在工业生产的需要。

(二) 色彩构成的审美特点

有逻辑的色彩次序之美是色彩构成的审美特点,与传统那种凭感觉与经验来用色的方法相比,它更具有现代感。

(三) 色彩构成适用于哪些内容

色彩构成适用于配合平面构成。具体而言,它适合标识设计、页面布局等,不适用于手绘效果的插画风格和过于真实的图像创意风格。

(四) 色彩的基调

一般说来,色彩的整体感与色彩的基调有关。在同一个画面中,占据画面面积70%—80%的1—3个色块构成了色彩的基调。色彩基调决定了整个画面的色彩力度与表现力,也决定了色彩的情感因素。很多情况下,如果画面色彩缺乏感染力,往往是因为色彩基调出了问题,或者是因为色块过多导致了基调不明确,或者基调的对比度或协调度不足等。

(五) 色彩构成的手法

1. 无色系——黑与白

黑色与白色属于无色相颜色,也叫素色,由此色系构成的画面显得现代、庄重和严肃。

2. 色相

以色相为内在规律的处理方法要求参考各种色立体系统或色环。在色环中,色块之间的角度决定了它们的色相调和度,角度越小,色块的协调度越高;反之越低,但色相对比度随之提高。应根据色块面积的大小合理地调整画面的色相关系。

3. 明度

以同一明度作为内在的色彩关联,可以搭配不同的色相与饱和度的变化。这里的特定明度可以被视为音乐中的旋律,而色相与饱和度的变化则可以被看作旋律中的变化。统一与变化蕴含于其中的内在逻辑中。宏观上说,低明度色调具有神秘、沉稳、隐晦、含蓄的感觉,比较适合严肃的广告题材,中明度色调适合中庸的题材,而高明度色调适合活泼的青春题材。

4. 饱和度

同一彩度(鲜艳程度)下,如果对不同色相与明度加以变化组合,一般说来高纯度色调比较适合年轻有活力的广告题材,低纯度色调更适合成熟、稳重的广告题材。

三、动漫风格

(一) 动漫风格的优点

动漫风格的优点在于辐射面广,成年人、小孩甚至老人都能接受,视觉效果比较和谐。涉及儿童、游戏、娱乐等题材的广告比较适合动漫风格。在广告设计中,动漫风格分为角色动漫风格和非角色动漫风格。角色动漫一般带有一个主角(人或动物),非角色动漫不包含主角,更多的是用动漫造型风格处理背景与文字。

(二) 角色动漫的分类

可爱风格是比较传统的动漫风格,其优点是造型比较容易讨好观众,有较高的亲和力。变形风格一般不以人为参考,角色更自由,追求一种变形的"味道",例如动画《辛普生先生》和网络动画《中国娃娃》。这类动漫风格往往要求基本外形简练独特,会对五官大胆地进行别致的塑造,这类造型比较适合小众类型的广告项目。

(三)角色类动漫风格的设计要点

角色类动漫的主角造型比例往往采用传统的可爱风格,这种造型源自儿童的身材比例,他们的身高一般为3—5个头左右(这种比例的特征是头部占比十分大)。另外,由于额头比较大,眼睛在整个头部的1/2以下(在这个基础上眼睛越靠下,反映出的年龄越小,越有可爱的感觉)。眼睛一般采用相对较大的比例,正如迪士尼的米老鼠系列,大眼睛往往能给人聪明伶俐的感觉。

变形风格的设计首先要确定自己想要的造型特点,身体多以完整的几何形概括,五官则根据体形设计,不拘泥于现实人物的制约,通常会尝试不同体形的搭配,以求最佳的视觉"味道"。

四、图像创意

(一)图像创意的内涵与优点

图像创意法指设计人员利用自己准备的摄影或素材图像,经过图像处理软件去合成新图像的做法,比较有代表性的软件是Photoshop。由于以真实的图像为基础,图像创意的风格更接近真实世界给人的视觉,但创意合成,或者说恰到好处的图像替换往往能产生"平地起波澜"的意外效果。

(二)图像创意的适用性

图像创意多为真实图像重构而成,但它同时又要求创作者和受众对重构后的作品有一定的理解力,因此这种手法比较适合青年与成年人群。

(三)图像创意设计要点

平中见奇是图像创意的主要目标,它要求我们从平淡的日常图像中发掘与强调不同之处。我们可以利用"同形"或"共形"的方法巧妙地替换对象。而要实现这一点,我们就必须注意图像的拍摄角度。一个恰当的角度能够巧妙地实现它。图像合成要注意最终的协调性,由于我们将不同的图像合成到了一张图上,它们原本的色彩与黑白关系不同,因此要通过图像软件将这些因素调整到近似状态,这样才不至于给人突兀之感。

五、调整画面的方法——节奏

节奏的概念来源于音乐,一般来说,悦耳的曲子都有一个共同特点:节奏感动人,有规律的旋律与恰到好处的音阶、音符变化会产生良好的听感。

作为音乐的姊妹,绘画界也试图将节奏视觉化,康定斯基就画过很多试图表现音感的绘画。简单地说,音乐与视觉设计有很多具体的共同点:平面构成中的数列排列其实也可以被理解为一种以数列为基础的内在节奏;音乐中有音阶,设计中有明度、饱和度；音乐中有音符，设计中有色相。假设这种转换能够成立，那我们完全可以根据一首曲子做一个创作。然而，事实上事情并没有这么简单，毕竟视觉设计依然要满足眼睛的审美要求，它需要以最终的总体视觉美感为根本。但是，视觉节奏却能够辅助解决作品调整的问题。

但发现画面的节奏问题要求我们具备一定的经验，我们也可以通过与优秀作品的比对来查找。指导教师在这个环节能提供较好的帮助，所以在作品最后的调整期，多与指导教师沟通是提升作品效果和积累经验的好方法。

作品中经常出现的问题有两种。一是节奏平均化，即画面总体上元素统一，也具有一定的协调性，但整体效果不感人，这种情况往往是"平均化"导致的，是因为比例、造型、色彩、方向等因素过于近似、缺乏变化所致。要想调整这类画面，不妨在以上因素上多做点变化。二是节奏混乱，即画面上采用不同的元素构成，整体感较差，或个别局部显得不协调。此时可以对比例、色彩、造型、方向等因素进行"近似化"处理，例如将画面元素的比例关系拉近，将色差减弱等，以增强画面的统一感和规律性。

第三节　常见问题

一、如何实现平面视觉之美

我们常常遇到一个问题：尽管学生的想法很好，也尝试使用了多种设计方法，但最终效果并不"感人"，也没能给受众留下深刻的印象。我们认为，领会视觉"节奏"有利于更好地解决问题。

二、原创是否不需要参考优秀作品

在毕业设计实践中，我们发现不少学生的设计作品完全依赖自己的审美能力与技能制作，但大多结果都不理想，这应该归因于学生的经验与审美高度不足。因此，参考优秀作品、吸收其中的营养再结合毕业设计项目进行创作能取得更好的效果。另外，学生阶段的首要任务是学习和吸收优秀成果，而参考与借鉴本来就是一个良好的学习积累过程。至于原创问题，我们不妨以写论文的标准作为参考：20%的借鉴，80%的自我完成，这样便算是合理的原创比例。

三、视觉设计过程中突然获得更好的想法或者对现有设计不满意，是否应该更改设计目标

在回答这个问题之前，我们应该先考虑该情况发生在毕业设计中的时间节点，若发生在设计开始的前三周，那是值得及时调整的；如果发生在第四周后，建议继续采用原方案，这样更为稳妥。究其原因，是因为任何创意都需要时间去执行与制作，而且需要多次尝试才能取得最理想的效果，而每次更换创意都可能遇到新的制作问题和新的不确定性。另外，原方案无法继续下去往往是视觉效果不理想所

致，如果遇到这样的问题，可以尽量去克服这个问题，通过调整设计方法，利用"节奏"原理，重新思考设计的问题。遇到难题并解决难题也是学生提升自我水平的一次机会。

四、同一作品能否混用不同设计方法

根据作品基调的原则，即80%做主基调、20%灵活搭配，在这个前提下，同一作品可以混合不同的手法与风格，这样既能够保持作品风格的统一，又可以赋予作品不同的小"情趣"。当然，最终的作品质量还需要通过直观的视觉感受去判断。

第四节　案例分析

■案例一

2000年天健阳光华苑推广方案

（1）项目背景

天健阳光华苑地处深圳未来中心区的一级辐射区，与南片商业中心区相连，共享丰富的商业文化设施。项目目标人群年龄段为25—29岁，个人年收入5万元，地理位置与价格是消费人群主要的考量因素。目标人群：设计师、律师、会计师、记者、证券经纪人、高科技工作人员等。

（2）项目优势

该楼盘地处福田中心区，与密集的商业区与写字楼群相邻，目标人群能够缩短工作与生活之间的地理距离。

提炼出的广告目标：塑造阳光华苑——e时代带工作室的家的个性形象，以引起目标人群的热切关注，其中提取后的视觉元素是"家"与"工作"，以此引申出家与工作一体化、两者零距离的意思（图9-1至图9-5）。

图9-1

图 9-2

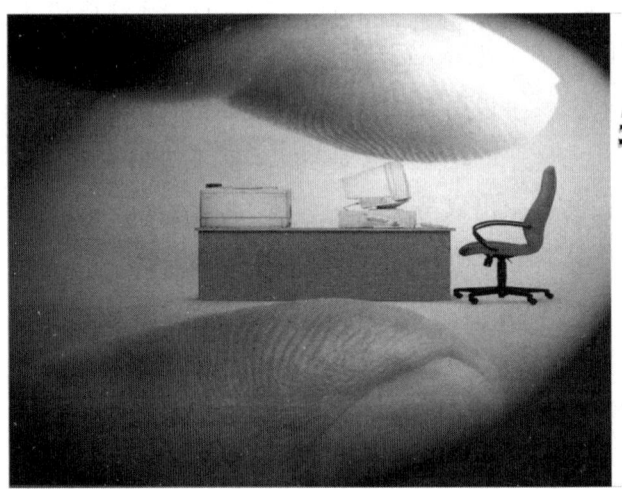

图 9-3

图 9-4

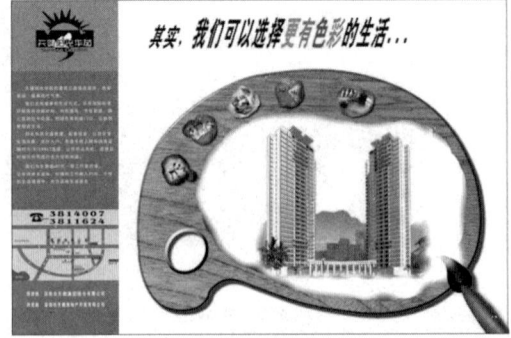

图 9-5

图9-1、图9-2采用了动漫手法去表达广告的诉求。动漫手法具有一定的亲和力,它的视觉效果给人一定的轻松感,这与购房这种有点沉重的概念形成了鲜明的对比,有利于减轻这种沉重感。造型上,同学们适当地运用了"变形"的方法,有意打破形体的对称感,从而赋予了它们"不经意的勾勒"之形,同时故意将对象倾斜摆放,以增强作品的轻松、愉悦气氛。编排上,图9-1采用了水平方向的块面分割法,与活泼的动漫造型形成对比;图9-2则用曲线带动块面分割,与"稚气"的瓶子相协调,次要文字恰当地配合了曲线的形体。图9-3至图9-5采用图像创意的手法去阐释"家"与"工作"这两个概念。图9-3的作者由提炼出的视觉元素延伸出有趣的概念——"把工作室带回家",整体感与协调性良好,通过图像合成技巧实现了现实中不合逻辑的夸张创意,创作者巧妙地通过统一的光源将不同空间中的手指与办公桌协调起来。

■ 案例二

2014 追梦网

(1)项目背景

追梦网是一个众筹平台,通过众筹的方式实现个人的梦想。追梦网希望提高平台的知名度。由调研所得,受众目标为高校学生或年轻白领。

(2)项目优势

该平台的优势在于其多元化与丰富的创意。

提炼出的广告目标:文本核心和视觉元素皆为梦想与青春。

由此推导出的文本核心和视觉元素皆为梦想与青春。

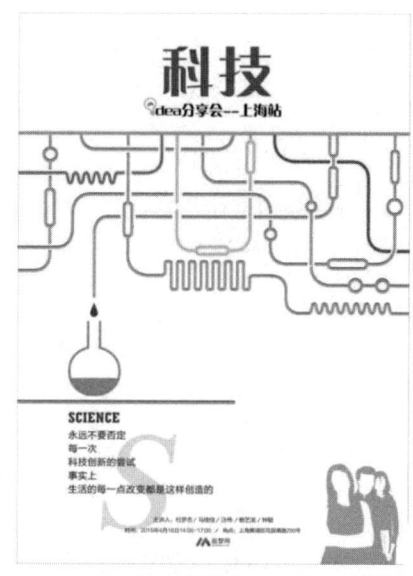

图 9-6

图 9-7

图 9-8

图 9-9

图 9-10

图 9-11

图 9-12

图 9-13

图 9-6 至图 9-8 采用了平面化的插画风格，作品传达出"纯净"与"活力"的感觉。其中，利落的造型与编排显得清爽与纯净，同时，创作者又恰当地运用了多个不同的纯色块点缀这个以白色为基调的页面，这些多彩的小色块赋予了页面"活力"。插画很好地反映了追梦网的内涵。

图 9-9 至图 9-13 运用混合手法创作出一个现实中的梦想景象，图像反映的是现实，勾勒出的形象是梦想。两种差异较大的风格加强了冲突感，但创作者能够很好地驾驭这种"冲突"。从整体节奏上分析，图像在每个海报中的占比达到 80% 以上，所以图像构成了作品的基调，其勾勒出的形象占比约为 20%，它们是图像的辅助。同时，略微规整的手绘形象更好地与真实图片相协调。（若使用更为轻松随意的勾勒则容易使风格差异过大，导致画面协调度下降。）

■ 案例三

2013 GOOG 合适——Real Bake 原味小点品牌建立与产品推广策划案

（1）项目背景

深圳可圈可点公司现有品牌可口多拿，以实体店经营为主，地点位于益田假日广场和龙华区，企业希望加强网上营销。主要消费群体：23—35 岁女性消费者，月可支配收入不低于 2000 元，每月网购食品以及现实生活中购买烘焙类食品的花费不低于 300 元。消费群体特征：大多是 75、80 后，追求个性，注重自我；每天出入写字楼、商场；喜欢美食、旅行、装扮；追求美，享受美，对生活品质、生活品位有所追求，且有一定的追求舒适生活的方式与行为；追求新鲜食物以及乐趣；喜欢与朋友交流互动，善于交际；大多数时候自信满满，但是对现实有些许迷茫；有一定的上网时间，基本每天都接触网络；内心想拥有很多，但是因为经济等原因只能向现实妥协。

（2）项目优势

项目优势：优秀的文案和产品照片、严格的原料挑选、快捷的配送、成熟的网页界面设计。

提炼出的广告目标：文本核心为"缤纷搭配尽，享受原味"；新视觉元素为"缤纷"和"原味小点"。其中"原味小点"既是产品的主打网上销售产品小糕点，同时也是视觉上轻盈的"点"。

图 9-14 至图 9-19 分别为户外汽车广告和产品标识设计，它们都采用构成的手法进行设计。构成手法的简洁与次序之美符合产品本身高品质的定位，也契合消费人群对生活质量的要求。创作者由一个三角形的小点作为设计的基本元素，三角形既有一定的神秘之意，也具有多变性与可组合性，所以三角形与项目要求的多样化搭配相吻合。创作者利用它的重复组合与有序排列形成了一种"缤纷"的效果。土黄与褐色所组成的色彩基调与常见的烘焙食品概念颜色相一致，从而从色彩上折射出产品的特征。图 9-14 至图 9-22 包含了平面海报、标志、汽车广告、产品包装和服装图样等多项设计，这些系列设计中很好地保持了统一的色彩与造型基调，整体视觉识别力强。

图 9-14

图 9-15

图 9-16

图 9-17

图 9-18

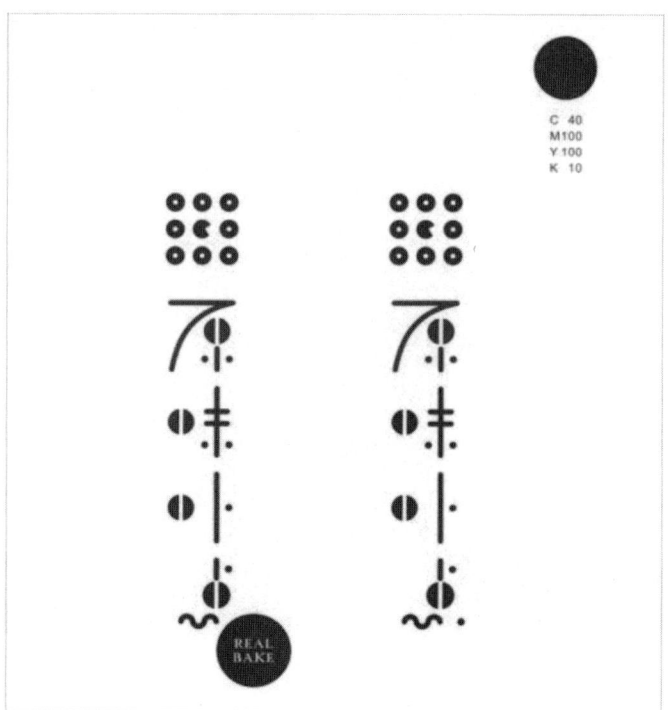

图 9-19

第九章 广告本科毕业设计的视觉设计指导 . 197

图 9-20

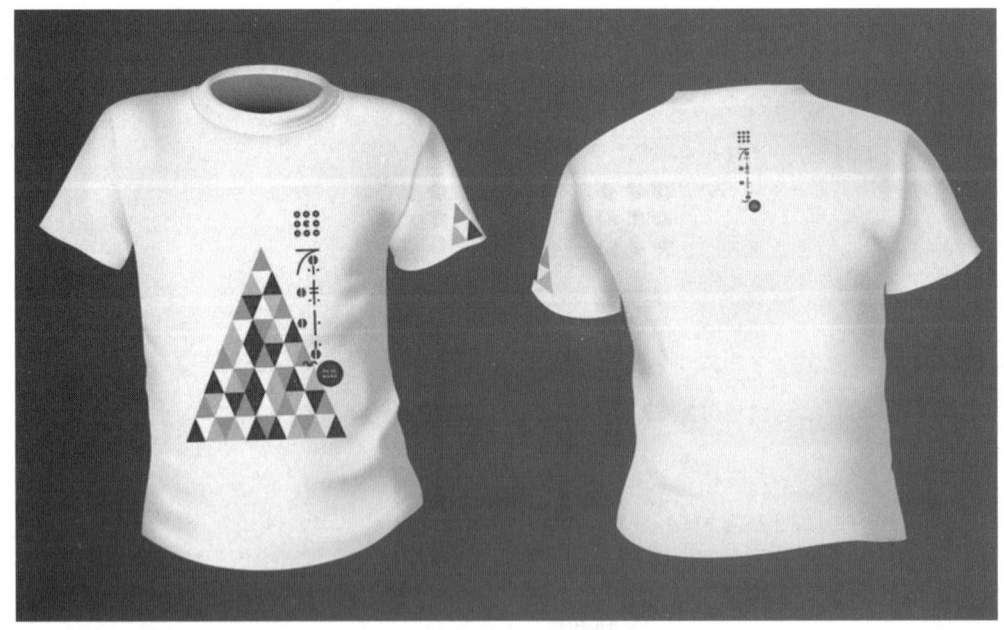

图 9-21

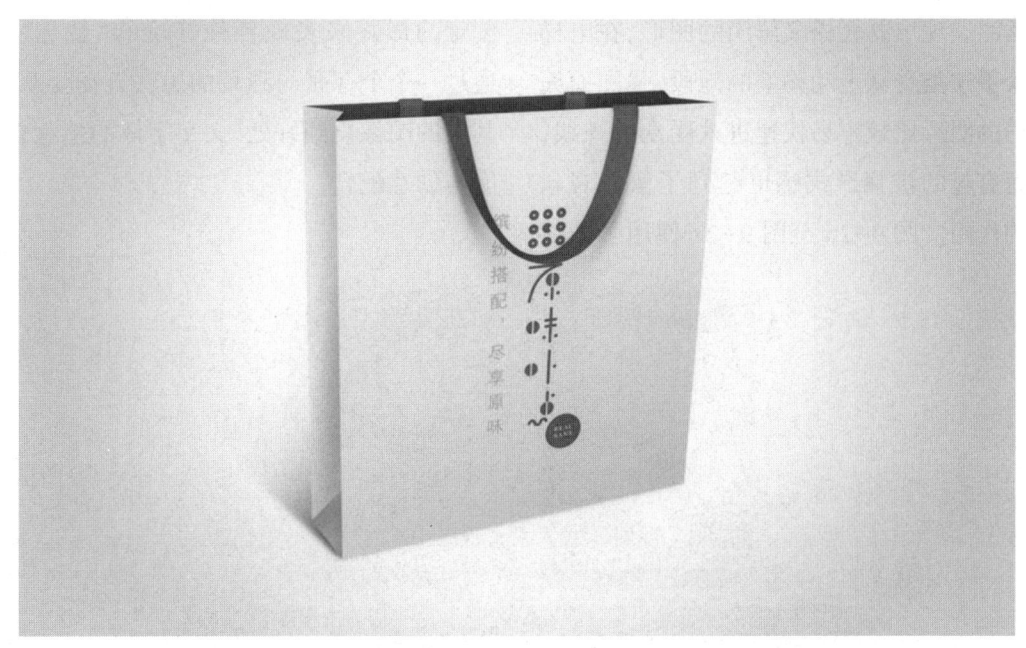

图 9-22

■ 案例四

《城市画报》·iMART 创意市集 2008 年深圳站公关推广方案

（1）项目背景

本项目主要服务于《城市画报》旗下的品牌活动 iMART 创意市集，旨在实现其在深圳地区的落地与推广。项目主要包括前期调研、iMART 品牌推广、创意市集深圳站活动策划（包括活动主题、宣传品设计、现场设计、活动规划、执行方案等内容）以及 iMART 创意市集媒体宣传策略。创意市集是一种新兴的交流模式，是一个开放、多元的创作生态和交易平台，是一个产生创意并使创意作品商品化的实验舞台。企业希望通过广告拓展外延受众。

（2）项目优势

深圳作为一个移民城市，有着年龄结构低、包容度大的特点，地处改革开放的前沿，一直扮演着国内创意思想先锋的角色。另外，深圳的人均收入和消费水平较高，加上深圳本地特色和地缘优势，因而项目组将深圳站定位为"深、港、澳、穗"四地信息交流的平台，iMART 深圳站应该首先担当起构建高端、前卫、立体的品牌形象的任务。

目标受众：深圳市范围内 23—38 岁、月收入 3000—10000 元、大专以上受教育程度的人群。

提炼出的核心文本：人人都是梦想家。

核心视觉元素：梦想。

图 9-23、图 9-24 是一组电梯扶手广告，作者通分步骤的形式，展现"发酵"了的创意进入罐头的过程，这个过程意为将有意思的创意更好地保存起来。变形的

插图展现出既轻松又鲜明的图形,在电梯扶手这类受众走动频繁的地段,强烈而简约的图形比较容易快速进入受众的视线,而有趣的步骤形式感也起到了留住观众的作用。图 9-25 至图 9-27 使用了图像创意的形式来表现各种好玩的"梦想",通过一个个夸张与独特的想法打动受众,其中的图像恰到好处,文字字体的造型也能与创意配合。

图 9-23

图 9-24

图 9-25

图 9-26

图 9-27

■ 案例五

超级猩猩 2017 年第三季度深圳地区推广方案

（1）项目背景

自 2014 年成立以来，超级猩猩发展快速；截至 2016 年年底，其旗下的门店已经超过 30 家，涵盖了市面上 40 多种运动课程，并于同年 9 月正式进入上海市场，未来主要集中于北京、上海、深圳等一线城市开展业务。

（2）项目任务

结合超级猩猩 2017 年发展计划，围绕其品牌特色，项目小组将有计划地完成一系列事件营销活动的策划并尝试落地实施，以达到提高品牌知名度、宣传品牌特性的目的，辅助超级猩猩进一步开拓市场，完成目标城市的业务开展，同时巩固现有会员对品牌的忠诚度，开发新用户、新会员，传播健康生活等理念。

（3）项目优势

按次消费，尝试成本低，派对式健身氛围，多样化课程选择。

目标人群：23—35 岁，女性为主；位于一线城市，有固定收入，有一定消费水平，主要为白领阶层；尚未形成系统的健身习惯；愿意按次投入一定健身成本；愿意尝试新鲜事物；不满于年卡制度及私教推销；有健身意识；需要人陪同、互相监督；性格外向，喜欢跟人沟通；想看到健身后的效果；经常使用网络，社交软件使用率较高；经常通过公交、地铁等途径获取资讯；喜欢与朋友互换、共享信息。

提炼文本与视觉元素：有调研结果得出，多数消费者心理上比较抗拒年卡这类模式，因此项目小组将"健身不设卡"作为主要的推广文本，将"力量"与"活力"作为视觉核心元素。

图 9-28 至图 9-31 采用了强烈的插画形式去表现"力量"与"活力"。这种风格近似于曾经流行的 PoP 插画风格，创作者也适当参考了效果强烈的街头涂鸦艺术，其共同特点为多采用强烈的明度对比、色块线有力，造型上强调结构的几何化（代表作品为《街头霸王乐队》）。总体来说，这种风格的视觉"力度"正好与项目所要表现的"力量"相得益彰，在公共环境中能收到"夺目"的效果。

图 9-28

图 9-29

图 9-30

图 9-31

■ 案例六

2011 深圳华侨城儿童职业体验乐园品牌塑造及推广方案

（1）项目背景

华侨城旗下的新一代儿童乐园开拓者——哈克文化有限公司成立于 2010 年，是华侨城集团旗下最年轻的全资子公司。目前哈克公司专注于儿童职业体验乐园项目的开发，全力打造以儿童职业体验乐园为主体的儿童娱乐连锁平台，意欲使其成为继锦绣中华、世界之窗、欢乐谷之后的又一强势品牌。儿童职业体验乐园是在国外广受欢迎的一种新型儿童娱乐方式，以职业角色扮演为主要内容。与传统的露天儿童乐园不同，儿童职业体验乐园一般建于室内，占地约为 4000—10000 平方米，乐园内建有数十座小房子，外部还有街道和公共交通系统，全部按照现实世界的三分之二比例缩小，相当于一个 MINI 版的成人社会，拥有非常逼真的城市形态。企业希望通过这个项目为儿童娱乐连锁打响品牌。

（2）项目优势

娱乐性+教育性的双栖功能。

目标人群：深圳本地 3—12 岁中高收入家庭的儿童。

提炼文本与视觉元素：文本核心为"玩物兴志"；核心视觉元素为"儿童娱乐"与"学习"。

图 9-32 为推广项目所需的哈克小镇标识设计，创作者选择了直线块状作为基础造型。虽然儿童体题材的作品多采用

曲线与圆形,以传达和谐之感,但作品中通过形与色的处理达到了"异曲同工"的效果:字母造型采用与头等大的比例关系,形象上比较近似儿童的身材比例,字母与中文的排列依附于隐形的曲线中,以加强整体的"活泼"感,同时字母的大小有节奏地变化,以增强这种"活泼"的感觉。图9-33为专门为该项目设计的角色想象,他们的头身都采用接近1:1的比例,这种比例适合表现3岁左右的儿童。在这里,四个角色的体形差异明确,大象、两个儿童和小鸡的体积依次递减。这种体量差异有利于加强整套角色设计中的节奏变化。从造型上说,这套角色基本上以圆形与曲线为主,以形成比较柔和亲切的形象,温暖的暖色系作为角色的主色,增强了温和的感觉。图9-36、图9-37是与主题相关的动漫读物,与项目的"教育"诉求相呼应,可爱的动漫形象讲故事,实现了娱乐与教育的结合。

图 9-33

图 9-34

图 9-35

图 9-32

图 9-36

图 9-37

■案例七

2010"与世界同行"——深圳国际能源与环境技术促进中心 2010 年下半年深圳地区形象推广方案

（1）项目背景

ITPC 是 ShenZhen International Technology Promotion 的缩写，中文名为深圳国际能源与环境促进中心，是深圳市政府旗下的公益企业，主要面向企业与大众，企业希望通过这个项目提高自己的知名度。

（2）项目优势

获得联合国与政府的支持，专业的能源机构。

目标人群：相关工业企业与民众。

提炼文本与视觉元素：文本为"承载绿色梦想，与世界同行"；核心视觉元素为"绿色""能源"和"科技"。

图 9-38 至 9-41 为系列海报设计，采用了图像创意的手法。从效果上看，这一系列海报设计颇有"超现实主义风格"的特点。以法国艺术家达利为代表的超现实主义画派擅长将视觉真实与幻象联系起来，作品呈现出的景象往往看上去很真实但却明显与现实世界的逻辑相反，这种矛盾冲突能够增强作品的艺术感染力。图9-41将一般的城市场景与一个巨大的灯泡并置，创造了让人惊讶的"唐突"感，灯泡反射出的树木既反映了主题所需的绿色，也在视觉上关联了周围的环境，让这个巨大的灯泡融入周围的环境。图9-42、图 9-43 的海报设计是以哥本哈根国际环保大会的 ITPC 为基础的植入式广告，其中用眼睛作为切入点，取不同的瞳孔汇聚到同一目标之意，形式感强烈。图 9-44至图 9-47 为企业手册，创作者从"绿色""科技"等视觉元素切入，用代表冷静与科技的蓝色作为基调，采用面块进行页面分割，冷静与大器的视觉效果非常适合该企业的形象。

图 9-38

图 9-39

图 9-40

图 9-41

图 9-42

图 9-43

图 9-44

图 9-45

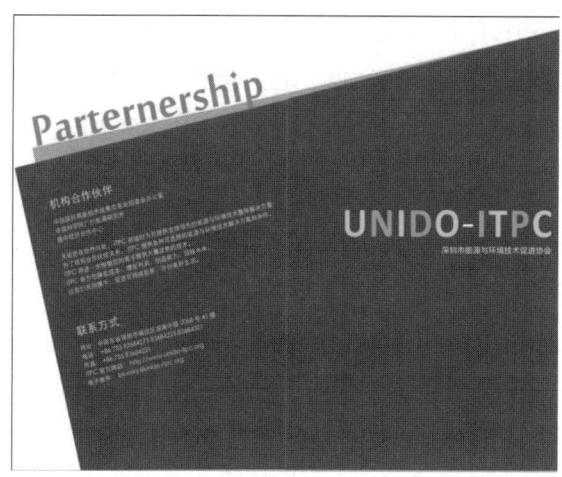

图 9-46

图 9-47

■ 案例八

OCT 当代艺术中心 2007 年度品牌整合推广方案

(1) 项目背景

OCT 当代艺术中心(英文名称 OCT-Contemporary Art Terminal,简称 OCAT)于 2005 年 1 月 28 日正式开放,是何香凝美术馆旗下的国际当代艺术机构,也是中国目前唯一一所隶属于国家级美术馆的当代艺术专业机构。OCAT 不以营利为目的,是一所免费向大众开放的公益性当代艺术机构,其核心目标是整合海内外当代艺术资源,推动中国当代艺术与国际接轨、互动,通过举办展览、学术论坛和建立国际艺术家工作室交流计划项目,把 OCAT 建构成既具有中国本土特色又具有专业化、国际化水准的当代艺术机构。形象地说,中心希望自己具有中国当代艺术的交通网、补给站和起飞点的功能。事实上,OCAT 的理念口号就是"做中国当代艺术的航空港",它的英文名称(OCT Contemporary Art Terminal)更直接地表明了这一理念。企业希望通过方案的实施来提升 OCAT 的知名度、品牌认知度和社会影响力。

(2) 项目优势

项目以华侨城集团为背景,实力雄厚,是首个国家级当代艺术机构,特点鲜明,展览专业水准高。当代艺术的开放性和多元性使其涉猎广泛,展馆环境有特色,富有艺术气息。

目标人群:艺术圈外围人群中关注艺

术的人群以及所从事的工作和活动与艺术有关系的人群。项目按需求动机界定的目标受众：专业需求人群和教育需求人群，两者是推广方案的目标受众。

提炼文本与视觉元素：文本核心为"中国当代艺术的航空港"；核心视觉元素为"空港"与"艺术"。

图9-48为OCAT的标识设计，根据项目的"艺术空港"的概念，以飞机外形作为一个基础形，以线面结合的构成形式组合而成。其中线条的轻盈感与面块的沉稳感互为补充，形成了一个稳定而又有活力的形态。图9-49是在这个基础上衍生出来的不同功能的标识设计，由于采用的手法一致，所以统一感强。图9-50至图9-55为视觉设计手册上的海报设计，页面布局上也采用了线与面结合的处理方法。海报中出现的形象紧扣广告主题，其中富有当代装置艺术气息的飞机与雕塑非常具有视觉冲击力。创作者在拍摄素材与合成图像上花了不少心思：雕塑与真人的互动既特别又有趣味。

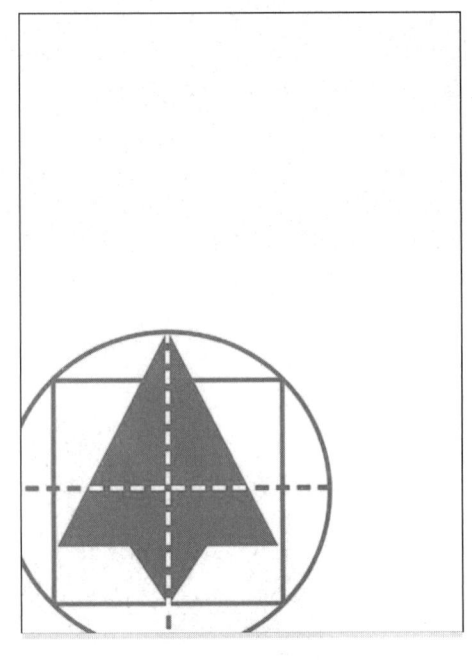

图 9-48

图 9-49

图 9-50   图 9-51

图 9-52   图 9-53

第九章　广告本科毕业设计的视觉设计指导

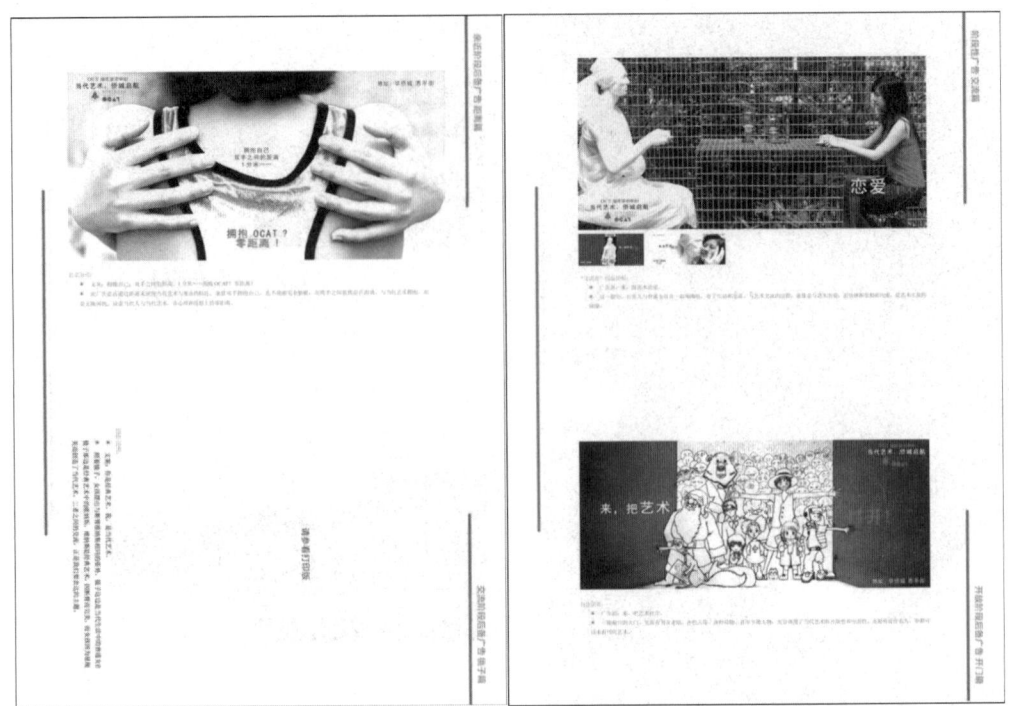

图 9-54　　　　　　　　　　　图 9-55

第十章
广告本科毕业设计的互动设计指导

本章要点》

1. 互动广告设计的指导原则
2. 互动广告设计指导要解决的问题和主要步骤
3. 以 H5 类别互动广告为例的设计指导
4. 毕业设计中互动广告创意的运用

第一节　互动广告设计的指导原则

一、对互动技术的深刻理解

近年来,我国广告行业正在发生急剧的变化,新兴数字广告行业迅猛发展,传统广告行业日益萎缩。今日的广告正在依托强大的新兴技术逐渐打破各个不同行业的壁垒,促使广告向着多维度、多视角的方向发展。纵观广告发展史,每次科技革命和产业创新都给广告业带来了根本变革和崭新机遇:现代印刷、广播电视、计算机和互联网、光电子、新材料……今天,科技创新日新月异、层出不穷,特别是在移动互联网、传感器技术等重大创新基础上诞生的各种新的智能终端、软件语言、体感设备、光电设备,它们以其智能性、精准性的传播效能介入人们的日常生活。广告业逐渐从一个外在的强加于人们视听经验的干预性角色,转变为渗透于人们个体经验的"体己者"。互动广告的真正含义就在这里,它是将接受对象从靶标地位恢复到主体地位的一种艺术形式。

在广告专业毕业设计中,我们深刻感觉到,今天的大学生对于互动传播技术在广告领域的应用是非常敏感的,他们在生活经验中直观地接触到多种互动广告形式,这些直观经验在一定程度上超越了一般广告教科书和广告课程教学内容的框架。但是,直观经验只可以促成他们在实用中去模仿,却难以让他们获得系统化的认知。因此,我们需要在毕业设计指导中引导学生从四个方面深入理解互动广告。

第一,新科技如何改变了人们的视听经验和信息传达环境。因为所有新的互动广告创意形式都要基于对新科技原理和应用前景的理解。

第二,在新科技传播面前,人类行为发生了什么变化,特别是人们的视听经验形式、信息传达形式和社会交往形式发生了什么变化。这些变化也许只是形式上的,但却是人的本性借助新科技介质做出的新表现。

第三,互动艺术和广告创意如何结合。互动广告设计便是这样的结合,以往平面、单向度、线性的创意思维势必被更加立体、多向度和全息化的创意思维所取代;场景、行为、介质、内容正在深入地融为一体。

第四,广告传达的商业信息如何实现个体化和精准化,商业广告如何逐渐渗透于娱乐、教育、运动、公益和信息服务。这个过程我们姑且将它称为"商业广告的非商业化进程",应该说这是一种进步,它给我们的生活带来了更多的趣味和自由。

互动广告设计要求学生对以上四点有充分的认识和理解,这样他们才能充分利用互动技术为广告创意服务。但是,我们也注意到,在广告毕业设计中,由于各个创意小组都存有竞争心理,将来在广告业务中也会产生这样的类似比稿的心理,所以他们很容易产生片面追求技术效果

"炫"的想法,从而导致互动广告设计流于表面化和形式化。这是作为指导教师要把关和引导的。

二、在品牌和受众之间搭建交流的桥梁

作为新媒体时代的广告创意人才,他们不仅要对当下各式各样的媒介形式有深刻的理解,对技术的发展和革新有敏锐的感知,对数字化浪潮中的新兴视觉表现方式有欣赏和运用的能力,同时还要能够以消费者为中心搭建品牌/产品与消费者之间沟通的桥梁,以便有效地宣传品牌的优势,建立品牌与消费者之间的长远信赖关系。以往的广告宣传通常以品牌为中心,将广告讯息单向度地灌输给目标受众,因此这种形式的广告效果通常十分有限。而互动广告的目的在于在品牌和受众之间搭建相互交流的桥梁,品牌可以通过"互动"的方式将讯息传达给消费者,消费者也可以通过"互动"给品牌以即时的反馈。"互动"可以让品牌和受众顺畅地进行沟通。

"互动"的含义是相互作用、相互影响,指一种相互使彼此发生作用或变化的过程。品牌通过"互动"将讯息传达给受众,而"互动"方式的建立则有赖于品牌根据消费者的心理、行为、经验、接受程度等因素为他们量身定制出个性化体验。消费者身处于品牌所营造的新奇而有趣的"互动"体验当中,在不知不觉中接受品牌所传达的讯息并及时给予品牌积极的反馈和回应,由此达到品牌与受众之间的积极双向沟通。

三、创意如何制造以用户体验为中心的互动形式

互动广告的关键是如何创造以用户为中心的"互动"形式。有效的互动形式建立在对消费者有深刻洞察的前提下,这样才能以消费者为中心提出"互动体验"的创意构想。这种互动体验旨在努力增强品牌与受众之间的亲密感,建立品牌与受众之间的长期信任关系。在有了巧妙的创意构想后,就需要有适宜的技术手段和视觉呈现方式无缝配合。技术手段指利用适宜的技术工具来实现品牌与消费者之间的互动,新技术的合理使用可以增强创意的表现方式,给受众带来强烈的新奇感和冲击力。而视觉呈现方式则指利用具有美感的视觉艺术来打动消费者,让品牌所传达的价值和理念深入人心。技术与视觉呈现是实现"互动"不可或缺的两个方面,技术与视觉呈现在配合上需要做到天衣无缝、相辅相成才会有助于创意的完美表达。

除了这两方面的配合外,同学们还要注意要以正确的方式去传达正确的讯息。这里所说的两个"正确",意思不同。第一个"正确"指选择适宜的技术手段和视觉呈现方式去传达,不追求不必要的花哨效果,以两者相辅相成的配合为主;第二个"正确"指传递正面的广告讯息,按照品牌的价值理念,传递诸如"博爱、友谊、

信念、坚毅、独立"等积极的价值观。

令人遗憾的是,当今我国的广告设计教育在向学生介绍或讲解具有革新性的交互技术方面做得还很不够。这一方面是由于过度的文理分科造成了文科和艺术专业的师生在高新科技方面缺少知识和感觉,另一方面则是由于原有的广告设计教学和训练体系比较老化,实验室建设的理念和设备条件也跟不上形势。如今,新媒体技术的发展已经广泛而深刻地改变了广告行业的面貌,增强现实技术、传感技术、跨屏技术等新技术已经在广告创意当中得到越来越多的应用。在这种情形下,广告设计专业的学生迫切需要对广告传播领域的新技术的应用与发展有基本的了解,对其中关键性技术的应用方式有所掌握。只有对新技术有了基本了解,才能够将新技术和创意设计有机地结合起来,才能够和技术人员共同合作,设计出新颖而抢眼的广告创意作品。反过来,如果对新技术隔膜无知,学生们将在广告职场上毫无用武之地。因此广告专业的教师有责任引导学生进入新技术视野、关注新技术发展、打破学科界限,向学生介绍新技术的发展趋势,并引导他们进行跨学科的创意研究。互动广告最重要的是"互动",而要做到互动,则需要以消费者为中心,对消费者行为和心理有深刻的洞察。准确的洞察需要学生具有共情能力,能够设身处地为他人着想。广告创意教学不是一门孤立的课程,它需要学生广泛接触社会,对人文社会知识都

有所涉猎。因此,在互动广告的课程教学中,教师也不能淹没在科技里,他们还要将科技和人文有机地加以结合,引导学生以人为本去关注科技、社会、市场、艺术之间的联系。

第二节 互动广告设计指导要解决的问题和主要步骤

一、国内高校广告创意设计教育存在的问题

国内的广告创意设计教育主要分布在新闻传播学院、艺术设计学院,其中主要是平面设计、互动设计、广告设计、文化创意产业等专业。随着计算机技术对广告传媒业的巨大冲击,原有的以平面创意设计为主要教学训练模式的教学方法和教学理念已经跟不上时代的步伐了。自2003年以来,国内广告创意设计教育研究成为新闻传播学科、广告学科和艺术设计学科共同关注的教改领域,研究者们提出了广告创意设计与艺术设计的区别、广告创意设计教学的观念改进以及如何构建广告创意设计教课程体系等问题,如《论广告创意设计教学》(汤晓山,《艺术探索》,2003.2)、《广告创意设计课程中的"思行合一"准则》(莫军华,《大舞台》,2014.12)、《"以赛促学"模式在广告创意设计教学中的运用》(胡胜,《美与现代》,2014.12)、《对广告设计教学中的创意思维训练的几点思考》(沈唯,《美术大观》,

2015.01）等。这些教学研究虽然提出了知行合一、注重实战训练、建设大平台等好建议,但还没有将计算机科学的观点、方法与创意设计有机地结合起来。在教学研究过程中,由于跨学科的难度,大多数教学人员不熟悉计算机语言,不熟悉计算机互动设计软件,因而也就难以利用可能的技术条件对广告创意设计教育进行本质上的革新。

针对国内广告设计教学研究的现状,我们认为目前存在以下一些主要问题。

第一,教学观念过于传统,研究方向过于宏观。

国内教学研究较为集中在宏观方面对广告创意教学体系进行构建,集中于如何通过联想、夸张等方式激发学生的创意。但在新媒体时代,随着移动互联网的飞速发展,广告形式已趋于复杂和多元化,广告行业目前急需具备计算机编程基础知识、市场分析能力、融合媒体应用能力、创意策划能力的复合型人才,而国内高校的广告创意设计教学却与广告行业的需求之间存在较大差距。目前,国内广告专业的教学研究和方法仍集中在策划营销方面,教学层面单一、扁平化,不利于广告人才的培养。

第二,国内广告创意设计教学思路过于"垂直化"。

所谓"垂直化",指缺少跨界融合的观念,没有很好地与其他专业、课程产生联系。广告创意设计是一门综合性学科,它要求从业者不仅要了解策划、营销、品牌、心理学、广告法律法规等方面的知识,还必须懂得计算机数字技术、网络设计基础、多媒体设计等实践性知识。这些知识互相融合交叉,构成了一个立体的知识实践体系。

第三,忽视技术、创意、设计三者之间的紧密关系。

以往的广告创意设计教学要么偏重单纯地教授软件应用方面的知识,要么偏重对广告创意的分析和梳理,又或者偏向于视觉审美方面的训练,而没有将技术、创意和设计三者紧密地结合起来。技术与创意、设计应该是不可分割的:培养学生的技术实践能力有助于发挥其创意思维,而创意思维的培养又能反过来让他们更好地应用技术去实现自己的目标。技术与创意设计不可偏废。

第四,基础科目教学缺乏科技应用前沿意识和市场意识。

国内的广告设计教学过于强调传统的基本训练,大多停留在纸质、平面的表现上,没有将数字媒体科技的前沿内容融入基础教学中,也没有注意到广告市场对广告设计的要求已经发生了根本的变化,结果导致学生所学内容容易脱离市场、缺少活力,造成文科学生对新媒体新技术感到陌生或畏惧,落入学院派教学的弊端当中。

二、国际广告设计教育的"技术+创意+设计=广告设计教育"企图

随着移动互联网的快速发展,计算

机数字编程技术显得日益重要起来,因此美国的谷歌(Google)公司在2013年提出了新的广告创意组合方式:Art(艺术)+Design(设计)+Copy(文案),并将拥有计算机编程技术的程序员纳入了广告创意设计队伍中。

目前,国际广告设计教育已将计算机编程技术、多媒体互动艺术等纳入常规的广告创意教学研究体系中。例如在美国得克萨斯大学奥斯汀分校传播学院,数字媒体课程体系和广告创意设计课程已完全融会贯通,形成了互动广告研究和教学的新模块(http://advertising.utexas.edu/news/new-study-ranks-ut-first-interactive-advertising)。数字广告创意大师朱留斯·威德曼(Julius Wiedemann)邀集世界顶级广告创意总监编写了《当代在线广告》(*Advertising Now. Online*,Taschen,2005)一书,广泛讨论传统广告创意模式的终结、在线品牌、在线广告代理、核心商业的广告创意、未来广告的创意方案等一系列问题。2011年,他又和罗伯·福德(Rob Ford)合作撰写了《应用程序和移动广告案例研究》(*The App & Mobile Case Study Book*,Taschen,2011)一书,探讨广告创意与互动游戏、移动电子商务、互动促销、社交媒体、应用程序软件的融合的典型经验。这里特别要提到的是,美国著名广告创意设计总监约翰·泼思渥(John Percival)撰写了《HTML5 广告》(*HTML5 Advertising*)一书,详述了 HTML5(简称 H5)计算机编程语言的诞生对广告业产生的巨大影响:运用 H5 计算机语言,在移动终端(主要是智能手机)平台上集合多种媒体表现形式,将创意表达和计算机编程结合,可以收到对用户可操控、可感知的传达效果。

三、互动广告设计指导的认知条件和概念框架

在毕业设计指导中如何具体指导学生完成好互动广告设计部分,就需要指导教师在教学过程中解决好基本的认知条件:首先,要求学生对互动广告的概念有一个较理性的全面了解。互动广告首先要"互动",互动即是一种沟通。那么,广告创意中的互动沟通到底是怎么实现的呢?互动需要在品牌和受众之间建立一条纽带,以实现对双方的连接,这条纽带是一种独特而深刻的体验。而对体验的制造可以使用各种新颖的技术,可以运用各种媒体来实现对消费者各种感知的全方位覆盖,目的就是为了建立双方畅通无阻的沟通。其次,互动广告要求学生对当前最新的互动技术以及运用新互动技术的优秀创意广告案例有全面的了解。新技术在初投入使用时会给消费者带来魔术般的震撼,这有利于品牌广告的宣传和知名度。自2010年智能手机横空出世以来,新技术在广告创意中的运用如雨后春笋般出现,如 H5 互动投影和全息投影技术、互动 App、移动二维码、传感技术、增强现实技术、虚拟现实技术、IBEACON 定位技术等,它们在广告中的运用层出不

穷。为了在广告中运用这些新技术，学生对这些技术的前景以及局限就要有一个基本的了解。我们平时在有关课程中已经在这方面做过较大范围的作品示范，也对其中一些常用互动传播技术的运用做过教学实验，这就为学生的独立思考和结合技术条件的自由运用奠定了基础。最后，要防止片面的"为技术而技术，为形式而形式"的偏差，避免过于关注全新、强势的技术手段而忽视广告内容的表现和广告功能的实现。现在的广告综合运动往往只重视结构，但既然是沟通，就绝不能无视表现，表现与结构是无法分开考虑的。举例而言，如果我们要向别人表达友善，我们可以露出笑脸。笑脸的产生是脸部肌肉活动的结果，但虽然是脸部肌肉活动，实际上打动对方的却是笑容。所以，仅仅论述脸部的肌肉活动是没有意义的。也就是说，沟通不可能单纯通过结构（逻辑）就能够使人理解。就算是笑容，根据当时的实际状况与心情，也有从大笑到苦笑的不同区别。因此，设计师就要根据任务的需要，一边巧妙地控制这种差别（在最适宜的结构上承载表现），一边创造出沟通的群体。

因此，在指导原则上，我们引导学生去平衡"目标和手段""品牌和用户（受众）"这两个维度上的思考。在"目标和手段"这个维度上，毕业设计小组要进行充分的讨论，明确广告传达的策略目标，这是毕业设计项目的核心概念。当然，不同的项目要解决的问题是不同的，

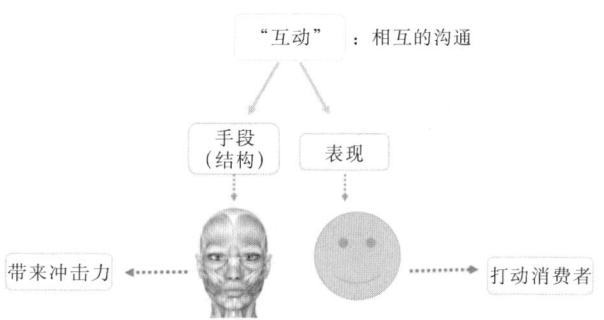

图 10-1

有的是开拓市场，有的是延展品牌，有的是锁定特定目标消费者，还有的是建构品牌形象。而且，不同的目标又因为市场投放环境、地域时空不同而有所不同。因而，我们首先要让学生明确这些策略目标转化为广告创意表达时的时空条件限制，只有这样才能保证有效地利用互动广告技术，即有针对性地解决用户体验的问题。在互动广告技术运用方面，我们结合广告学专业的特点，以及学生可能得到的资源条件，采取相对小型化、可操作、可控制的设计。例如有一些互动技术的运用需要大场景、大制作，对此，我们仅仅做图像效果模拟，把主要精力放在可以实现的技术应用上面。例如H5技术的应用比较成熟，比较灵活多样，在毕业设计中就使用得最多。这样，我们在毕业设计的指导中就较好地平衡了想象性构思和实操性制作之间的关系。在"品牌和用户（受众）"这个维度上，思考则和毕业设计项目中的创意部分、消费者研究部分结合起来。

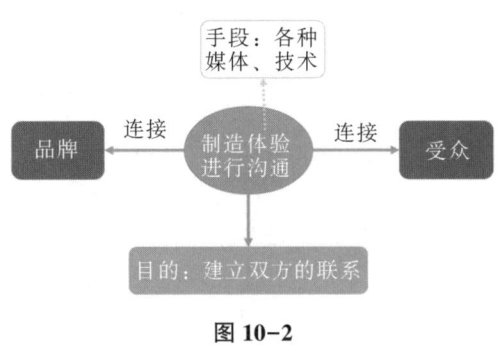

图 10-2

四、互动广告设计指导的基本步骤

概括以上思路,我们可以概括出毕业设计的互动广告设计环节指导步骤:

第一,引导学生深刻理解本项目的市场营销目标和广告传达目标,理解用户体验的关键时空关系、品牌核心概念和形象表达元素。

第二,引导学生将上述理解与较为广泛的互动技术可供条件联系起来思考,开阔视野,考虑有哪些互动技术可以更加有效地实现广告所要传达的目的,在这方面进行讨论和筛选。

第三,引导学生明确哪些互动广告设计形式在毕业设计中可以作为实操的设计任务,即可以设计制造出有互动效果并可供体验的广告产品;而另一些互动广告的创意则仅仅根据想象性构思给出一定的技术说明和图解(例如大型的智能化互动广告牌)。这一部分的内容可以放在项目策划书中,但不必完成实操性设计产品,由此锁定毕业设计中互动广告设计的有限任务清单。

第四,针对有限任务清单,进一步思考技术合作的方案(有时候需要集体合作甚至跨专业的协作),以及具体的完成计划、时间节点和技术要求。

第五,在互动广告设计基本完成后,再进行用户试验,看看效果如何,然后进一步完善修改。指导教师除了在每个环节上进行督导检查以外,主要帮助学生解决一些技术咨询、实验条件支持等问题,并对初步完成的结果进行审核,提出修改建议。

第三节 以 H5 类别互动广告为例的设计指导

一、H5 编程技术在广告毕业设计项目中的应用

移动互联网等网络新媒体和新技术的迅速发展及广泛应用,为当代广告设计带来了创意思维拓展的新驱动力。H5 是近年来最耀眼的技术明星,它为移动互联网带来了技术性的革命新浪潮,无论是广告、游戏、浏览器还是其他应用,H5 技术都有极大的用武之地。

H5 是目前唯一可以跨越所有主要移动操作系统和浏览器而运行的计算机数字信息编程技术,它使得广告创意可以在各种数码设备、不同尺寸的屏幕上运行,并能对用户互动和设备移动做出自然反应。它能够精准地测量广告效果,能够根据大数据统计对广告受众进

行细分,可以保证广告讯息的高效传达,同时还能提供免插件的视频音频、动画、本地储存以及众多流畅而重要的功能。H5 技术的成熟无疑标志着一场数字广告革命的兴起。

由 H5 编程语言驱动的广告创意在 2014 年至 2015 年间井喷式爆发,市场上出现了许多基于 H5 的极具创意的互动小游戏、互动多媒体网页广告(这类广告通常简称为 H5 广告)。对于广告主而言,如何有效地让广告与用户互动,给用户提供新颖的体验,感染用户,最终被用户所接受和信任,是广告创意成功的关键。

事实上,在广告创意设计的第一线,H5 技术的运用已经有了突出的实战效果经验。对于大学来说,重要的是如何将业界的探索引进高等教育课堂。尽管新的计算机数字技术和广告创意设计教学研究的内在关联日益得到高校的认同,但是由于新数字技术应用日新月异的发展,加之广告行业处于高度变化期,因而这方面的广告教学相对滞后。这就要求高校的广告教学人员不能仅仅停留在宏观的概念和广告案例外观的层面,他们还必须深入、下沉到新技术和广告创意的内在结合过程去推进教学模式和方向的探索研究。

新技术和新媒体极为深刻地改变了广告专业教育的环境和内容。新媒体是一种全新的、具有创新性质的媒体形态,它以计算机数字信息技术为基础,以互动传播为特点,与传统媒体共生共存。H5 作为一种新的编程语言,理应在广告创意设计教学活动中得到充分的重视。但目前高校开设的广告创意教学课程较少关注如何将最新的计算机数字技术与广告创意教学联系起来去培养适应新媒体时代的广告创意人。在近年来的广告专业毕业项目中,学生们开始主动学习 H5 编程语言,探索将 H5 技术和广告毕业设计有机地结合起来,表现出了很强的主动性、互动性和创造性。为此,我们在大学二年级就开设了相关课程,为毕业学生们的设计应用奠定了知识和能力基础。

二、教改先行,开发 H5 广告设计课程

毕业设计指导是长期教学改革的结果。教学改革是因,毕业设计是果。互动广告设计教学改革的目标瞄准了 H5 编程语言切入广告创意设计的前沿趋势,将"创意、技术、设计"三者结合起来,构建出以用户体验为基础、交互行为为焦点、创意思维为导向、视觉传达和综合感知为效果的新一代广告创意设计课程。

教学改革要重点解决三个主要问题:
第一,要解决文科学生由于对当前数字技术了解不足而导致的广告创意创新度不足、设计形式单一、媒体融合度不够的实际问题。文科学生对于计算机技术,特别是计算机编程语言,有本能的畏难心

理,总觉得技术是理工科学生钻研的东西,因而对技术显得比较隔膜,而深圳大学广告专业长期招收文科学生。因此,本教改将努力通过生动的案例展示、丰富的多媒体教学手段、循序渐进的训练方式,由浅入深地将技术和创意结合起来培养学生。

第二,要解决目前广告设计课程知识领域和训练模式过于传统、平面化的问题。关起门来进行技术训练,这种方式尽管可以帮助学生掌握书面知识,但是对于广告设计这种和社会交往很多的应用性专业来说,纸上谈兵显然是不够的。也就是说,我们要在进行技术教育和创意教育的同时结合用户访问、用户体验等课外训练,还要利用实战性的专业竞赛等做实际演练。

第三,要解除教与学之间的距离,倡导"无距离感的设计教育",帮助学生建立起观察世界、表现世界、反观自我、表现自我的创新意识,帮助他们借助技术编程语言平台,"读懂"设计语言,并且找到自己的设计语言的表达方式。今天的大学生本身就生活在技术日新月异的环境中,他们吸收新事物、掌握新技术的能力很强。因此在教学环节如何启发他们的主动性和创造性,是更加关键的问题。

我们教学改革的步骤分为四步:第一步,先从认知H5计算机编程新技术特征入手,总结其在各类广告创意设计中的应用实例,评估其应用前景;第二步,分别从跨屏传播的媒体平台呈现和受众体验观察的经验中深入认识H5支撑条件下的广告创意思维规律和创意工作机制;第三步,从广告学和艺术学的跨学科融合视角,分析广告创意设计和互动艺术的内在联系以及其互为促进的关系;第四步,将本项研究成果移植到实验教学方面,实现学生自己的广告创意设计成果的跨屏和交互体验。

三、H5互动广告设计的教学内容

H5互动广告设计的教学内容着眼于将H5计算机编程技术和广告创意、视觉设计进行有机的结合,通过实际的项目,以小组合作的方式完成一个项目的广告创意设计,主要包括八个部分的教学内容创新。

第一,向学生简明扼要地讲解H5的技术特质与广告创意实现功能。

主要在课堂上概括讲授H5计算机编程技术介入创意设计的发展历史,解析H5计算机编程技术的实现功能及其对广告设计的关键性影响。这一部分教学要求学生组成小组,在课外大量搜集技术文献和创意设计案例,激发他们独立搜集文献、阅读整理文献、自主学习H5计算机编程技术知识的能力。我们并没有花很多的课堂教学时间来训练学生掌握计算机语言,而是将学习方法、资料途径、自我练习的方法教给学生,让他们通过互助互学的方式快速掌握基本知识和技能。

第二，进行 H5 广告创意设计案例示范教学。

这一部分，我们主要通过各种渠道搜集大量的顶尖 H5 国际广告创意设计案例，将它们放在课堂上讨论解析，但重点不是放在纯粹的技术解析或艺术鉴赏上，而是结合分析 H5 技术的支撑作用来讨论广告创意设计对技术的利用方式，以及新的 H5 广告的特点、分类和表现形式，指导学生对各类 H5 广告创意设计进行模仿，重点分析其设计思路和表现形式。

第三，讲授并训练 H5 用户调研方法。

H5 技术创造的界面有助于人机互动，这对于广告的市场研究、问卷、效果研究而言都是很有效的手段。结合 H5 技术的用户调研可以洞察用户的需求和期望，建立以用户体验为中心的设计。在这一部分，我们除了指导学生通过传统的问卷调查、深度访谈、情景实验等方式展开调研以外，还会指导学生如何针对 H5 的特性，通过数据挖掘去精准定位用户群，建立用户模型。

第四，对 H5 环境下的交互行为进行分析并以此进行交互设计的基本思维训练。

我们在教学中引导学生体验各类交互广告的传达过程，并解析如何利用交互体验去传达广告讯息。在 H5 交互设计中，设计人员将设计好的动态编码写入程序中，以直接或间接的方式呈现在智能设备屏幕中，根据指令引导用户完成交互行为。用户通过不同的手势，比如滑动、拖动、晃动、擦除等行为来触发事件，与智能设备产生互动。不同的手势交互行为有着不同的含义，活用不同的手势交互方式可以给用户带来不同的心理体验，将广告创意与手势交互行为进行合理而巧妙的结合可以强化广告讯息的传达。

第五，引导学生充分关注和利用 H5 交互设计中的感官化、情感化因素。

移动互联网的飞速发展使人与智能设备的相伴时间日益增加，人们更多的是在寻求能够满足自己心理需求的产品。因此，第五部分内容旨在引导学生在 H5 交互功能中更深入地研讨用户的心理情感模型，然后在广告设计中利用这些心理模型达到传递讯息的目的。

第六，提升原有的平面设计水平，并将基本艺术原理用于 H5 广告创意的视觉界面设计。

H5 交互广告的核心目标是引发用户对某一服务或产品的兴趣，并赢得用户的理解。这一部分内容将针对 H5 的逻辑层次、呈现方式、交互特点、融合媒体形式，指导学生设计出有效的视觉界面，以使广告创意与传播内容更加有效地契合，从而到达广告的核心目标。

第七，指导学生进行 H5 广告创意界面的交互草图设计实践。

这一部分将用简单的草图形式展现视觉界面的逻辑关系以及手势交互动作流程，为最后一步的原型制作做准备。这一阶段的任务包括两个步骤：第一步是

H5界面设计草图;第二步是H5图形界面交互草图。

第八,利用全国专业大赛的机会进行H5实战性广告创意设计实践。

一般来说,全国性专业竞赛的任务清单只涉及较为单一的内容,方便学生个体或小组集中注意力和时间进行互动设计实践。在这一部分,我们要求学生根据专业大赛给出的项目课题引导和质量要求,各小组都做一份H5广告创意设计,然后从创意到结构,从界面到流程,反复评估和修改,力求精益求精。专业竞赛课目的尝试,为毕业设计中较为大型的综合性强的课目打下了一定的实践基础。

四、H5互动广告设计指导举例

■案例一

公益广告《空气城堡》篇

这是由2013级广告设计专业张边缘、陈力虎同学完成的一则H5广告,广告以呼吁社会大众关怀自闭症儿童为叙述主题。自闭症儿童的主要表现之一是他们无法与周围的人建立起正常的人际关系,不能识别他人的情绪,他们孤僻离群,沉迷在自我世界中无法走出来,就像住在一座无形的城堡里一样。

在广告设计的第一幅画面中,一个坐在透明水晶球里独自玩风车的小男孩的形象出现在画面中间,下方滚动的文字叙述:"我们身边存在着一群来自星星的孩子,他们住在空气城堡里。"紧接着画面中间最下方的部分出现向下滑动的符号,提示好奇的用户进行触控操作,找寻问题的答案。H5广告的最大特色就是交互功能,如果在案例中有任何需要受众做出的交互操作,都应该给予清晰的指示。受众在智能手机平台上操作的时候,注意力十分短暂,因此要避免任何由于指示不清而导致受众流失的现象发生。

图10-3

接着进入广告的第二页,作者列举了儿童异常表现的几个例子,比如无法控制情绪,具有超常的天赋但却行为刻板,不能够与他人进行交流等。这些可爱的孩子为什么会这样呢?他们出现了什么问题吗?观者不禁会进一步产生这样的疑惑。

进入第三幅画面,创作者在这里揭开了谜底:"他们都是来自星星的孩子,准确地说,是自闭症患者……"作者将自闭症儿童比喻成来自星星的孩子,这也是社

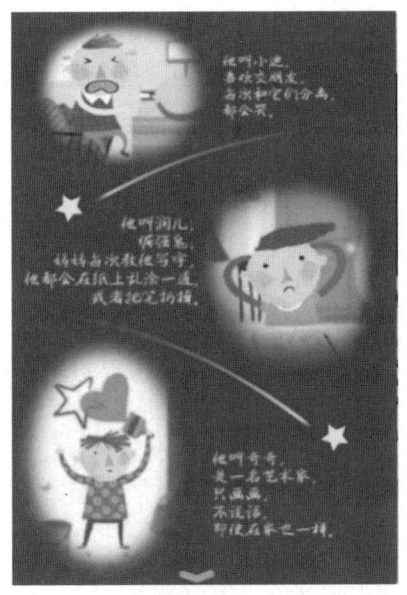

图 10-4

图 10-5

会上普遍流行的对这类儿童的善意比喻。接下来创作者通过画面和文字叙述："也许你未曾敲开他们的大门，那么点击进入空气城堡"，进一步引导读者了解自闭症儿童。文案使用第一人称进行叙述，以便将受众带入剧情设置的角色中。

接下来进入交互部分。自闭症儿童的一大表现就是他们无法识别他人的情绪，因此这部分的交互试图让用户站在自闭症儿童的角度来观察世界。无法分辨他人的情绪是一种什么样的感觉呢？用户可以通过滑动手势的操作来感受自闭症儿童面临的困境。"如果我没有读懂你们的情绪，希望你可以耐心地教教我。"这两句文案提示下面的页面将会进入帮助过程。

由于自闭症儿童常年孤独地活在自己的世界里，他们的世界和其他人不一

图 10-6

样，人们所能做的就是帮助他们走出自我狭小的空间，看到外在的真实世界。在这里，广告邀请用户采用"擦一擦"的交互动作来帮助自闭症儿童还原世界。这部分的创意十分巧妙，下面出现了擦除后的页面，页面呈现出自闭症儿童和亲人在绿树阳光下的温馨画面。

图 10-7

最后的页面呈现了一个张开手臂的自闭症儿童形象,他似乎微笑着看着用户,在期待着能够得到一个拥抱。用户可以通过"点触"的交互方式来拥抱这个可爱的孩子。此时,一个象征着用户形象的人给了孩子一个温暖的拥抱,原本阴沉的背景也变成了彩色。

图 10-8

H5 最大的优势是它能够在社交媒体中引发二次传播,因此在最后要加入能够直接引起用户分享的页面或按钮。

图 10-9

从总体来讲,这个 H5 广告作业的创意与设计是较为成功的,作品首先通过悬念引起用户的好奇,吸引用户浏览接下来的页面内容,用"点击""擦除"等元素来与用户互动,将用户融入广告所创建的场景中。音乐、插图与文案的描述均基本到位,这些元素起到了烘托情感氛围的作用。该案例中基本统一的视觉元素、第一人称代入的文案叙述、轻柔的音乐等元素一同起到了烘托氛围、加强情感的作用。我们将这个案例的结构总结为:故事叙述结构=情感链接+冲突或矛盾+效果展示+行为唤起。通过这个简单的公式,我们可以设计出打动人心的互动作品。

■案例二

蒙牛真果粒广告

这是由 2014 级广告设计专业曾菱子、李淑怡、张霓同学完成的。蒙牛真果粒的目标消费人群是年龄 18—22 岁，喜欢生活中出现偶然小惊喜和小乐趣的年轻群体，真果粒希望达到的广告营销目的是让核心目标人群感受到真果粒给他们带来的意想不到的小乐趣，传递出自然有趣的品牌调性。从简要的策略单中，我们可以把握到这则广告创意的关键在于将真果粒产品与"生活中偶然的小惊喜"联系在一起，并且这种小惊喜还需要结合 18—22 岁年轻群体的生活经验。

图 10-10

在开始创作时，教师先引导设计小组同学以"生活中的惊喜"为中心进行了头脑风暴，经过层层筛选，选定了四个"小惊喜"的生活场景，分别是"买饮料时抽中再来一瓶""在换季的衣服中找到五十块钱""百无聊赖时发现自己喜欢的明星动态更新了"以及"收拾房间时发现了小时候写的冒着傻气的作文"。依据这四个生活场景，小组同学进行了第一稿 H5 广告的创意。

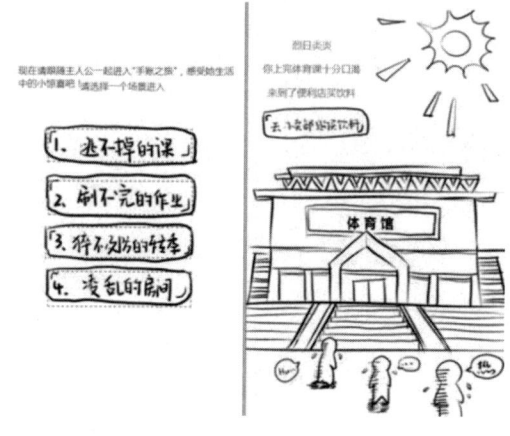

图 10-11

接着，教师引导这组同学在筛选中发现问题：首先这组作品预设的四个场景主题与后续的创意内容无法一一对应，存在着概括不准确的问题。这说明同学们在组织故事情节时还没有完全形成十分清晰的创意结构。在页面的交互操作提示中，还存在着交互指引不明显、主要点击按钮找不到等问题，这些问题很影响用户

图 10-12

图 10-13

图 10-14

的体验，会阻碍用户的投入程度。此外，作品中所阐述的这四个"小惊喜"生活场景与蒙牛真果粒之间并没有形成强关联，而互动广告创意的难点和突破点就在于找到真果粒与"生活小惊喜"之间的那个关联。真果粒是快消产品，市场上的同类饮品非常多，产品与产品之间的竞争极其激烈，因此应该寻找的是品牌与核心消费者之间的情感关联。这种情感关联应该是贴近消费者的，如同为消费者度身定制一般，并且它还要充当传递某种令人惊喜和感动的情感和经历的一个重要中介。

明确了这一点后，接下来同学们再次展开头脑风暴，结合 18—22 岁年轻群体的生活经历和轨迹，思考那种令人惊喜和感动的情感经历到底是什么？小组同学再次开会讨论，重新修改并创作了第二稿 H5 作品。第二稿的作品将真果粒与"生活小惊喜"中的情感关联聚焦于"友情"这一主题。对于 18—22 岁尚在学习中的年轻人来说，除了父母家人以外，在他们的生活里占据中心位置的情感恐怕就是同龄人之间的友情了。朋友的陪伴给他们紧张的学习生涯平添了许多小乐趣与小感动。第二稿的作品以友情为纽带，小组同学将原本的场景进行了完全的修改，将四个场景变为三个，分别是"饥饿篇""熬夜篇"和"送衣篇"。小组同学以友情为情感纽带，将生活中发生的三个小惊喜与真果粒自然地联系在了一起。同学们选择的三个场景与 18—22 岁大学生的生活场景十分贴近。比起第一稿来说第二稿有了很大的进步。

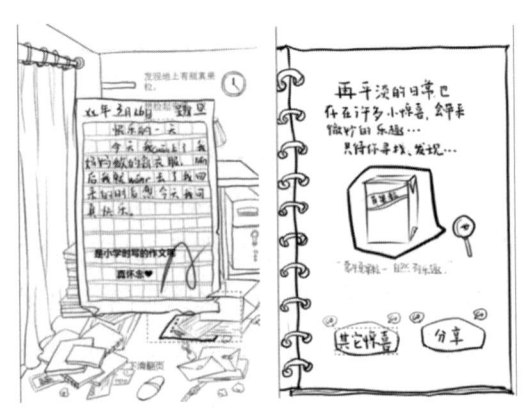

图 10-15

图 10-16

■ 案例三

VIVO 手机互动广告

这是 2013 级广告设计专业姜佳艺、魏志鹏同学为推广 VIVO 旗下 V 系列智能手机而设计的。VIVO 这一系列智能手机具有急速充电、快速指纹解锁以及搭载 3G 运存和操作流畅的特点，主要目标受众是 18—24 岁充满活力、热爱新鲜事物的年轻群体。因此，VIVO 的广告主题为"告别不快"，目的为结合目标群体的喜好和行为特点，用他们喜欢的方式和内容，将 V 系列介绍给学生群体，以提高新系列的知名度和好感度，带来销量的提升。

动手设计之前，我们引导学生明确把握广告需要解决的问题：VIVO 智能手机的新功能可以给 18—24 岁学生的日常生活带来怎样的便利和惊喜？找到了问题的核心后，接下来就可以通过发散和聚焦思维找到创意的突破口。创意突破口集中在两个方面：第一，18—24 岁学生群体的日常生活是怎样的？第二，结合目标群体的日常生活和智能手机的特点，如何给他们制造便利和惊喜？

这一小组的同学在创意时，将背景设定为发生在一对情侣之间的约会故事。这样的故事背景定位符合年轻人的兴趣，比较容易引起目标群体的注意。故事讲述了男生在约会心仪的女孩时，由于手机性能不佳而导致了一系列小麻烦。这个约会的故事分为三个部分：第一部分描述男生在和女生约会之前，由于手机内存不够，频频卡机无法即时回复女朋友的短信；第二部分讲述男生由于着急回复女生的信息，屡次无法正确输入手机解锁密码，使得女生大发雷霆；第三部分，好不容易平息了女生怒火的男生终于和女生约好了在电影院门口见面，但当女生打来电话时，男生的手机却突然没电了，心急如焚的男生只好跑到一家店内为手机充电，然而缓慢的充电过程却使女生的怒火更加猛烈，原本温馨的约会因为不给力的智能手机而被破坏了。这三个部分的故事其实暗暗对应了 VIVO 手机的三个主打功能：操作流畅、快速指纹解锁和极速充电。在后面的一个页面中，小组同学将这三个功能直接展示了出来，使产品与故事结合了起来，并在最后的页面中加入了 VIVO 手机的产品网站链接，以方便感兴趣的用户顺势进入官网了解详细情况。

这则 H5 设计作品的优点有几个。第一，该作品的创意思路始终十分清晰，将产品的主要特色功能与大学生的日常生活恰到好处地结合了起来，因而故事的陈述和设置具有逻辑性；第二，作品的交互功能考虑到了受众的操作习惯，交互指引清晰，并且每一步的交互步骤都有意识地将用户纳入其中，从而提高了用户的参与度；第三，画面以手绘的风格展现，人物风格风趣可爱，画面简洁生动，且视觉重点突出。

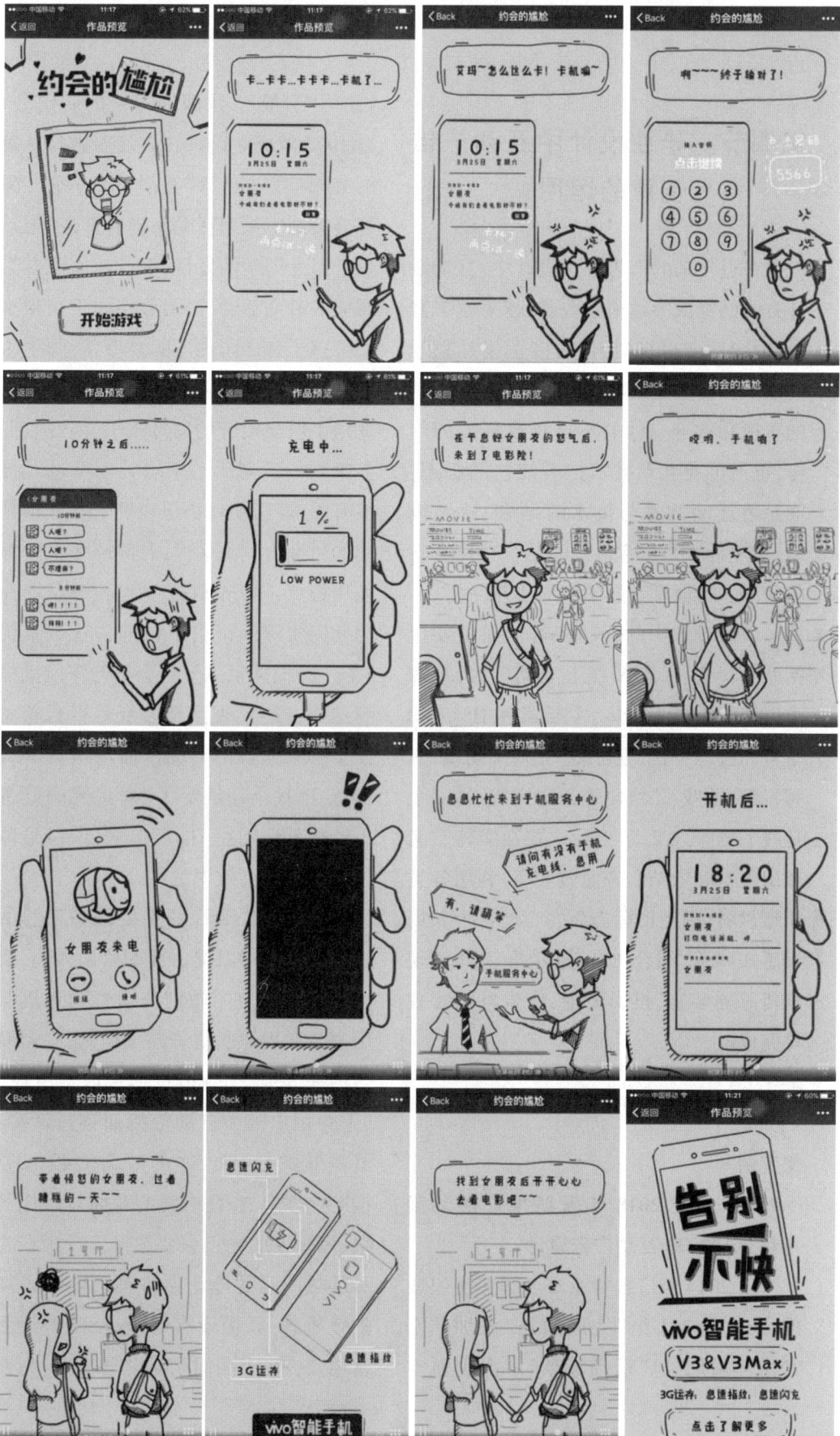

图 10-17

第四节　毕业设计中互动广告创意的运用

在近年来的广告毕业设计中，互动设计方法已经成为越来越普遍、越来越丰富的"时尚"。这反映出广告专业设计教学的改革和转型是成功的，受到了广大同学的重视和欢迎。他们不再畏惧科技的门槛，也不再对互动技术抱有炫技的心态，而是将互动艺术与技术的结合、营销策略、心理诉求与技术形式的结合看作必备的功课。这激发了同学们的创作激情。

毕业设计中的互动广告创意主要包括两种类型：一个是线上互动广告，基本上以智能手机为载体，主要通过H5编程语言和技术平台，整合图文信息、动漫、音频视频、游戏、二维码等元素完成；另一个是线下场景式互动广告，主要在实体空间和虚拟空间的结合方面做文章，利用各类新型材料，围绕目标受众的心理行为和场景感知体验，结合LED显示屏和其他现场传感器装置、投影装置、广告看板装置等完成。

一、毕业设计中的线上互动广告

■案例一

"深圳航空2018年暑期推广活动策划"中的H5互动广告设计

由2014级广告专业八名毕业生组成的"夜航787小组"完成的是"深圳航空2018年暑期推广活动策划"。深圳航空（简称"深航"）是深圳本土的航空公司，自1992年成立以来一直发展迅猛。每年的特殊节日（春节、五一、十一等），深航都会策划一系列活动来提升形象、带动销量。但是同学们发现，深航基本没有策划相应的暑期活动，而暑假期间正是很多家长带孩子参加国内国际夏令营、师生旅游的旺季。暑运活动推广阙如，是因为深航忽略了航空出行的高峰旺季，因此它们急需策划一系列活动来填补。经过对接深航有关部门，项目小组明确了本次策划活动的目标：(1)针对大中学校师生的媒体使用特点，提升"双微"粉丝数，争取在暑运期间将深航微信平台的粉丝数量提升5%；(2)提高凤凰知音会员与深航微信的绑定量；(3)实现微信公众号平台粉丝向微信购买人群的转化。通过消费者行为调查，项目小组确定了"对世界的好奇心不能被延误"这一推广口号，该口号体现了年轻化与高效率的结合。

互动广告设计的主要任务是尝试在线上为目标对象提供互动营销体验，目标对象锁定为使用微信公众号购买机票的用户。在用户的航班起飞当天，平台发送短信提醒用户"到值机柜台取票有惊喜"（避免用户因为自助值机而错过活动）。具体形式是：以"你的好奇心没有被延误"为主题，在登机牌的背面设计优美海报，海报上的地点主要选择飞行延误险购买的热门目的地。项目小组设计了别致的登机牌，画面设有等级，SSR卡画面丰富精美，SR卡画面相对普通，R卡为普通卡片。项目小组共设计了三个系列,每个系列三个等级,共计九张登机牌。前往柜台办理值机的目标用户领取的登机牌将从这九张登机牌中随机输出,登机牌背面还增设了"刮刮乐"部分,作为好奇心准点奖励。奖项设置为:飞黄腾达(感谢参与)、免费升舱、豪华飞机餐、加个鸡腿、会员休息室等。此项设计预期会让热爱分享的大学生将登机牌分享到朋友圈或者微博,以此引发关注,激起一波分享了解"深航登机牌"的热潮,从而拉动更多的用户前往深圳航空微信公众号购买机票。

这一案例主要通过手机"两微"用户参与获取电子登机牌的体验行为来实现营销推广的。H5技术和动画卡通形象、"刮刮乐"的涂抹功能、图文提示信息、随机算法等结合起来运用,大大丰富了航空公司和机场登机牌的形象表达功能和营销功能。

■案例二

"YOU+国际青年社区2017年下半年深圳地区品牌推广方案"中的互动游戏推广

此方案由2013级广告专业毕业设计小组马春婷等七位同学完成。YOU+国际青年社区(简称"YOU+")成立于2012年,是一个面向现代都市青年居住、生活、创业的社区,是目前中国最具影响力的公寓行业领导品牌。YOU+汇集了真诚、快乐、分享、奉献等社会生活急需的正能量元素,致力于整合有创意的租住方式、多元化的青年人群、互补性的创业资源,以打造有趣、信任、开放的社区生态,通过共享经济和社群经济影响一代青年人的价值观,让生活于此的都市青年找到让灵魂休息的温暖港湾。项目推广的策略目标是提高YOU+(深圳地区)的品牌知名度,扩大品牌影响力,传播YOU+所倡导的新型租房理念,展现YOU+的独特形象及定位。因此,要综合运用线上线下传播方式与目标受众互动、沟通,以提升品牌的好感度。YOU+国际青年社区有别于传统租房中介,它秉持"挡风遮雨,有爱陪伴"的经营理念,希望给漂泊在一二线城市的青年人提供一个温暖的归属地。除此之外,YOU+在提倡青年人为理想奋斗的同时,还希望打造公区理念,鼓励租户分享,参加丰富的社群活动,协助创业等,以期让城市青年在解决基本生活需求外,勇敢地去追求更高层次的需求。

电子游戏是今天青年一代普遍的娱乐方式,针对这一特点,项目要运用H5技术设计出互动游戏。在前期研究中项目小组发现,其实,传统出租屋存在的大部分问题,在YOU+都能得到解决。但是,新型青年长租公寓作为新产品,大众对其理念的认知度还不高,新型的租房形式并不能广泛地被有租房需求的青年人知晓。因此,我们指导学生通过H5游戏的形式,重点展示YOU+与传统出租屋之间的差异点。于是产生了H5互动游戏《改变就一"点"》的核心创意:首先概括表现传统租房难以避免的种种烦恼,游戏中用户点击出现问题的事物,再一件一件地加以解决,最终出现焕然一新的场景,显示出YOU+生活的美好场景,强化"住出不一样"的传播理念。项目小组通过H5游戏和通关速度排名来吸引消费者线上分享传播,从而提升品牌的知名度

这一款互动游戏的设计结构是:场景分为两层,第二层是常见的单人房间,房间内有一些单身生活会遇到的常见问题,比如乱丢的物件、吃剩的食物、破旧的电器,等等。这些问题解决之后,房间将会焕然一新。单人房间里会听见一楼传来的小朋友的玩闹声,为了解决这个噪音问题,游戏页面将会转向一楼场景。一楼是一个堆满杂物的杂乱空间,点击噪音来源和杂物,场景便焕然一新,变成青年人看电影、做饭、聊天的其乐融融的温馨场景。

游戏设计了通关体验并结合了营销优惠券机制。游戏共设计九处问题,每三处问题为一关卡,玩家通过一关便奖励一张100元的租房代金券;通过二关,奖励一张200元的租房代金券;通过三关,奖励一张300元的租房代金券;全部通关,玩家可获得600元的租房代金券;玩家如果转发分享该游戏,还可获得额外的400元代金券(见游戏界面,图10-18)。

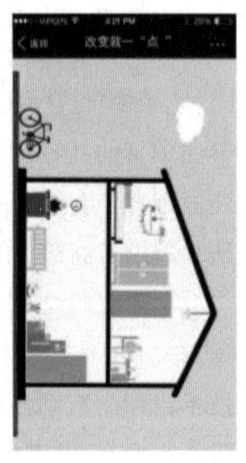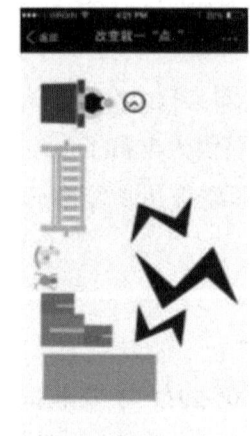

图10-18

二、毕业设计中的线下互动广告

随着场景营销和体验营销的兴起,线下互动广告成为广告推广的一种主要方式,特别是在品牌专卖店、商品展销会、促销网店、展销柜台或专卖展区,线下互动广告使用得非常广泛。尽管现在各类新技术、新设备层出不穷,但是考虑到成本和技术条件,一般而言还是传统的互动行为设计和广告的结合运用得最为广泛。在毕业设计中我们引导学生尽量因地制宜地利用互动设计的材料去构思为大众所熟悉并喜闻乐见的形式。

例如上述"YOU+国际青年社区推广"

项目,项目小组就结合深圳的YOU+前海店的草坪区域设计了"住出温度:温度剂时间"活动方案。活动的形式是在YOU+前海店草坪空地处设置LED屏互动装置吸引受众参与互动,在现场集齐参与者,四人一组一次体验,四人一起同时将手放在屏幕上对应的手掌印位置,屏幕里的房子就会被点亮。与此同时,LED屏上会出现四名参与者的头像,他们分别在房子的四个房间窗户里。此时屏幕倒计时八秒,定格画面,拍出照片,并由机器输出四张照片作为参与者的纪念品。这一设计可以营造热烈的现场参与感,并富于趣味,可以直接传达出新型青年居住文化所追求的共享、温暖、趣味等理念。

图10-21 机器输出照片

图10-19 现场LED屏效果

图10-20 机器输出照片效果

三、毕业设计中线上和线下互动广告的协同

近年来的毕业设计真正体现了学生们对互动广告效能的深刻理解,因此在线上和线下的结合方面出现了一些比较出色的创意作品。由2014级陈玉萍等七位同学完成的"太兴餐饮深圳地区2018年第三季度品牌营销方案"便是其中突出的一例。

香港太兴饮食集团是从港式烧味快餐店发展而来的大型餐饮连锁集团,目前已入驻内地11个城市。现在,90后年轻人群正逐步成为餐饮消费的主要人群。太兴餐厅过去已凭借高质量的出品与口味建立了良好的口碑,吸引了一批忠实的常客,但对年轻消费者的吸引力还不足。这次策划的目标,就是要开启太兴餐厅品牌的年轻化道路,逐步吸引更年轻的顾客,在90后的消费者当中凸显、强化太兴餐厅的时尚餐厅定位。港式茶餐厅一直在内地做"去茶餐厅化"的操作,其客单价与餐单早已与传统港式茶餐厅有了很大区别,不再是快餐与低价。但是,在消费者的认知中,港式餐厅很容易与平民茶餐厅画等号。毕业设计小组经过讨论认为,如果想改变消费者的认知,最根本的举措是打造精品化茶餐厅,使之不仅在价格、环境、菜式形式表现上高于传统餐厅,更要在品牌理念、形象、调性上区别于传统茶餐厅,从而完成品牌的全面升级。

项目小组提出以IP营销打通传播渠道:选择设计媒介载体打通通向年轻人的传播渠道,用亲切可爱的形象拉近与年轻消费者的距离,使消费者和品牌之间的互动形式多样化,同时增强粉丝的黏性。项目小组通过互动设计制造品牌记忆点:将太兴品牌形象具象化,给消费者制造品牌记忆点,将太兴的品牌形象人格化,更清晰灵活地传达品牌理念;同时,加强消费者与品牌的互动,聚合品牌用户和粉丝;提升受众的参与感,让互动带来内容共创和体验温度。

互动设计的基础是指导学生采用了品牌新媒体人格化RCSC模型进行构思。这个模型有四个维度:角色(R),即与用户建立的关系类型,比如亲人、朋友、达人等;性格(C),即向用户呈现出的品牌人格化性格,比如幽默、亲切、呆萌等;场景(S),即设想品牌和用户交流的场景,比如购物、度假、用餐、下厨等;内容(C),即向用户传递的信息类型,比如生活方式、生活顾问、消费知识、促销信息等。根据港式餐厅著名菜式"烧鹅"的特点,项目小组以一只鹅为原型设计了"鹅叔"作为IP形象。

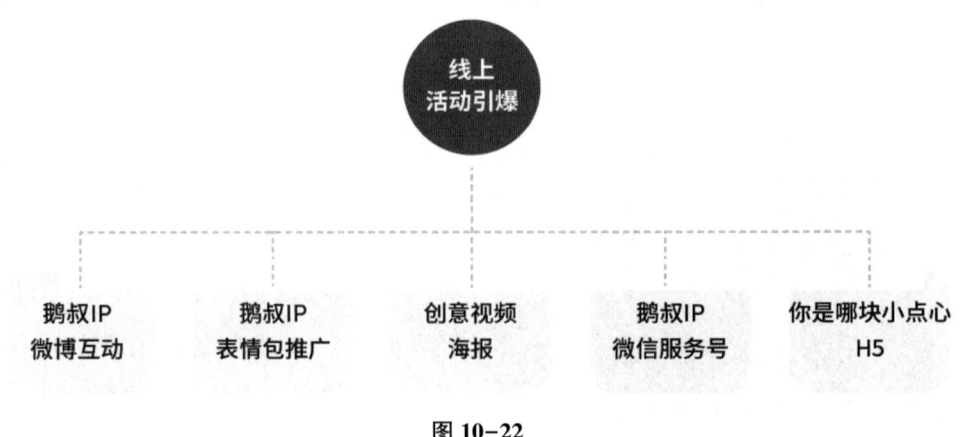

图10-22

图 10-23

IP 形象的成功设计是互动广告设计系列创意的核心元素,在推广的第一个阶段(理念知晓期),项目小组运用了互动广告组合拳:

最引人注目的是鹅叔 IP 的表情包设计,项目小组将表情包灵活地切入多种社交场景,以提高鹅叔 IP 在消费者心中的好感度,同时加大太兴品牌的曝光率。活泼可爱、性格特征明显的鹅叔,配上日常且实用的文案,能够生动地传达用户的意图:或叮嘱、或调侃、或搞怪……

在推广的第二阶段(认知深入期),项目小组选择了线上线下相结合的方式对 IP 和"好食刻"理念进行推广。线上发布鹅叔 IP 的趣味晚餐日记,从平衡工作与生活的角度巧妙地传播"吃好饭"的必要性,号召用户输出分享"平衡食刻"晚餐日记参与摄影展览投稿,并借此为线下活动预热。线下搭设"鹅叔好食美学馆",通过互动让消费者感受太

图 10-24

兴的好食美学——"好食是怎样的""何为好食",强化消费者对"要吃顿好饭"及太兴"用心制作好饭"走心形象的认知,同时也推广太兴招牌单品及引流到店。

"鹅叔好食美学馆"突出体现了互动广告设计的创意。项目小组选择了深圳市一家人流非常密集的购物中心的中庭设计出体验馆:体验馆外部设计"平衡食

刻 the meal for balance"晚餐日记墙展览，体验馆内部以"好食给人的幸福感"及"肉菜饭汤方为好食"两大理念进行设计，要素分别为"美学"部分与"好食"部分，最终将受众引流至太兴门店内体验、消费。全程互动搭配线上导览H5，给了受众最佳的展馆体验。

晚餐日记墙设计构思草图：

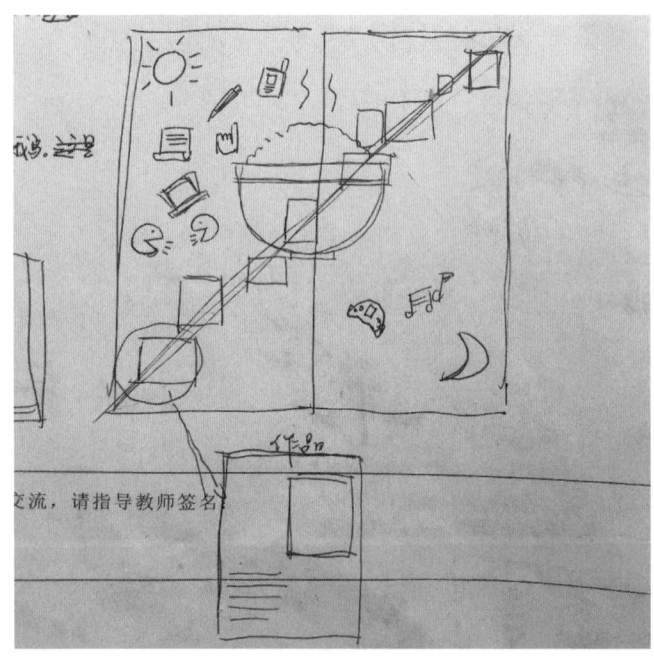

图10-25

体验馆导览H5"鹅叔带你吃好饭"结构流程构思：

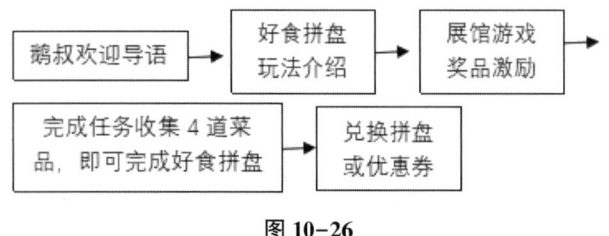

图10-26

受众在好食美学馆入口处扫描二维码进入H5即可获得游客编号×××××；

图10-27

引导消费者进入游戏界面，体验菜品：

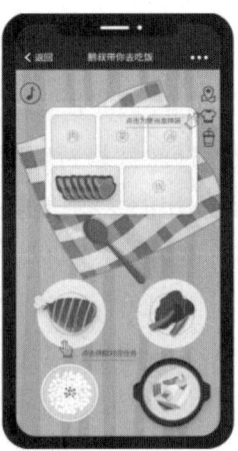

图10-28

在体验馆内还开展饮食健康知识、健美减肥测试等互动活动。

在体验馆出口处设立太兴甜品餐车，供完成任务二的用户领取甜品奖励；该区域同时作为太兴招牌的展示区,吸引路过的人购买或参与体验馆活动。

图 10-29

通过上述案例分析,我们指导毕业设计小组实现了以品牌概念和市场策略为引导,以消费者体验为洞察,综合互动设计技术和艺术的创意方案。实体空间和虚拟形象相结合的设计方案收到了较为理想的教学效果。

第十一章
广告本科毕业设计的音视频广告指导

本章要点 ≫

1. 影视语言训练
2. 如何用视听语言讲故事
3. 音频广告
4. 音视频广告指导

在第七章《广告本科毕业设计的创意指导》中,我们详细介绍了自己在广告创意教学方面的经验与思考,以及在毕业设计指导中坚持的一些基本准则。这些经验与准则对于音视频广告而言,也完全适用。

随着快手、抖音等短视频平台的发展,随着拍摄手段、剪辑手段的日常化和平民化,人人都可随时举起手机拍摄一段视频发到网上,并引发围观热潮。因此,"人人都是导演""人人都是摄影师"已成为现实,短视频营销已经成为当前极为重要的营销手段。既然人人都可以当摄影师,是不是我们就不用进行音视频广告的专门训练了呢?

实际上,正是因为人人都可以当摄影师,才使得视频行业的竞争变得更为激烈,更需要专业的训练与指导。视频广告(包括微电影、网络短视频等,为了论述方便起见,本文统一用视频广告来代替)其实是影视专业与广告专业的结合,涉及影视与广告两个学科,对于广告专业的学生来说,视频广告确实有一定难度。这些难度体现在几个方面:一是技术层面。广告专业的学生基本没有影视基础,他们对拍摄、剪辑、录音、特效、灯光、导演、编剧、表演等领域都比较陌生。一般高校通常只会安排"广播电视广告"一门课来完成音视频广告课程的教学任务,这相当于将一个专业的课程压缩成了一门课程,这种安排无论是对于教师还是对于学生来讲,都是极大的挑战。在影视专业院校,这些技能训练是由不同课程、不同教师来分别完成的,因为任何一个教师都不可能是全才。对于学生而言,由于他们需要学习的知识太多,往往便只能蜻蜓点水、浅尝辄止。因此,教师要认真思考应该重点教会学生哪些基本能力。

尽管手机拍摄与普及型剪辑软件已经降低了影视制作的拍摄与剪辑门槛,但对于广告专业的学生来说,他们要适应业界的专业要求,就必须进行两个方面的知识训练:一是镜头语言的训练,二是讲故事能力的训练。影视不同于文字,它是由一段段或长或短的连续画面构成的,每一段连续画面内部都涉及拍摄的角度、拍摄主体位置的远近以及推、拉、摇、移等镜头的运动;而在两段连续画面之间,还有画面与画面之间的衔接问题。尽管我们每个人都可以利用手机拍摄一段连续的视频,但如果没有受过镜头语言方面的训练,我们很难将这些视频重新剪辑后还保持流畅与连贯。原因就在于,我们拍摄时只是单纯地记录了正在发生的真实的影像,具有很强的随意性,通常没有考虑后期的剪辑问题。而在真实的影像中,有些段落比较有意思,有些段落可能就枯燥无味,需要我们对所拍摄的视频重新剪辑。重新剪辑则涉及镜头的组合问题、动作的连贯性问题、节奏问题。如果缺乏镜头语言方面的训练,我们通常都会以中近景的方式进行跟拍,极少变换机位与角度。如此,后期剪辑时便会导致大量同景别镜头的相接,这样,叙事的连贯性与动作连贯性都会被破坏,而且缺乏节奏感。因此,训练广告专业学生的镜头语言极为关键。一旦学生们掌握了镜头语言的规律,他们便不仅可以用一些基本的影视器材(至少可以用手机)进行拍摄,而且他们看电影时也会变得更加专业,不仅仅只看到故事,而且会看到导演的场面调度、演员的表演、镜头的运动和剪辑的技巧等各个层面,还会有意无意地将这些技巧运用于自己的创作中,从而逐步提升自己的视频广告的表达力。

基于上述理由,尽管本章的目的是介绍我们在指导学生团队做毕业设计项目时的心得与方法,但和广告创意一样,音视频广告的创意与制作能力都是通过平时训练培养起来的。因此,分享我们平时的教学心得可能更有价值。

第一节　影视语言训练

尽管视频广告也有文字脚本,但它本质上却是通过一个一个连续的镜头来讲述故事、传播品牌或产品的,也有自己的镜头语法规则,学生只有掌握了这套镜头语法规则,才能摆脱文学思维的惯性,学会用镜头语言去讲述故事。

课堂训练中,如何让学生学会用镜头语言讲述故事,常用的方法有两种:拉片和重拍。拉片是电影专业院校训练学生镜头语言的常用方法,就是反复观看经典的电影片段,并用文字将其记录下来。

下面是我们在讲授镜头语言时,教学生拉片的范例。

我们选用了张艺谋导演的《英雄》作为拉片素材。之所以选择张艺谋的《英雄》,是因为张艺谋的电影堪称电影语言的经典教科书,其在镜头拍摄、景别组合、节奏把控、音乐音效的处理上都非常精准,堪称经典,特别适合学生学习模仿。

电影《英雄》第一场:滚滚黄沙,茫茫大漠,金戈铁马。

这一场戏主要要营造出一种气势:浩浩荡荡,势不可当。

学习要点:如何用镜头语言营造紧张、浩荡的气氛,注意空镜头的运用、事物局部特写的运用以及运动方向。

表 11-1

景别	画面	时长
1.全景	马蹄	4″
2.空镜头	沙漠	2″5
3.中景	旗帜(固定镜头)	1″10
4.空镜头	沙漠	1″12
5.特写	马头	1″17
6.空镜头	沙漠	2″
7.近景	马车奔驰,横过画面	3″
8.远景	马队,冲向观众	3″4
9.远景	马车,摇	3″
10.远景	马车,向银幕深处而去	2″11
11.近景	武士从镜头前闪过(固定)	2″20
12.全景	武士(摇)	6″17

注:表中的数字代表镜头的时长和帧数,例如,
　　2″5 意为 2 秒 5 帧。

第二场:马队入城。

学习要点:如何利用拍摄的方向来连

接镜头,如何运用造型来营造气氛,人物拐弯时如何布设机位。

1. 门环特写—门环打开—马队进入(方向稍左) 4″12

2. 门栅打开—马队冲出(方向稍右) 4″11

3. 已打开的门—马队冲出(方向稍右) 3″17

4. 全景 马队面对镜头而来(长焦拍摄) 3″

5. 全景(马队)—近景(士兵下车,镜头摇,士兵上台阶)—镜头上升—士兵拜见丞相 23″16

6. 特写 丞相 2″3

7. 中景 无名从台阶后走出 8″5

8. 特写 手摸盒子 1″16

9. 全景 大臣站成一列 1″15

10. 特写 手打开盒子 1″22

11. 全景 大臣站成一列(与前相反) 1″20

12. 特写—上摇—全景 手摸盒子—丞相全身—转身 33″11

13. 特写 无名的脸 2″11

14. 全景—近景—全景 下台阶—摇—下台阶 7″

15. 全景 往纵深走(跟拍) 6″20

16. 全景 无名往纵深走 5″20

17. 大全景 无名走(大俯拍,均衡构图) 4″20

18. 大全景 无名上台阶,两边是士兵(侧拍) 4″16

19. 大远景 无名上台阶 5″

第三场:无名与长空决斗

学习要点:如何拍摄动作、打斗场面的戏,节奏的处理。

表 11-2

景别	画面	时长
1.中景	众武士转头	1″2
2.全景	长空在门口转身	3″3
3.全景	无名立于亭下	3″3
4.特写	长空回头	4″20
5.中景	无名立于亭下	2″
6.特写	无名面部	1″14
7.中景	无名	4″2
8.特写	长空	2″
9.全景	无名	2″
10.全景	无名、长空相对	2″
11.中景	侧面拍,无名拔剑	4″
12.近景	无名奔向画外	17″
13.中—近	无名奔向银幕	2″12
14.特写	脚踏地,水花	1″8
15.特写	长空	1″15
16.特写	脚奔跑,踏地	1″10
17.特写	长空	1″9
18.特写	手握剑	1″4
19.大特写	无名(推)	2″8
20.全景	无名拔剑腾空	4″10
21.特写	无名的眼睛	1″7
22.中景	无名刺向长空	1″4
23.中景	长空用枪挡剑	1″19
24.特写	腾空的双脚	1″4
25.特写	刀架在长空脖子上	1″7
26.近景	无名刺向长空	1″
27.特写	刺向长空的剑	15
28.特写	摇,踏过棋盘的脚	2″21
29.中景	空中厮杀的无名、长空	1″13
30.全景	空中厮杀	2

续表

景别	画面	时长
31.近景	长空用枪杆挡剑	16
32.近景	厮杀	22
33.特写	挡剑的枪杆	16
34.近景	厮杀	22
35.全景	两人落地,拉开架势	4″14
36.特写	由枪摇向长空	3″19
37.近景	无名	1″15
38.近景	长空摸枪	2″12
39.近景	摇,无名	2″2
40.近景	长空摸枪	2″3
41.近景	无名亮剑	2″
42.近景	长空亮枪	2″2
43.近景	无名亮剑	1″16
44.近景	长空亮枪	1″16
45.近景	无名亮剑	1″14
46.特写	抖动的枪	1″20
47.全景	两人斗	2″19
48.特写	收拾琴套	2″18
49.全景	老者弯腰拿碗	4″
50.中景	厮杀	2″
51.中景	长空刺向无名	1″5
52.中景	厮杀	1″1
53.近景	绞在一起的刀剑	1″8
54.近景	由拐杖上摇至老者	4″7

注：表中的数字代表镜头的时长和帧数,例如,2″5 意为 2 秒 5 帧,15 意为 15 帧。

我们选择了《英雄》的三个片段教学生们拉片。第一个片段是押送无名的车队奔驰在茫茫大漠中；第二个片段是车队经过重重大门,进入皇宫；第三个片段是无名与长空决斗。之所以选择这三个片段,是希望学生们能学到影视语言最核心的三个内容：对时间的处理,对空间的处理,对动作的处理。在时间处理上,学生们必须学会处理银幕时间与现实时间的关系。通常,现实中发生的事件可能持续数小时,而银幕时间却只能用几分钟甚至几秒钟去呈现。因此,抓住哪些关键细节去呈现并展示事件的完整性就显得非常关键了。在第一个片段中,电影用马蹄、马头、旌旗几个特写镜头,配合一些空镜头和全景镜头,就将马队浩浩荡荡、一往无前的气势给展现出来了。第二个片段既涉及时间的处理,又涉及空间的转换：马队从城外进入城内,要经过重重城门,也需耗费大量时间,电影准确地抓住了"门"这个最为关键的空间转换点,通过"门打开,马队冲入""门打开,马队冲出""马队冲出已打开的门"这三个镜头顺利地实现了时间的精简与空间的转换,既流畅又简洁。第三个片段是一场打戏,学生们需要学会的是如何进行动作的拍摄与剪辑。与相对静态的镜头不同,动作戏一直都处于运动中,一旦剪接不好,就会使画面显得凌乱和不连贯。影片采用了中景交代厮杀场面、特写交代动作细节与人物表情等方式,交叉剪辑、动静结合,将无名与长空的对打戏演绎得既惊心动魄又张弛有度。

通过这样的拉片训练,学生们的眼中就不会再仅仅只有故事了,他们能看到一个个被人为连接起来的镜头。经过反复训练,他们便会逐步建立起电影思维和镜头意识。这时,无论是创作脚本还是拍摄,他们都会不自觉地运用镜头语言,而不仅仅是把故事写下来或者把正在发生的事情记录下来。而这一点,正是学过影视与没有学过影视的人的最根本差别。

与拉片相比,翻拍对学生们的训练更为全面,学生们要完全按照自己选定的影视作品重新拍摄。这种训练除了省去了故事创意这个环节外,影视拍摄的其他环节都不能缺少,这对学生们执行能力的训练是非常全面的。

下面是一个学生团队翻拍的一条影视广告。

这条广告片讲述了一位大学老师上课给新生点名,遇到生僻字非常尴尬,同学们也等着看老师笑话,最后老师急中生智,借助百度化解尴尬的故事。翻拍与原片的部分截图见图11-1。

可以看出,采用翻拍这种训练方式,学生们可以在拍摄、剪辑、画面构图、场面调度等方面都得到全面的训练,从而提升自己视频广告的执行力。

第二节　如何用视听语言讲故事

视频广告不同于平面广告之处就在于它是在一条时间线上展开的,通常会延续几十秒钟甚至更长的时间,它需要以故事为载体才可能吸引受众的注意力。因此,学会讲故事便成为视频创意人员必备的核心能力。

但是,需要强调的是,视频广告的故事逻辑、故事结构与通常的影视短片还是有很大差异的。概括起来讲,大致有几个方面:一是叙事逻辑的层面。影视短片因为要讲一个完整的故事,通常要遵守真实的逻辑,多采用线性叙事;而视频广告的叙事目的是为了和产品结合,围绕产品展开,不会局限于真实的叙事逻辑,夸张、对比、比喻、拟人/拟物等极少出现在一般影视短片中(动画片除外)的修辞手段,在视频广告中比比皆是。视频广告也极少采用纯线性叙事,较多采用平行结构(关于平行结构,将在下文中详细说明)。二是叙事逻辑的差异会带来镜头语言的差异。影视作品的镜头语言以交代信息为主,因此,多采用叙事性蒙太奇手法;而视频广告主要以表现产品(品牌)为主,多采用表现性蒙太奇手法。比如在影视作品中,为了展现主角洗头发后的愉悦心情,常常会给主角的头发一个特写以示强调,但一般不会连续给头发几个重复的特写镜头。反观大量的洗发水广告,主角飘扬的头发会通过不同的角度被反复展示,目的就是为了强调洗发水的效果,增强受众的记忆度,而不仅仅是完成信息的传达。因此,重复蒙太奇、对比蒙太奇、心理蒙太奇常常被用于视频广告之中。

对于广告专业学生来说,他们更擅长的是平面思维,讲故事通常是他们的弱项,而且他们喜欢用大量的旁白来掩盖自己讲故事能力差的缺陷。因此,训练学生的讲故事能力便显得特别关键。事实上,视频广告尽管表面看起来纷繁复杂、千差万别,但仔细研究其内在结构,我们会发现它其实并不复杂,不外乎围绕时间、空

翻拍截图　　　　　　　　原片截图

图 11-1

间这两个元素进行结构。具体可分为以下四种。(1)在同一个空间但不同时间里发生的故事,比如我们经常在网上看到同一地点、不同时间拍摄的一组组照片。(2)在不同空间但同一个时间里发生的故事,当然这些故事通常具有内在的关联性。比如国庆节,不同地方的人在用不同的方式庆祝节日。(3)在不同的空间、不同的时间,同一个人做同一件事。比如一个远离家乡的年轻人,无论身在何处,都会把女朋友送他的项链戴在脖子上,以表达相思之情(当然,他也可能因情感变化将项链扔掉,这都属于做同样一件事)。(4)在不同的空间、同一个时间,不同的人做同一件事(或者做完全相反的一件事,但必须有关联性)。比如国庆节,不同地方的人在挥舞手中的小红旗。实际上,视频广告的结构基本上就是上述四种类型。当然,掌握了这四种类型以后,学生们还需要学会误会、巧合、逆转等基本的叙事技巧。

课堂上,我们将欧·亨利的小说作为样本,分析讲述故事的技巧。欧·亨利的小说都是短篇,结构精巧,而且几乎包含了巧合、误会、逆转等所有讲故事的技巧。他最经典的短篇小说有《警察与赞美诗》《最后一片落叶》《礼物》等。课堂上我们都会详细讲解,并让学生进行训练。下面这一则便是学生用"左手、右手"为题讲的一个故事。出这个题目的目的是训练学生的观察力与想象力,左手、右手作为我们的身体器官,它们各自有什么特点呢?这些特点会导致怎样的矛盾呢?在不同的人身上又会发生怎样的故事呢?

下面是一位同学写的一则关于"左手、右手"的故事。

女主角年近30岁被父母逼婚,安排相亲与男主角见面。咖啡馆中第一次见面无言尴尬,女主角坐立不安,只能不停地喝咖啡,在她拿起咖啡品尝后,沉默的男主角突然热情起来,与女主角互动,女主角心动。

不久两人确立恋爱关系,男主角多次表示自己喜欢女主角双手的美丽,经常买昂贵的护手霜帮女主抹上,给女主涂上指甲油,但永远都是左手涂红色、右手涂白色,涂完后还一定要拍照保存。当女主角私下涂上其他颜色后,男主角非常生气。为了挽留男朋友,女主角选择妥协,再也没有涂过其他颜色。

两人同居后,男主角更加爱护女主角,包揽了所有家务活,不让女主角沾染油烟和脏物,有时女主角主动帮忙也遭到拒绝,男主角说是因为太爱她了,不忍心让女主角干活受累,还说"以后我就是你的左右手"。

一天,女主角翻看男主角家庭相册,发现男主角早亡的母亲也是左手红色指甲油、右手白色指甲油,往后翻看竟然全是左手红色、右手白色的手部写真照,来自不同的女子,同样修长美丽,但似乎都惨白惨白的,毫无血色。

晚上女主角辗转反侧至深夜才得以入睡,迷糊中突然感到双手寒冷,似乎有东西在擦拭自己的手指,她惊恐地大叫,好不容易摆脱了噩梦的纠缠,发现自己的两只手都被涂上了鲜红的指甲油,左手无名指上多了一只钻戒。

这位学生巧妙地抓住了涂指甲油这个与女性手指有关的细节,通过"左手涂红色、右手涂白色"这个不寻常的细节来制造悬念并串起整个故事,最后以两只手都被涂上了"红色指甲油"来完成故事的逆转。因此,故事设置上还是比较精巧的。

当然,除了常规的讲故事技巧,视频广告终究离不开故事与产品(品牌)的结合。在广告创意方面,人们一般都会用"旧元素、新组合"这样一种说法,这种创意技巧既适合平面广告,也适合视频广告,关键是摘取哪些旧的元素,如何有机地、巧妙地将它们加以组合。视频广告可以运用大量的特效,突破真实逻辑的限制,这无疑为创意人员提供了极大的发挥空间,使他们在组合方式上可以更为大胆、更具有想象力。

除了学会讲故事,学生更要学会用镜头语言将故事表现出来。对于学生来说,通过拉片与重拍训练,他们一定程度上可以学会用镜头语言来表现一个故事。在视频广告教学中,我们通常让学生通过写分镜头脚本的形式(或者绘制故事板)来完成文字向影像语言的转换。

下面这个案例是一个学生团队做的关于北京交响乐团的视频广告,广告的目的是在大学校园普及交响乐知识,让更多的大学生喜欢交响乐。这条名为《键盘》篇的视频广告曾获得全国大学生广告艺术大赛二等奖。

以下是该小组的创意阐释、分镜头脚本以及成片截图(图11-2)。

【《键盘》篇创意阐述】

钢琴协奏曲是交响乐中的一种特殊形式,而电脑键盘是大学生经常接触的东西,它们之间的共通之处就是"用手弹击键盘",我们的创意正来源于此。

北京交响乐团定期为青年学生和市民免费演出普及性音乐会,经常参加此音乐会的大学生心中必定充满了音乐的旋律。

该片主角本来在用电脑键盘打字,忽然间,心中音乐一起,他感觉自己仿佛置身于舞台上,变成了钢琴家。于是,他把键盘当成琴键,疯狂地演奏起来。广告最后,随着乐曲达到高潮,主角的弹奏动作更加猛烈,以至于键盘上的按键都飞了起来,而主角却浑然不觉,还起身谢幕。这一出人意料的结局为广告添加了幽默的效果,正所谓:乐(yue)在其中,乐(le)在其中!

【《键盘》篇分镜头脚本】

1	近景	打字 面无表情	2″	敲击键盘声
2	手部特写（俯拍）	打字 速度慢	1″	缓慢敲击键盘声
3	头部特写	音乐渐入 陶醉	3″	音乐和键盘声
4	近景	陶醉	2″	音乐声
5	手部特写（侧拍）	随音乐在键盘上敲击	4″	音乐声
6	近景（仰拍）叠加镜头	手指舞动	2″	音乐声
7	手部特写 叠加镜头	手指舞动	1″	音乐声
8	近景（俯拍）叠加镜头	头晃动	2″	音乐声
9	手部特写（侧拍）	手指舞动	1″	音乐渐趋激昂
10	手部特写（侧俯拍）	手指舞动	1″	音乐渐趋激昂
11	手部特写（侧拍）	手指舞动	1,5″	音乐渐趋激昂
12	近景（俯拍）	身体摇动	0.5″	激昂的音乐声
13	近景（侧拍）	身体摇动	1″	激昂的音乐声
14	手部特写	手指上下挥动	1″	激昂的音乐声
15	近景（俯拍）	仰头 键"飞溅"	1,5″	激昂的音乐声
16	特写	键掉到桌上 弹跳	1″	激昂的音乐声
17	中景（俯拍）淡出	起身鞠躬	2″	掌声
18	白屏	北京交响乐 logo 广告语"乐在其中"	2″	掌声,"乐"字随着掌声抖动

【《键盘篇》成片截图】

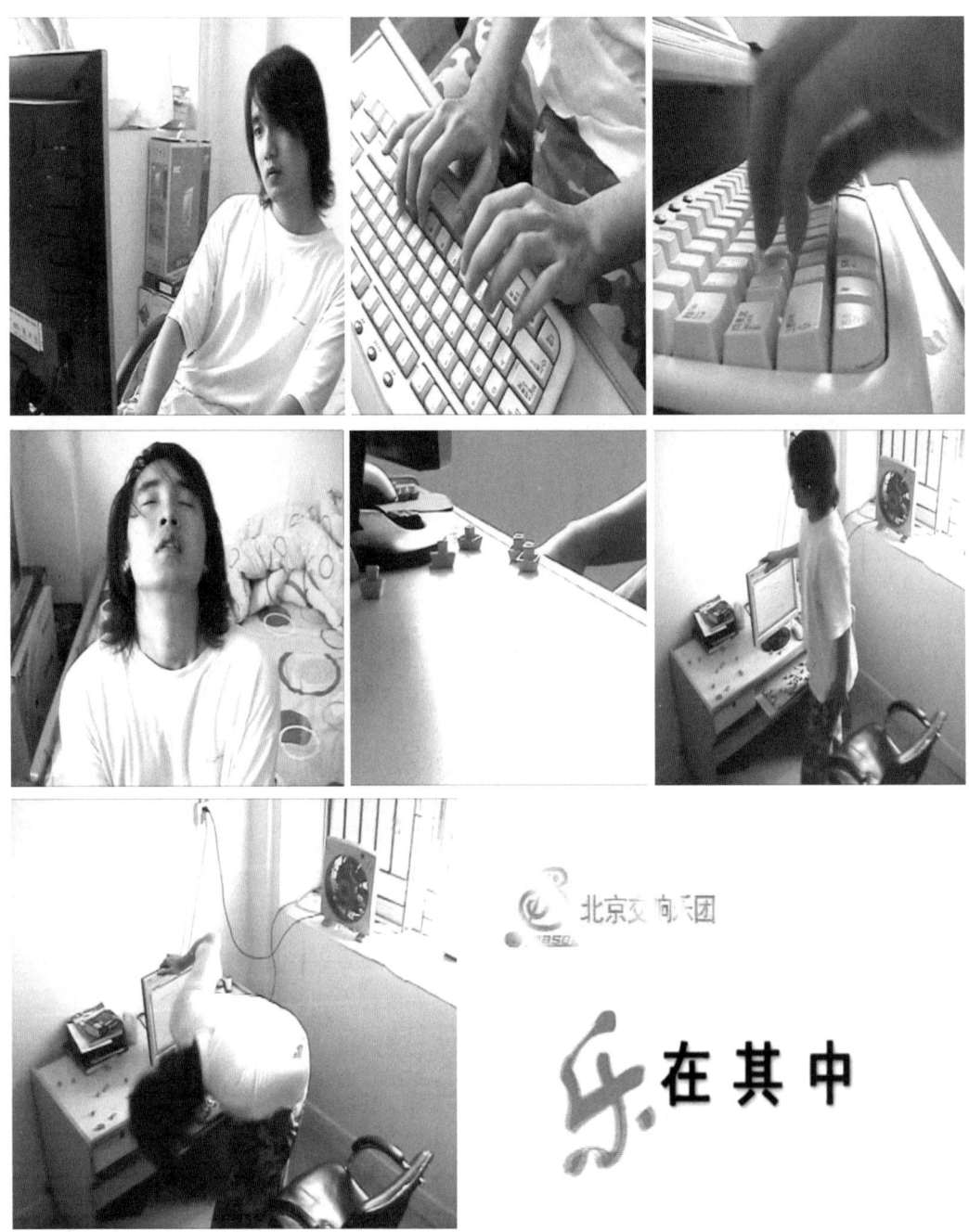

图 11-2

该广告借助"键盘"和"琴键"之间的相似性，巧妙地将大学生的日常生活与交响乐有机地结合了起来，这便是典型的"旧元素、新组合"的例子。当然，视频广告由于具有时间性，在组合的时候还需要将其延展为一个故事。就像这条《键盘篇》一样，广告让主角将自己置身于想象的舞台之上，不仅完成了音乐的演奏，而且还完成了谢幕等一系列动作，从而将故事完整地呈现出来，也收得了令人意想不到的幽默效果。

第三节 音频广告

和视频广告一样，音频广告也是利用时间上的延展来进行产品（品牌）的传播。由于音频广告只能依赖声音进行创作和传播，不像视频广告的表现力那样丰富，除非是在汽车那样的密闭空间中，否则听众的注意力很容易分散。因此，如何在前几秒钟便抓住听众的注意力便显得极为关键。

为了抓住听众的注意力，音频广告首先必须在声音的辨识度和亲近感上下功夫，利用方言、谐音、顺口溜、歌曲等听众喜闻乐见的方式进行创意，是音频广告常用的手法。比如我们指导的学生创作团队便曾利用《丢手绢》《小燕子》等儿歌创作出了非常优秀的音频广告。

下面这条音频广告则利用了谐音进行广告创作。

女儿（电话按键声）：妈，我到学校了！

妈妈(欢快打击乐)：你一个人在外要学会节约！

女儿：妈，知道了，I see

妈妈：要吃好，不能垮了身体

女儿(不耐烦的声音)：I see

妈妈：长途电话贵，没什么事别打电话了啊

女儿(更加烦躁)：I see！妈，我用的是中国电信榕城IC卡，长话才一毛五每分钟，打全国各地都一样便宜。

妈妈(惊喜)：啊？这么便宜！那，那你爸爸还有话说……

旁白（女声）：榕城IC卡，长话市话全都一毛五！

旁白（男声）：中国电信

对于广告专业的学生来说，如果他们已经学会了视频广告的创作，创作一条音频广告相对比较容易。在学习过程中，他们比较容易犯的错误有以下几个。

一是文案。由于听众看不到画面，只能听声音，因此，音频广告的文案必须做到浅显易懂，易听、易记，过分书面化的语言、过分复杂的句子不适合音频广告。但同学们在创作时容易将文案变成文艺腔，追求语言的华丽，没有从受众的角度去考虑。当然，创作者特意想追求那样的风格则另当别论。

二是音响音效。由于音效通常代表了广告所处的环境和氛围，比如汽车声通常代表大街，鸟鸣声代表在树林里，因而同学们在创作时不太能抓住环境中的典型音效进行创作。比如有位同学在表现一个人出门、坐上汽车、然后穿过一条大街到办公室的过程时,他摘取了关门声、汽车发动机声、大街上嘈杂的人声以及皮鞋在办公室地面上摩擦发出的声音。尽管这些声音本身确实是环境声的一部分,但如果单独将它们抽离出来,任何一位听众都无法仅仅凭借这些声音判断出角色的行走路线。比如,关门的声音既可以表示走出屋外,也可以表示进入屋内,除非有其他辅助性的声音,比如邻居打招呼的声音"上班去啦",这时听众才能确定关门的声音和出门有关系。因此,创作者要站在听众的角度去进行音响音效的创作。

三是声音演播。比如主次不清楚,常常是因为背景音响、音乐掩盖了主要信息,导致信息交代得不清楚。再比如音效缺乏层次感,无法还原真实的声音空间。远处说话的声音和近处说话的声音一样大,几乎没有背景音效;音乐也基本上是一铺到底,缺乏表现力。

因此,在指导学生进行音频广告创作时,除了创意之外,我们还比较注意学生在文案、音效、音乐等方面可能出现的问题。

第四节　音视频广告指导

无论是毕业设计还是课堂中的音视频广告创意制作,在指导学生的音视频广告时,我们基本上是按照以下步骤进行的。

第一,详细了解项目的策略,避免创意天马行空。比如有一个团队做了一个生日蛋糕的项目,他们在策略上就非常不清楚,一会儿想从生日当天的延展性服务的角度切入,比如生日派对服务;一会儿想做"非生日"的蛋糕消费市场;一会儿又想从"礼物"的角度切入。由于其策略非常不清楚,在创意讨论时,我们会反复追问其广告诉求是什么,针对怎样的消费者,想达到怎样的传播目标。

第二,充分考虑视频广告的可执行性。音频广告执行起来相对容易,视频广告由于涉及表演、拍摄、服装、灯光、道具、录音、剪辑、特效等诸多方面,因而对团队的执行力有很高的要求。与此同时,由于毕业设计团队没有经费支持,所有环节都需要团队去独立完成,因此我们在视频广告的可执行度上有较高的要求。指导时,如果创意非常好,但执行方案过于复杂,我们会要求他们多做"减法",重新设计拍摄、制作方案,保留核心的创意。

下面这个案例就非常典型。

这是一条为世界读书日创作的公益广告,名字叫《婚礼篇》,其创意阐述如下:书是我们亲密的伙伴,也是陪伴我们成长乃至一生的忠诚伴侣。在本广告中,设定了一个结婚的场面,气氛浪漫而又甜蜜,在牧师的见证下,新郎、新娘分别诉说着自己与"她"/"他"的关系,并发誓爱"她"/"他"终身。广告意欲通过这个结婚的场面表达人们对书的喜爱,也从另一个方面表现书在人生中的重要意义。

由于创意有关结婚的场面,因而必然

涉及新郎、新娘、婚纱、参加婚礼的人等元素。对于学生来说，要找一处免费的教堂，要请一位免费的牧师，要找大量的群众演员来参加拍摄则是非常困难的。因此，我们建议创作团队保留核心的创意，但需要做减法。比如充分利用声画关系来简化拍摄的难度。下面是团队最后完成的分镜头脚本（表11-3）和成片截图（图11-3）。

表 11-3

镜号	景别	画面内容	字幕	音乐	旁白
1	近景	新郎说话	无	婚礼进行曲	你是怎么和他认识的？ ——认识挺久了，刚识字就认识，可以说我们是一起长大的。
2		新娘说话			谈谈你对他的感受吧。 ——他有时候像长辈，有时候像大哥哥一样，总是在我身边指导着我，默默地在我身边陪伴着我。
3		二人一同出现，说出"我愿意"的誓言，捧起手中的书。			无论顺境或逆境，富足或贫穷，健康或疾病，你都愿意爱他/她，与他/她终生相伴吗？ ——我愿意。
4		LOGO			

图 11-3

可以看到，这条广告片尽管和婚礼有关，但没有出现任何教堂、牧师等元素，从头到尾只有男、女主角两个人物，牧师的声音以旁白的方式出现。项目小组利用声画的分离，巧妙地避开了广告在执行上的困难。该广告也曾在中央电视台播出，并获得过全国大学生广告艺术大赛的二等奖。

考虑到我们现在所处的自媒体时代，因此广告不仅要符合产品传播的要求，更应该具备网络分享特质，这样才能形成口碑传播效应。因此，学生团队在进行视频广告创意时，我们通常要求他们思考几个问题：第一，你的视频广告是否能引起受众的共鸣？他们是否愿意转发你的视频广告？第二，转发视频广告的人能从中获得怎样的心理奖赏？第三，你的广告文案是否可能变成一句口头禅，时常被人们挂在嘴边。尽管学生们创作的大量视频广告未必能达到这样的要求，但他们只要有这种意识，那么在创意时，他们便会有意识地去植入这样的互联网传播基因，而不仅仅只是从传播目的的角度去考虑问题。

下面是一个微信支付的毕业设计案例。在微信支付没有出现之前，我们在生活中会遇到诸多尴尬和不便，比如朋友聚会买单，会闹出很多不愉快；转账汇款、零钱找赎也很麻烦。根据这些生活洞察，创作团队分别以聚餐、转账、排队为主题创作了一系列视频广告。这些广告风趣幽默，抓住了生活中人们遭遇的尴尬和不便，具有很好的传播属性。现以其中一条视频广告的截图为例加以说明。

创意说明：广告以一位中年女性的视角展开，打麻将的时候，儿子钱包被偷，得赶紧去转钱；跳广场舞的时候，儿子肠胃炎发作，得赶紧去转钱；儿子电脑进水了，要赶紧去转钱……转钱导致打麻将老是"三缺一"，广场舞跳不了，闺蜜们都抱怨她，不再找她玩了，只能一人独自搓麻将……（图11-4）。

这条广告无论是在文案还是在表演风格上，都非常富于喜剧感，把以前不能微信转账，只能跑银行、跑柜员机的尴尬情形表达得淋漓尽致，很适合在网络上传播。

图 11-4

第十二章
广告本科毕业设计的媒介策略与广告效果评估指导

本章要点》

1. 媒体策略与广告效果评估的主要教学内容
2. 媒体策略与广告效果评估的毕业设计指导方法

第一节 媒体策略与广告效果评估的主要教学内容

一、媒体策略的教学内容

(一)媒介分类与价值评估

1. 大众媒介

大众传播是一种重要的信息传递方式,通过报纸、杂志、广播、电视等特定媒体渠道向大众定时、不间断地传递信息,因而大众传播具有影响广泛和传播直接的特点。报纸、杂志、广播、电视被称为四大媒体,它们在广告媒体中是最具有代表性的大众媒体。

(1)电视媒体

电视媒体的优势很多,简单地说就是:形象生动、受众庞大、渗透面广、传播迅速、表现灵活。

当然,电视媒体也有缺点,广告讯息的承载量少;另外,电视广告的投放费用门槛高;广告环境嘈杂……关于电视媒体的成本效益,要视客户的目标市场多少而定,对于像宝洁、可口可乐这样的产品,如果全中国每一个角落都是其产品售点锁定的目标,那么即使中央电视台这样"昂贵"(指单价高)的媒体也不一定比其他媒体更昂贵(千人成本低)。

(2)报纸媒体

报纸媒体最大的特点是其信息承载能力:报纸媒体在传播广告时可以较详尽地展示广告讯息,报纸承载的广告讯息容量是30秒电视广告无法实现的。报纸媒体的另一个优势是与杂志相比,它可以按市场进行选择性投放。

报纸广告的缺点也很明显:报纸的纸张质量和印刷效果会严重影响品牌形象;报纸广告的受众卷入度不高——报纸的读者常常是"翻阅",遇到广告更是直接"翻"过去,所以报纸广告讯息的传播效果也不是很好。报纸比较适合大型零售连锁商、大型超市等发布促销广告。

报纸曾经是影响力最大的大众传播媒体,在电视媒体出现后,报纸的影响力逐渐落于电视媒体。现在,随着数字媒体的发展,报纸作为广告媒体的影响力已经大幅下降,今非昔比。

(3)杂志媒体

杂志媒体最大的特点是印刷精美、针对性强。每本杂志通常都定位于某一行业、专注于某一领域或者服务于某一人群,常常有较为固定的读者人群,某一类人群的集中度较高。所以,杂志媒体的针对性较强。当然,杂志媒体也具有与报纸媒体一样的信息承载量高的优势。

杂志媒体的缺点是读者规模小、发行量有限,导致其影响力较小,成本也相对较高。杂志媒体发行周期长,广告素材的截稿时间节点有时难以满足。另外,杂志媒体很少能按区域进行投放,因为区域性的杂志很少,所以不太适合区域性销售的品牌。

(4) 广播媒体

广播可以分为有线广播和无线广播、调频广播和调幅广播等类型。由于大众传播媒体的竞争与听众兴趣的分化，电台出现了专业化的趋势，专业电台在某一类内容方面为听众提供专门服务。由于播出的节目锁定了特定内容，专业电台一般也拥有稳定的受众。

广播媒体最大的特点就是投放费用门槛低、制作成本低，所以能实现广告的高频次宣传。在参考互动性方面则和电视差不多，比互联网差，比平面媒体强。

广播媒体的缺点是广告创意空间小，只能通过不同声音、不同内容的组合进行表现，缺乏视觉冲击力，因而适合发布促销信息，不太适合品牌形象的传播。

2. 数字媒体

(1) 互联网媒体

数字媒体的出现不仅改变了媒介本身，也改变了广告策划活动所处的大众传播环境。数字化使得几乎所有讯息都可以采用同一种形式加以传播，从而大大加强了讯息的传递性和共通性。它使得策划人员完全可以将网络、广播电视、电影等多种传播形态整合为一体，全方位地立体传递讯息。

互联网媒体的优势太多了，它几乎继承了电视媒体的所有优点，但许多特点又超越了电视媒体。比如，互联网媒体的讯息传递可以更具创意性，能促进和引导受众直接产生购买行为（直接让用户下订单，促成交易），能实现与产品网站的对接，针对性强，能有效地筛选目标人群，能实时监测和反馈海量的用户数据。

互联网当然也有不足之处：用户分散，不易快速提升到达率；广告环境特别是门户首页的广告"声音"太嘈杂，导致广告关注度低。当然，目前网络视频的贴片和插播广告环境还是不错的。

(2) 手机移动端媒体

移动互联网媒体具有个性化、精准传播、便捷互动、立体渗透、销售促进等传统媒体所无法比拟的优势。移动互联网最大的魅力就是其随时、随地对销售的直接推动力。智能终端的快速普及为移动互联网奠定了庞大的用户基础，各种精彩纷呈的 App 应用也为移动互联网的下一步快速发展提供了原动力。

随着技术的成熟，手机移动端也开发了各种丰富多彩的广告形式。视频、网页、App、图片、文字等新旧广告形式以移动端特有的形式开始重新洗牌融合，变幻出新的东西，其表现形式和互动性超越了所有传统媒体。

手机移动端广告的类型主要包括以下几种：

Banner 广告：又叫横幅广告、通栏广告、广告条，常出现在页面顶部或者底部。Banner 展示直观，能快速引起用户的注意，但同时也会影响用户体验，易引起用户反感。计费方式为 CPC。

公告广告：这种广告形式常常出现在电商类 App 上，它通过消息广播的形式向用户传递相关信息。公告广告直观简洁,不占用内容页,一般在首页,很难直观地诱导用户点击,大多数情况下发挥提示作用。计费方式为CPC。

插屏广告:这种广告在用户第一次点击某个功能页时弹出,显示提示的具体内容。一般出现在首页、末页等功能页。这种广告会暂时打断用户的操作,虽然会因此而影响用户体验,但视觉冲击力强、定位精准、效果显著。计费方式为CPA、CPM、CPC。

启动页广告:又称全屏广告,几乎在常用的App上都能看到,启动页广告以图片、视频、Flash等形式加载。用户首次进入App时,会看到启动页,但是当App后台开始运行,用户再次进入时,启动页将不会出现,而是直接呈现广告内容。这种广告能够刺激用户记忆,让他们留下较深刻的印象,但投放费用普遍较高。计费方式为CPM。

信息流广告:又称原生广告,这种广告让广告与页面内容紧密联系,随着讯息的出现而出现,用户会认为该广告属于页面的一部分,会在浏览信息时不经意地看到广告。常见的今日头条、腾讯新闻、微博、百度等社交类App和新闻类App上,信息流广告尤为明显。信息流不影响用户的操作,但如果内容定位不准确,则容易让用户心生厌烦,从而对品牌或者产品产生负面影响。计费方式为CPC、CPM。

3. 零售终端媒体

卖场是消费者完成购买决策的最后一个地方,所以终端广告的重中之重是:卖货。广告之所以要投放在终端,投放在顾客买东西的前一分钟,就是想通过广告的画面和声音直接影响顾客。零售终端广告不仅要气氛热烈,画面、声音表现也要更直接,卖货理由和呈现方式要更简洁,不能拐弯抹角、隐晦曲折。零售终端广告信奉四字诀:"短、平、快、准"。

(1) POP广告

POP,全称卖点广告(Point Of Purchase),指在购买时间和购买地点投放的广告,以摆设在店面的展示物件刺激、引导消费和活跃卖场气氛,是一种以促销为目的的广告。它的形式有展板、户外招牌、橱窗海报、价目表、吊旗甚至立体卡通模型等。POP广告能有效地吸引顾客,刺激其购买欲。

POP广告的重点是使消费者发觉并注意到产品的存在。因此POP广告必须要有吸引力,陈列的产品要能刺激消费者的购买欲望。它作为一种低价高效的广告方式,已被广泛应用。

(2) 零售终端联播网

零售终端如何与消费者沟通是品牌关注的焦点问题,而零售终端联播网的广告投放则为品牌的终端建设提供了一个好舞台。尤其对于一些非常依赖终端的产品(快速消费品)来说,其消费人群的品牌忠诚度越来越低,而终端是消费者最容易改变选择的地方。零售终端联播网可以利用液晶电视联播网与受众深度沟通,构建受众的品牌认知度。

零售终端联播网有四大价值:第一,

它能有效地区分特定受众,这里的受众指某些品牌的核心受众。这样的策略不以整体市场为目标,而是希望在大众市场中切割出一个个特定市场,然后集中全力去占有。第二,它受干扰少,其受众都是经过具体细分的,从而避免了与其他媒体的争夺眼球之战。第三,它弥补了大众媒体主动性收视不足的缺陷,在强制性收视区构成主动收视,如超市、休息厅等区域。第四,它的有效受众千人成本超低。

4. 其他媒体

虽然网络媒体、移动媒体、大众媒体是重要的广告媒体,但是如何有效地运用各种辅助性媒体也是媒介策划中的重要问题。常见的辅助性媒体有户外媒体、交通工具、直邮媒体、广告礼品、电影院线等,而投放在这些媒体的广告则被称为户外广告、交通广告、直邮广告、广告礼品、电影广告等。

(1)户外媒体

户外广告指出现在户外开放空间中的各种广告,主要有 LED 显示屏、LED 幕墙、门头招牌、广告字、户外(室内)灯箱、大型立牌、喷绘印刷品等。

无论哪一种户外媒体形式,其发展都离不开传播内容与受众的互动,新技术为户外媒体进行品牌营销提供了更丰富多样的互动玩法,越来越多的品牌商开始利用 LED 大屏做互动营销。创意与互动是当下户外媒体制胜的关键,单一的海报形式已经无法满足消费者的需求了。

(2)交通工具

交通广告指投放在交通工具上的广告,随着交通工具的日益发达与完善,交通工具已经成为一种包含多种类型、自身特点鲜明的独特广告媒体。

例如地铁媒体,身处人流集中之地,玩法多样,如今的地铁广告已经成为一种个性鲜明的媒体形式。移动互联网的发展给传统广告媒体造成了巨大压力,但地铁广告的流量不仅没有下滑,其流量和价值反而得到了市场的认可。作为传统意义上的注意力媒体,地铁广告与互联网广告并没有直接产生冲突,反而在一定程度上形成了互补。过去广告主更多地把地铁广告当作传递讯息的方式,而现在结合新形式,地铁广告已经被赋予新的营销价值。由于地铁广告与移动互联网之间具有这种天然的互补性,很多地铁广告都借由社交媒体进行更大范围的传播,从而提升了地铁广告的受众体验。未来,两者之间的互补性不仅不会被削弱,还会随着互联网的发展而得到强化。

(3)电影院线

电影院线最大的卖点是广告的高关注度、强有力的视听觉冲击、优质的广告环境和优质的受众构成,这些卖点使电影院线成了奢侈品、时尚流行品牌、电子产品的广告主战场。

受众规模较小、位置不好的非全国性院线播放贴片广告时,由于观众上座率较低,广告效果并不好。但位置较好的全国性院线却非常有限,大片、好片又不多,加上受品牌传播时间节点的影响,院线贴片广告的好机会并不多。

广告形式无所谓好坏,只有是否合适之分。根据不同广告主的不同推广诉求组合不同的广告形式而做出最优选择才是最终目的。

(二) 媒介目标策略的制定

媒介目标是广告主的媒介投放所预期达到的媒介效果,因此媒介目标的设定必须在营销目标和广告目标的指引下进行。媒介目标的设定是媒介策划的基础,而媒介目标的有效设定是决定广告效果的重要影响因素。因此,只有在明确的媒介目标的指引下,才能进行科学系统的媒体选择、媒体组合和购买优化。

媒介目标策略的制定是广告运作过程中体现媒介策略与广告策略如何衔接的关键环节,广告策略不同,必然导致媒介目标策略不同。

媒介目标策略要确定具体的媒介发布目标:哪些目标受众?哪些地理范围?需要达到多大的讯息力度?针对这一部分目标受众的广告总量要多大?简单来说,媒介目标至少要包含目标受众、目标区域和预期效果三部分的信息,如:"在北京,针对18—35岁的目标人群,3+到达率要达到75%。"

1. 目标受众

媒介目标首先要指出本次广告活动或媒介投放所针对的目标受众对象是谁,目标受众指广告所要触达的人群,而广告媒介策划中的目标受众通常是广告主的产品或服务的目标消费者。除了产品的目标消费者外,还可能包括非目标消费者,比如营销渠道的代理商、分销商、销售代表,以及其他可能影响消费者决策的人员。

媒介调查公司可以提供目标受众在媒介接触习惯和购买行为方面的详细信息。这些信息涉及人口统计因素,品牌、购买量、购买频率、支付价格以及媒介接触行为等因素。根据这些信息,广告策划人员可以解决以下问题:

- 目标受众中有多少人尝试过广告主的品牌?
- 有多少人对品牌保持着忠诚度?
- 哪个因素对品牌影响最大?是广告的多次重复还是广告文案或者图片视觉等元素的变化?
- 除了购买此品牌,目标受众还会经常购买其他什么样的产品?
- 哪个媒体在目标受众中到达的人数最多?

2. 目标区域或市场

设定媒介目标时,要指出该媒介目标的适用区域。事实上,不同区域的媒介目标设定应该是不同的,因为不同区域的媒介环境不同,媒介市场竞争态势也不同,广告主对不同区域的期望也不同。比如,在北京、上海、广州一线重点市场,3+到达率水平设为70%,即70%的目标受众接触广告三次或三次以上;但在厦门、青岛、济南、南昌、郑州等二线市场,3+到达率水平比一线重点市场低,可能设为60%;其他三线市场设为50%。受预算的限制,针对不同区域,广告策划人员通常会设定不同的媒介目标。

从理论上讲,媒介策划人员只要找到覆盖范围与广告主分销系统覆盖区域相吻合的媒体就可以了。但在实际运作中,确定媒介发布的地理范围并不是那么简单的事,它要受许多因素的影响,例如品牌表现、竞争对手活动等。如此,媒介目标的地理区域选择就会变得复杂起来。

3. 预期效果

媒介目标描述中最核心的内容就是预期的媒介效果。预期媒介效果是媒介目标的定量指标,是衡量媒介投放成功与否的关键,也是策划人员在考虑媒介投放历史数据表现(Reach curve 到达率曲线)、当前媒介市场竞争对手表现(如竞争对手的媒介音量、到达率水平等)、可能的媒体或频道组合(如央视、卫视、省台、市台之间的组合)、广告主的广告目标(要一鸣惊人还是维持水平)等多个因素的基础上,优化设定出来的。

(三)媒介目标市场选择策略

媒介目标市场的选择策略是回答4W1H中的"Where"问题。广告公司从客户方的市场部或媒介部收到的市场清单通常有两种:一种是营销市场清单,这是客户自己根据其市场状况和营销目标确定的,是开展营销活动的市场清单;另一种是媒介目标市场清单,是客户明确需要媒介投放支持的市场。如果从客户处收到的是营销市场清单,那么,广告公司就要通过进一步的分析,对各市场进行重要性排序,然后向客户建议提供媒介目标市场清单。如果广告公司收到的是媒介目标市场清单,那么,广告公司通常只需要进行各市场的重要性排序即可。媒介目标市场清单确定后,由于受预算波动、营销计划变动、铺货进度等市场状况动态变化等因素的影响,最终实际有广告投放的市场清单还会在媒介目标市场清单的基础上做增减。

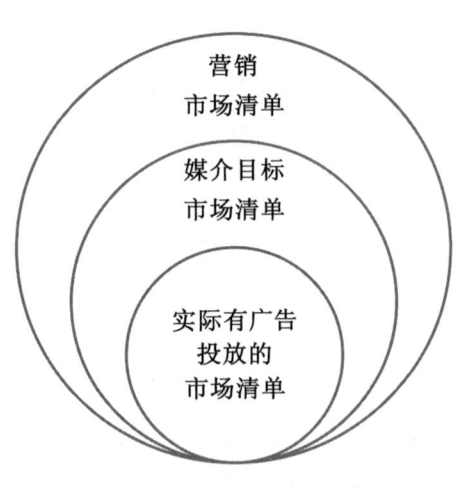

图 12-1 市场清单类型

我们在进行媒介目标市场重要性排序并最终确定媒介的目标市场之前,首先要确定影响媒介目标市场选择的因素。影响媒介目标市场选择的主要影响因素有四个:一是市场的当前获利能力,二是未来的获利潜力,三是来自竞争对手的影响,四是广告投放的因素。

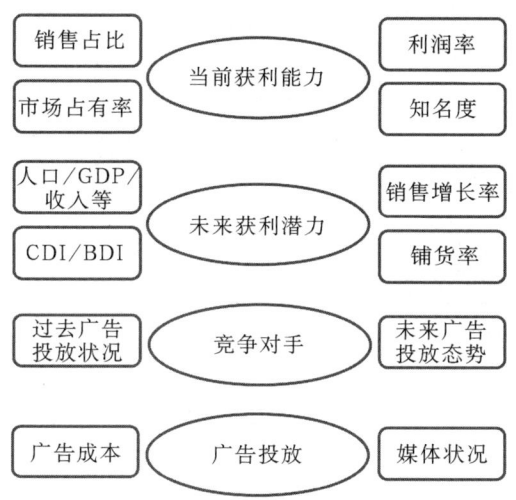

图 12-2　影响媒介目标市场选择的因素

在制定媒介目标市场选择策略时,媒介策划人员也应该考虑上述四个因素的影响,以制定出切合实际的策略。

在考虑市场因素时,销售好的市场未必最重要。因为销售好的市场很可能也是竞争最激烈的市场,其产品的单位利润也是最低的,甚至可能是亏本赚吆喝。当前产品销量不高的市场也未必是应该放弃的市场,因为其很可能是一片蓝海,是极具成长性的潜在市场。还有一些极具吸引力的市场,但企业自身的实力未必能有效地开发这些市场。了解企业自身的实力,基于企业的现有资源选择进攻与防守的目标市场,真正做到有的放矢,才是企业的稳健发展之道。

在考虑竞争对手情况时,如果企业实力超过或与竞争对手相当,可以选择强势的策略,选择在对方表现较好的市场投放本企业的广告,正面攻击对手。如果实力不济,则需要重新定位,既可以在对方强势的市场中寻找机会,也可以选择其他具有潜力的媒介目标市场。

在实际执行中,由于成本因素的限制,本来能投放的市场到最后可能不得不放弃,而转投别的媒介目标市场,或者通过减少预算、减少大众媒体投放而增加其他营销手段的方式来达到市场选择的目的。

所以,我们要综合考虑各个因素,制定合适的选择策略。

我们以 2010 年美加净护手霜的媒介市场选择为例来看一下媒介目标市场选择的具体策略。

首先是重点省市的排序。做法是对护手霜的市场机会(CDI)、品牌自身实力(BDI)、竞争环境三个因素加以综合考虑,根据美加净手霜的现状和其 2010 年的媒介目标,给予重点省市不同的权重,从而判断美加净手霜的市场竞争优势。

学生团队运用各种相关度高的因素,以不同的比重加权得出市场总分,然后进行排序。具体权重分配如下:

市场机会(CDI) = 35%,包括手霜销售数据、手霜市场增长率。

自身实力(BDI) = 40%,包括美加净手霜销售份额、美加净手霜铺货率。

竞争环境 = 25%,主要是市场竞品份额、媒介成本(CPM)、品类媒介投入、美加净 SOV、美加净 vs 隆力奇 RSOV。

省	市场机会(35%)				自身实力(40%)					竞争环境(25%)											总得分	县传建设市场等级	家化媒介部划分的市场等级
	手霜销售数据得分(15%)		市场增长率(20%)		美加手霜市场分额(20%)		手霜铺货得分(20%)		竞品分额(5%)	媒介成本(10%)			品类媒介花费(5%)		美加净手霜广告音量占比(5%)		美加净手霜vs媒力告RSOV(5%)					
	手霜系列销售	打分	市场增长率	打分	美加净手霜分额	打分	美加净手霜铺货	打分	主要竞品市场占比(全棉)	打分	分省CPM	相对得分	打分	媒介投入(0909-0912)	相对得分	打分	SOV	打分	RSOV	打分			
全国	9,671				16.40		66.00		29.5		27,271												
浙江	1,321.9	5	-2.1%	2	26.7	7	81.00	7	20.4	1.0	7	11.0	1.0	7	3,741	1.8	6	69%	6	5.7	5	5.77	一级	一级
陕西	254.1	2	70.8%	7	18.0	5	74.00	6	24.5	2.1	7	0	1.0	7	0	1.0	7	25%		0.5	1	5.21	一级	三级
江苏	1,888.8	6	-4.3%	1	21.4	5	74.00	6	31.3	4.1	4	9.8	1.0	7	14,434	4.2	4	59%	5	2.2	2	5.14	一级	一级
上海	1,423.0	5	-2.6%	2	27.3	7	80.00	7	23.1	1.7	7	412.4	7.0	1	26,836	7.0	1	64%	5	5.7	5	4.95	一级	一级
重庆	243.4	2	53.6%	6	13.6	3	56.00	4	25.6	59.7	1.8	5,664	2.3	6	79%		7.6	7	4.73				
安徽	253.7	2	58.8%	6	12.8	3	69.00	6	32.4	4.4	4	9.2	1.0	7	0	1.0	7	26%		0.6	1	4.54	二级	三级
湖北	316.3	3	41.7%	6	11.2	3	69.00	6	11.2	1.0	7	0	1.0	7	4,272	1.9	6	62%	5	3.2	3	4.50	一级	一级
四川	253.1	2	59.9%	6	13.4	3	64.00	5	34.8	5.0	3	18.1	1.1	7	5,373	2.2	6	29%	2	1.4	2	4.41	三级	二级
湖南	93.0	1	56.0%	6	12.5	3	59.00	5	26.9	3.4	5	10.9	1.0	7	0	1.0	7	43%		1.2	2	4.32	三级	
山东	656.0	3	0.3%	2	12.4	3	56.00	4	25.6	2.1	7	6,155	2.4	6	48%		2.6	3	4.24				
北京	726.6	3	-4.2%	2	16.4	4	73.00	6	31.3	4.1	4	267.6	4.8	3	6,927	2.5	5	77%		4.9	5	4.18	三级	一级
河南	283.9	2	18.7%	3	19.7	5	57.00	4	25.8	2.2	6	0	1.0	7	0	1.0	7	27%		0.5	1	4.14		
天津	162.4	1	-7.6%	1	17.8	4	81.00	7	40.2	6.5	1	252.8	4.6	3	0	1.0	7	47%		1.6	2	3.80		
河北	240.4	2	-5.3%	1	15.7	4	66.00	5	41.8	7.0	1	17.1	1.1	7	169	1.0	7	27%		0.5	1	3.56		
东三省	494.7	3	11.0%	3	10.5	2	47.00	3	35.0	5.3	2	0	1.0	7	7,981	2.8	5	58%		2.4	3	3.44	三级	二级
云贵广	186.4	1	3.2%	2	11.0	3	46.00	3	23.5	1.9	7	10.3	1.0	7	0	1.0	7	56%		1.9	2	3.40		
广东	392.0	2	-13.7%	1	5.0	1	66.00	5	30.7	3.9	4	18.4	1.1	7	2,571	1.6	6	41%		1.2	2	3.17		
福建红西	182.6	1	0.2%	1	8.4	2	47.00	3	24.2	2.1	7	14.5	1.1	7	0	1.0	7	41%		1.0	1	3.10		
山西	80.2	1	22.1%	4	8.8	2	32.00	1	30.1	3.7	4	15.8	1.1	7	1,533	1.3	7	24%		0.5	1	2.80		

图 12-3

然后将城市在大区内进行市场排序。参考客户以前的销售数据,明确各重点城市在大区内的位置。

等级	省	城市	等级	省	城市
一级	浙江	温州	二级	重庆	重庆
		杭州		安徽	合肥
		宁波			蚌埠
		台州			安庆
		金华			阜阳
		绍兴			六安
		嘉兴		湖北	武汉
		衢州			荆州
		丽水			宜昌
		湖州			襄樊
		舟山	三级	四川	成都
	陕西	西安			达县
		宝鸡			德阳
	江苏	苏州			泸州
		南京			乐山
		南通			绵阳
		无锡			雅安
		常州			宜宾
		徐州			自贡
		泰州		湖南	长沙
		盐城		山东	青岛
		镇江			济南
		扬州			潍坊
		淮安			临沂
	上海	上海			济宁
					聊城
				北京	北京
				辽宁	沈阳
					大连

图 12-4

最后，根据企业的广告投放需求，制订实际的广告投放计划，以保证企业的声音到达既定的市场和消费者。

(四) 媒体组合优化策略

1. 选择广告媒体时需考虑的因素

广告媒体的选择受五大因素的影响，分别是媒体、受众、传播需求、竞争对手以及预算。

(1) 媒体

媒体因素主要涉及几点：媒体形象与品质是否有利于保持或提升品牌形象；媒体与品牌的相关性；媒体能否有效地覆盖目标市场；各媒体的性价比如何（常以千人成本为指标）；媒体价格门槛与其他特别要求，如对素材的要求；媒体的区域特征。

(2) 受众

受众因素主要涉及几点：目标受众的媒体接触度；目标受众对媒体的偏好度；目标受众对媒体的消费时长；目标受众的媒体接触时间与场合。

(3) 传播需求

传播需求因素主要涉及几点：到达率目标对媒体的要求，比如媒体能否快速建立到达率；如果广告目标是提升品牌偏好度，那么媒体的形象与品牌力是否有助于提升本品牌的美誉度；从创意的角度看该媒体是否最适合实现和发布创意；媒体能否直接拉动销售的增长（电商客户最关心的问题）。

(4) 竞争对手

竞争对手因素主要涉及几点：竞争对手主要选择投放哪些媒体？以哪个媒体为主？我们是否也采取同样的媒体组合？如果采用同样的组合，能否胜其一筹？如果采用不同的组合，存在什么风险？

在考虑竞争对手的媒体选择这个因素时，我们主要思考两个问题，一是避开与竞争对手的直接竞争。比如避免与竞争对手使用同一种媒体，但这通常很难做到。那么，不妨退一步，试着避开与竞争对手使用同一种载体（比如某电视频道），但这有时也很难，因为如果不投放最好的载体，损失会更大。实际操作中较容易做到的是，避开出现在同一个节目中或同一个广告插播时段中，特别是不能与竞争对手贴身挨着播（这一点很多客户都会有要求）。二是直面竞争，迎头挑战，也就是"占位"与"卡位"的思路。这种情况在中央电视台的黄金资源招标现场常常能看见，如伊利和蒙牛、中石油和中石化、中国移动和中国电信、中国银行和中信银行、青岛啤酒和雪花啤酒、双汇和雨润、中国人寿和泰康人寿、娃哈哈和康师傅等。

(5) 预算

预算影响着媒介策略的方方面面，当然也影响着媒体的选择。在预算有限的情况下，首先应该选择最贴近核心目标消费群的媒体。以凡客为例，在预算有限的情况下，我们首先应该选择能拉动销量的互联网媒体，然后才考虑候车亭、电视、杂志等其他媒体。

2. 广告媒体组合的一般性原则

(1)覆盖最大化原则

覆盖最大化原则有两种情况。一是在物理空间上的覆盖最大化,每一种媒体都有其覆盖区域范围的局限。电视虽然进入了家家户户,但电视还没进入电梯,也没有挂在候车亭上,更没有放在写字楼的办公桌上。二是没有哪一个媒体能覆盖所有的目标人群,这就使我们在进行媒体组合时,首先要考虑每增加一种媒体是否有利于扩大对目标人群的覆盖面的问题。在进行媒体选择与组合时,首先应考虑媒体的空间覆盖和人群覆盖,而非千人成本。比如,不能因为公交车身、候车亭、地铁LED比较便宜就在这三类媒体上投入过多的预算,因为这三类媒体覆盖的人群同质性高。

(2)功能互补原则

电视、互联网、LED是视觉媒体,而且是动态的视频类媒体;杂志和报纸也是视觉媒体,但属于图文类媒体;广播属于听觉类媒体。视听觉媒体更适合感性诉求,图文媒体更有利于理性诉求。无论哪一类媒体,其优点都足以得到广告主的青睐。但只有对功能不同的媒体进行组合投放,才能够满足广告主不同的传播目标。

(3)时间交错原则

目标人群全天24小时除了睡觉之外,都在接触各种广告媒体。因此,在进行广告媒体组合时,可以根据目标人群的媒体接触线路找到最佳的媒体接触点,分时段有效拦截目标人群。时段组合常常以黄金时段(18:30—22:30)为主,再根据不同目标人群的媒体接触特征辅以其他非黄金时段投放。

(4)点面互补原则

点面互补可以从两个角度去理解:一是覆盖区域的角度,既要运用覆盖面广的全国性媒体,如央视、卫视、全国性报纸等;又要运用地方性电视、报纸、户外媒体对重点市场给予特别支持。二是覆盖人群的角度,既要运用覆盖各类人群的大众媒体,如电视;又要运用精准触达核心人群的小众媒体,如行业杂志、直邮等。

(5)时效差异互补原则

电视、广播等电波媒体属于瞬间媒体,播出的广告一闪而过、瞬间即逝。报纸、杂志、互联网、户外等媒体能较长时间地保留广告讯息,可供受众反复查看,属于长效媒体。长效媒体容易达到频次上的积累,具有反复提示的功效。瞬间媒体与长效媒体的有效组合,有利于广告讯息的长时间曝光,有利于维持品牌的知名度。

(6)协调统一原则

媒体组合在播出和刊发的时间节点上必须有机协调、密切配合。换一句话说,就是在进行媒体组合时要考虑购买、执行的难度。比如,在广告战役的第一天,地铁包站项目的制作能否按时完成;电影院线在第一周有没有新片、大片上映;公交候车亭在广告战役开始后的几天内是否能全部上画。所有这些媒体,都要协调与配合,才能让广告产生协同效应,形成强大的整体冲击力。

3. 广告媒体组合的协同效应

每一种媒体针对不同的品牌、不同的传播目标,都有其突出的优势,也存在明显的劣势。只有针对目标受众,结合品牌的需求和状况,通过有效的媒体组合发挥出各类媒体的各自所长,才能产生最佳的传播效果。

(1)互补效应

互补效应主要指各媒体在功能上的互补作用。每一个媒体都有其突出的优势,也有其相对的不足。电视虽好,但只有几十秒;报纸虽差,也足写千百字。媒体组合,可使长短并存,短效变长效。另外,在传播时间上也存在互补的效果。比如电视与互联网媒体的网络视频,在白天(08:00—18:00)和深夜(22:00后),网络视频的覆盖率比电视高。

(2)延伸效应

媒体组合的延伸效应体现在两个方面:一是空间上的延伸,二是时间上的延伸。不同的媒体,其空间覆盖各不相同,渗透率也不同,中央电视台虽然走进了千家万户的客厅,但却难以高坐公司员工的办公桌。

媒体组合延伸了媒体各自的覆盖边界,可以形成更大的空间覆盖面。同时,媒体组合也有效地延伸了传播的时间。互联网、办公楼 LED 延伸了上班族白天的媒体接触,广播媒体、户外媒体则延伸了人们上下班路上的媒体接触。媒体组合所带来的延伸效应,有效地提升了广告的净到达率。

(3)重复效应

重复是一种力量,谎言重复一百次也可能变成真理,这就是"戈培尔效应"。

媒体组合的重复与单媒体的重复在效果上应该是不一样的。比如,第一种情况是:某人连续两天在《新京报》上看到同一条宜家的促销广告;第二种情况是:某人第一天先在《新京报》上看到宜家的促销广告,第二天后在候车亭上看到一模一样的宜家促销广告。我们假设其他所有条件和情况都相同(如接触的时间、内容、人当时的心情状态等),唯一不同是:第一种情况是在单一媒体上重复两次,第二种情况是媒体组合下重复两次。这两种情况下的广告效果是不同的,通过利用不同生活场景的媒体进行组合传播,将使消费者产生更强的认知记忆和品牌联想。

(4)成本效应

投放广告时,选择媒体的过程其实也是对效果最大化和成本最小化的一个权衡过程,是广告公司所做的媒体选择优化工作的价值所在。恰到好处的媒体组合无疑能够有效地提升广告投放的成本效益。

(五)媒体行程策略

媒体行程策略指广告活动中对广告发布的时间规划及广告投放的音量安排,

即通过有效的媒体行程策略,在预算有限的情况下对资源进行更有效的配置,以达到最佳的广告效果。媒体的行程策略包括三个级别:战争级的全年行程策略、战役级的广告战役行程策略和战斗级的波段行程策略。

1. 全年行程的常见模式

(1)持续式

持续式(Continuity)的媒体行程指全年打通、每月均有广告曝光且每月投放音量分布相对均匀的广告露出方式。持续式的媒体行程并不是绝对地要求每一天或者每一周都必须有广告曝光,又或者要求全年52周的广告音量都很平均,而是允许个别周、个别日期没有广告露出。持续式是从全年整体来看一种较为连续、平均的广告投放方式。由于它能够达到对品牌或产品持续提醒的目的,所以在对品牌持续强化方面有一定的好处,能够加强消费者对品牌或产品的记忆度。但由于持续式是在有限的预算下进行的全年均匀投资,所以,资源会被均摊,全年各个时间节点的广告音量比集中投放时要低很多。而且,这种投放模式忽视了季节性产品的时效要求,这类产品在非销售季节可能并不需要广告。不过,持续式的媒体行程策略能够在全年的时间纬度里让广告保持较高水平的知名度(见图12-5、图12-6)。

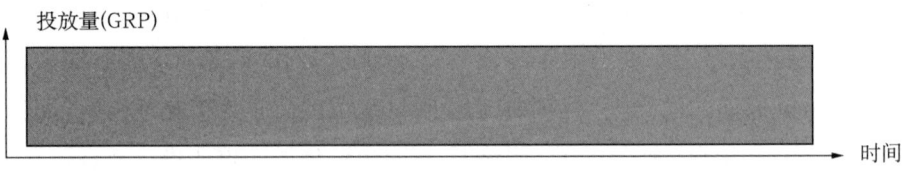

图12-5 持续式

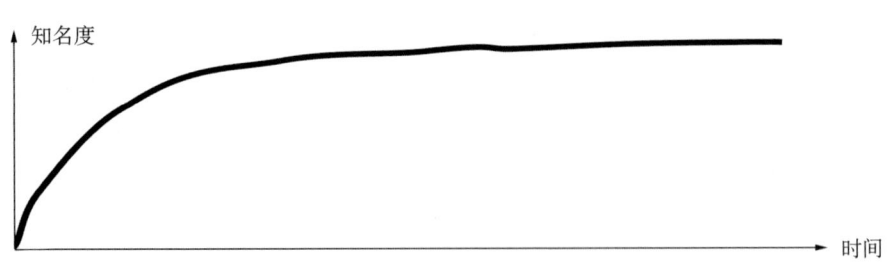

图12-6 持续式行程策略下的广告知名度曲线

(2)跳跃式

跳跃式(Flighting)媒体行程模式又称为间歇式或栅栏式,是一种时上时下的露出方式。从全年来看,广告投放不连续,有明显的空档期,每个波段的广告音量也不一定完全相等(图12-7)。

跳跃式行程策略下的广告知名度曲线随着广告波段而上下波动。投放量高时知名度高,投放量少甚至为零时,广告知名度降低(图12-8)。

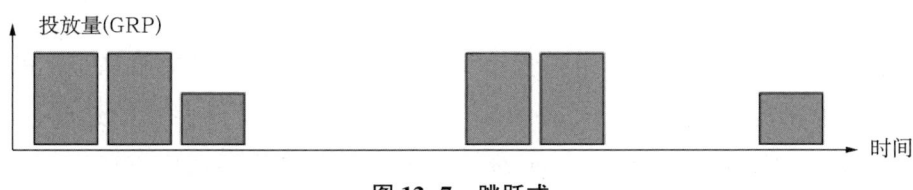

图 12-7　跳跃式

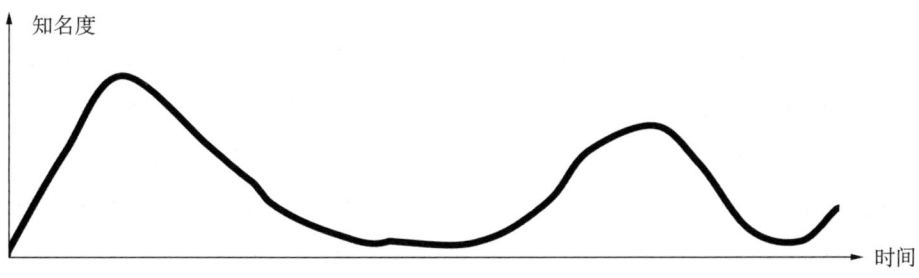

图 12-8　跳跃式行程策略下的广告知名度曲线

(3)脉动式

脉动式(Pulsing)介于持续式与间歇式之间,全年露出,但在露出的高低上存在明显的差异(图12-9)。

脉动式行程策略下的广告知名度有明显的差异,但它较为灵活,可以依据品牌或产品的需要在一定时间段内调整广告投放的强度,更符合瞬间多变的现代市场的需求(图12-10)。

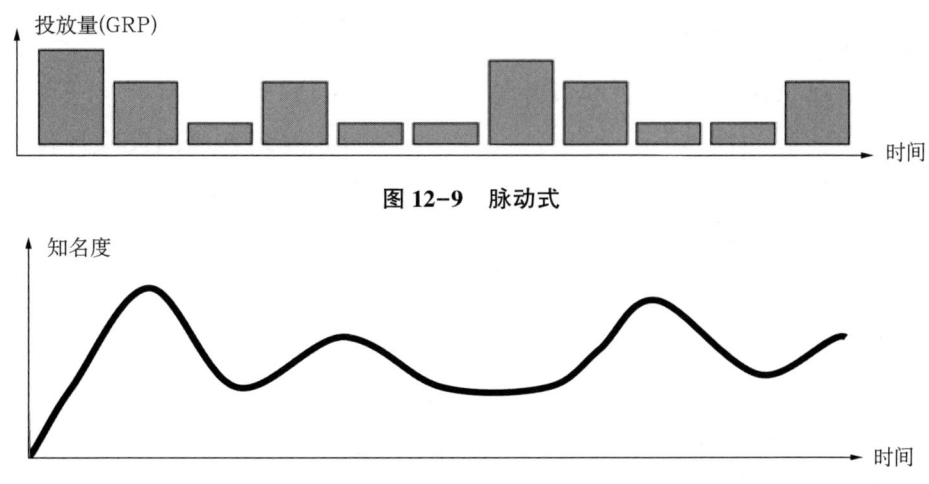

图 12-9　脉动式

图 12-10　脉动式行程策略下的广告知名度曲线

2. 战役行程模式

(1) 时序策略

① 提前策略

顾名思义,"提前"就是在相关营销活动开始之前就发布广告。其实,这一点和遗忘曲线有一定的关系。提前发布,便可以使消费者在有需求之前就对产品有一定的了解,然后,在需求产生后,消费者对提前发布过广告的产品会有一定的印象并有一定的理解与记忆。因此,提前发布策略符合消费者的购买决策过程,有助于市场预热,较适合新产品上市的广告活动。

② 同步策略

同步策略指广告发布与相关营销活动同步开始、同步进行。比如,在产品上市的同时发布上市广告;在促销活动开始的同时发布广告;在营销活动的每一阶段同步发布广告,等等。

该策略可以使广告与相关营销活动紧密配合,直接促使消费者采取消费行动,比较适合已经有一定知名度和市场占有率的产品。

③ 延迟策略

延迟策略指在相关销售活动开始之后再通过媒介发布广告。如在新产品已经上市、销售网点铺货已结束时,根据市场情况发布广告。延迟策略的最大好处是广告针对性强,能够帮助消费者按照广告诉求做出购买选择,有利于提高产品的指名率。

(2) 时机策略

某一个细小的广告时刻往往就决定了整场广告战役的胜负,因此时机的选择可谓至关重要。

广告时机的选择要服从整体的广告策划,以更利于广告目标的达成。而且,广告时机的捕捉要适应市场的变化和消费者的需要。当产品刚进入一个市场时,广告的发布时间应集中一些,广告密度要大一些,广告推出的时机要选择在新产品上市之前。当产品在市场上的占有率提高时,广告宣传的时机要随着消费者需要的变化而变化,而且要注意保持广告的延续性。另外,广告时机往往和竞争对手的广告及媒体选择之间有密切关系,在时机的选择上有跟随策略和针对策略。跟随策略是根据竞争对手的媒介行程来安排自己的媒介行程;针对策略则是与竞争对手对着干,根据对手的媒介行程安排来确定针锋相对的广告发布时机。

3. 波段行程模式

(1) 平均

"平均"是最常用的波段行程模式。即在一个波段行程中,广告的露出时间安排比较平均,没有大的差异。这种模式较适合强势品牌和产品,利用最常用的广告波段平均地安排广告露出时间,以维持其品牌形象。

(2) 前重后轻

"前重后轻"指在一个波段周期内,前段时间广告投放较多,后段时间广告投放较少。这种模式比较适合新产品上市,可以帮助新产品扩大知名度并提高消费者的认知度。比如,在新店开业及新产品上市初期,前两周广告密集投放,后两周广告投放趋于平淡。

(3)前轻后重

"前轻后重"指在一个波段周期内,前段时间广告投放较少,后段时间广告投放较多。这种策略适合产品预热。在重要和重大的广告营销活动之前,可以投放较少的广告来试探消费者的反应,然后集中力量,在波段后期大规模地投放。

(4)脉动式

"脉动式"指在一个波段周期内,广告投放较为自由,广告露出的度在波段内有较大的差异,广告主可以根据自身及竞争对手的广告投放来调整和改变自己的媒介行程。

二、广告效果评估的教学内容

(一)广告效果的界定

广告效果指广告通过媒体传播后所产生的影响,或者说媒体受众对广告效果的结果性反应。这种影响可以分为对媒体受众的心理影响、对媒体受众社会观念的影响以及对广告产品销售的影响。笼统地讲,就是指广告讯息在传播过程中刺激和引起的直接或间接变化的总和。

广告引起的"变化的总和"不是单一的,而是包含了各种因素。如果将所有因素都列入考察的范围,实际操作起来也是不可行的。因此,对于广告效果,通常的做法是限定某些因素再进行测量。

广告效果发生的过程一般可以划分为四个阶段:到达、认知、态度、行为。到达通常称为"覆盖率";认知是受众在接触广告的基础上,对广告内容产生记忆;态度是受众在有认知的情况下,对品牌或者产品产生好感;行为指消费者购买或者响应广告诉求而采取了相关行动。

(二)广告表现效果调查

在广告策划、创意、制作与媒介发布等环节中,广告文案、广告代言人、广告媒介等因素都会对广告效果产生重要影响。针对广告主本身可以控制的这些因素,我们必须对其中的每个变量进行效果试验,以便及时纠正其中的不利因素。

1. 概念测试

概念测试是寻求和确定品牌价值主张的有力工具,概念测试的主要思路是:

- "它做什么",即它给消费者提供什么利益;
- "它是什么",即保证产品利益得以实现的产品特点;
- "它为谁服务",即产品的目标顾客;
- "它对消费者意味着什么",即产品的个性、形象等。

2. 代言人测试

代言人作为一种广告讯息来源,对广

告效果有重大影响。代言人大致可以分为两类：低可信度品牌代言人和高可信度品牌代言人。在选择品牌代言人的时候要牢记一点：品牌代言人是服务于品牌，突出品牌价值和内涵的，因而代言人的可信度、说服力、形象都要及时测试。

3. 文案测试

文案测试主要测试广告创意、文案影像等。测试对象是目标消费者，因为只有目标消费者的反应才具有参考价值。

4. 社会影响测试

当今新媒体环境下，受众不再是单一的信息接收者，他们同时也是传播者。因此，一旦有表达不当的广告发布出来，产生的社会影响将非常严重，有可能引发负面话题，给广告主带来不利影响。

概念、代言人、文案、社会影响都是重要的广告测评指标。无论是广告概念、广告文案还是广告代言人，最终的测试指标都是传达力和说服力。前者具体指广告如何从众多广告中脱颖而出并被消费者记住；后者则表现为广告是否为品牌创造了有利印象。

广告表现效果的测试方法包括：小组讨论法、认知列表法、语句完成法、语句联想法、故事板录像测试法、专家意见总和法、机械测试法和仿真测试法等。

（三）广告媒介效果调查

广告媒介效果评估主要针对传统媒体渠道的广告效果和网络渠道的广告效果。

传统媒体渠道的广告效果监测重在接触效果，监测内容主要包括发布过程、广告视听率、媒体环境与投放策略四部分。

传统广告调查注重"到达"和"注意"这两部分效果。但在网络广告效果方面，调查人员更加注意用户与广告互动的过程，比如用户接触媒体广告后的质与量，用户在广告投放后发生了哪些持续性接触和行为的改变。

（四）广告沟通效果调查

广告沟通效果的研究体现在两个方面：一是广告讯息本身的沟通效果；二是广告发布后目标受众对品牌认知的变化。

广告讯息本身的沟通效果可以从受众的认知、识别、回忆度、关联度、态度等维度进行测量；品牌认知效果可以从品牌知名度、品牌联想度、品牌美誉度、品牌忠诚度等维度测定。

（五）广告销售效果调查

广告的销售效果即广告的经济效果，调查时通常以产品或者服务的销售额是否提升来直接判断广告效果。

广告的销售"实效"可以采用三大类方法去测量。

第一类：统计分析法。该方法包括广告效果比率法、广告效益法、广告费比率法、使用牵引率、PEA法、NETAppS法和固定样本连续调查法七种。

第二类：实验法。该方法以实际零售店和销售地区为对象，在一定时间内，以广告宣传的商品为中心进行测定。实验法可以测量不同广告支出、广告媒体和诉求策略对销售的推动作用。

第三类：观察与访问法。调查人员到现场直接观察、访问，凭借视觉、听觉等感觉器官及现场搜集来的语言数据获得消费者对广告效果的反馈。这种第一手数据虽然没有样本量的支持，但是仍然能够向广告主证明广告有没有对消费者的实际购买起到良好的推动作用。

在衡量广告"实效"的众多指标中，虽然销量不是唯一的指标，但却是最直接、最有力的一个指标。因此，广告主把销售额当作衡量广告效果的标准也就无可厚非了。

第二节 媒体策略与广告效果评估的毕业设计指导方法

一、毕业设计案例呈现

(一) 快消品品牌类案例

	媒介选择	6月份	7月1日-26日	7月27日-8月12日(伦敦奥运)	8月13日-31日	9月份	10月份	11月份	12月份	推广预算 总预算：445万元	
媒介费用	网络	BBS论坛									0	45
		豆瓣									0	
		活动官网									0	
		微博网页									0	
		新闻网站					13		22		35	
		MSN PC端				5	5				10	
	手机	微博客户端				5	5				10	10
	户外	地铁梯牌		30					30		60	302
		巴士候车站站牌		35					30		65	
		的士候车站站牌							27		27	
		高级写字楼电梯						25			25	
		高级住宅区电梯						25			25	
		酒吧街			30						30	
		高级写字楼			70						70	
	广播	交通频率						33			33	33
活动费用	手机	App制作费		7							7	55
	活动	啤酒娘活动费用		13							13	
		奥运活动费用			15						15	
	公关	公关费用			20						20	

图 12-11 蓝带啤酒 2012 年下半年品牌推广方案

(二) 互联网服务类案例

顺丰优选 2014 年下半年度华南地区推广方案

测评目的：

在推广方案执行后，了解受众对顺丰优选品牌的知晓度、好感度，分析在线购买的活跃用户的数据特征，为下一阶段的推广策略提供数据参考。

测评内容：

1. 阶段性活动执行后，网站访问量及下单量的呈现结果；

2. 受众对品牌、活动项目以及平面、影视广告的记忆度及认知度；

3. 受众对信息获取渠道的满意度；

4. 受众对广告创意、活动内容的好感度；

5. 受众对顺丰优选的改进建议。

测评方法：

1. 数据统计法。

2. 问卷统计法。

（三）新创产品类案例

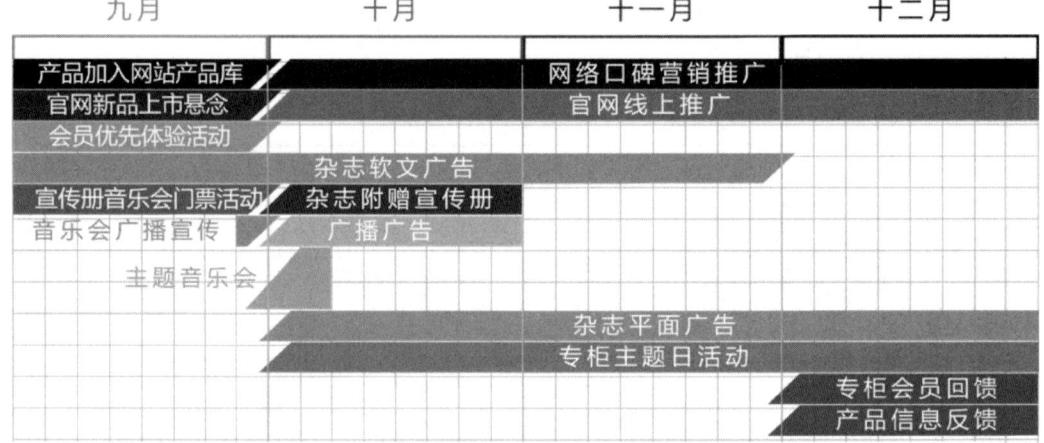

图 12-12　玛莎 Genesis 纯天然植物精油系列新品上市策划案演示文稿

（四）公益类案例

表 12-1　腾讯 微爱益起来 社会公益平台建设及 2014 年下半年推广策划案

项目	形式	线上媒体	线下媒体
平台介绍推送	文字平面	QQ 邮箱、腾讯 Hi 公益微信公众号、QQ 弹窗、微信支付平台	无
"小人物也能做大事情"主题广告	平面	腾讯 Hi 公益微信公众号、腾讯公益网、腾讯网、"微爱益起来"微信公众号、QQ 对话框、"微爱益起来"网站	地铁灯箱 公交站牌
"超人忘了使命"主题广告	平面	腾讯 Hi 公益微信公众号、腾讯公益网、"微爱益起来"微信公众号、"微爱益起来"网站	公交站牌

续表

项目	形式	线上媒体	线下媒体
"微爱益起来"视频	视频	腾讯Hi公益微信公众号、腾讯公益网、腾讯视频、"微爱益起来"微信公众号、QQ弹窗、"微爱益起来"网站	无
"晒创益"分享会	线下活动	腾讯Hi公益微信公众号、腾讯公益网、"微爱益起来"微信公众号、豆瓣、腾讯网、"微爱益起来"网站、BottleDream	文化中心 书城
"超人有Wi-Fi"活动	线下活动	微博、"微爱益起来"官网、豆瓣	无

（五）其他类案例

表12-2　海雅自由广场品牌形象塑造及传播方案

发展阶段	预热期	导入期	成长期	发展期
媒介执行	报纸	报纸、站牌、车身	报纸、站牌、车身、网络	站牌、车身
品牌任务	建立品牌好感度	导入形象	提升品牌形象	保持及提升品牌形象
广告任务	利用软文推出海雅自由广场	使用系列广告表现海雅自由市场的形象定位	利用创意广告加大力度深化海雅自由广场的形象定位	长期稳定地吸引受众前往
媒介任务	预热传播海雅自由广场的存在	传播海雅自由广场的品牌形象	深化海雅自由广场的形象定位	结合定位,有针对性地投放海雅自由广场的主题活动

四、毕业设计特点

（一）"双非"部分

由于媒体策略部分的"双非"特性（非重点,非加分）,媒介策略部分很难得到学生的重视,通常被作为整个策划案的最后部分呈现出来,内容甚少,有些策划案的媒介策略部分甚至只有一张随意编排出的媒介排期表。

（二）媒体类型的选择：全媒体或新媒体

学生在进行媒体类型的选择时,有两种典型的现象：

- 偏向选择全媒体,混淆了多媒介经营和全媒介经营的概念；
- 只选择新媒体而忽视传统媒体。

随着数字时代的到来,新媒体、新技术层出不穷,接触点无限爆发,媒体环境变得日趋复杂。在媒体投放类型的选择上,机会与陷阱并存,一旦思路不当,即便预算再多,也收效甚微。

(三)媒介载体的选择:大而不适

学生在选择媒介载体时有一个常见的误区:大而不适,即偏向选择大媒体、大IP,或者只提及媒体类型而无具体的媒介载体的选择,没有很好地根据策划案的特点对不同的媒介载体进行最优组合。这主要是因为学生对媒介的属性理解不足而致,他们无法根据传播目的正确地选择媒介载体。

> 媒介投放

	媒介类型	广告投放	广告内容
线下广告	户外广告	户外创意座椅	公园、广场天线宝宝座椅
		楼宇电梯	商场的电梯投放
		社区挡杆媒体	社区停车场挡杆植入天线宝宝形象
		商场育婴室	育婴室内的育婴架上植入创意广告
		商场户外广告牌	商场的橱窗外投入品牌形象广告
		海报	活动及讲座海报
		专列小巴	活动小巴车体包装
	AR互动装置	互动橱窗	在机构门店外设置互动橱窗
		天线宝宝人偶触摸装置	在机构门店外设置人偶
	纸质广告	凤凰传媒出版物	合作媒体投放教育软文
		宣传册	中心介绍宣传册
	礼媒	会员大礼盒	光盘、姓名牌、环保袋、帽子、相册、会员卡、人偶指套等
		活动礼物	气球、天线宝宝头箍等
线上广告	官网维护	官方动画网页	Flash动画
		官网SEO优化	增加搜索曝光率
	社交网络	深圳妈妈网	软文、活动预告
		新浪微博、腾讯微博	FLAS宣传、病毒营销、话题营销、活动动态
		宝宝树	软文、活动后期
		育儿网	软文、活动后期
		妈妈社区QQ群发	软文、活动后期
	移动媒体	App开发	创意相机、官方App
		微信	官方微信、朋友圈传播

图12-13 天线宝宝早教2013年深圳地区品牌推广方案

(四)媒介行程安排:三阶段论

在往届的学生作品中,我们可以看到,许多学生都单一地以三阶段论的思维去进行媒介行程安排,没有很好地分主次,没有突出重点,这也反映了学生在进行媒介行程安排之前没有重视对媒体的性质、特点、质量、成本以及受众对媒体的态度等因素的调研。

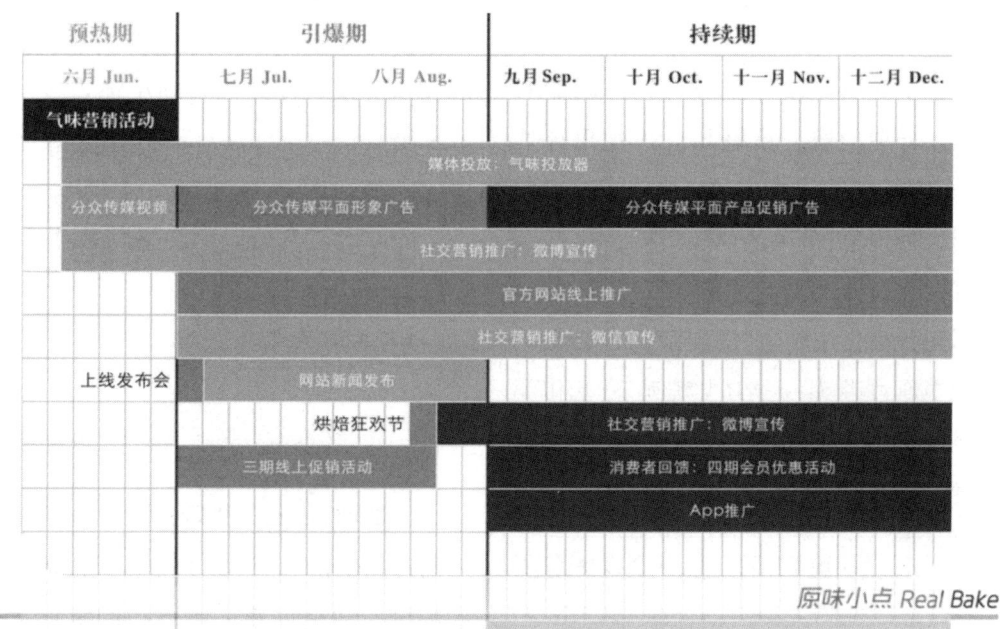

图 12-14 Real Bake 原味小点品牌建立与产品推广策划案

(五)媒体组合优化:缺失

在实际工作中,媒体组合优化是一个非常重要的环节,不同媒体具有不同的特性,策划人员要根据整个策划案的创意策略、定位策略、诉求策略等科学地选择和使用媒体,以形成多种媒体的优化组合,进而提高整个策划案的可行性,确保传播效果的最大化。

有效的媒介组合有助于扩大广告的受众,有助于目标消费者对广告讯息的重复接触,有助于广告讯息的互相补充。但纵观往年的毕业设计,这一点经常被忽视。

(六)媒体预算:纯拍脑袋

关于媒体预算,学生通常是拍一拍脑袋就决定了。这一现象的背后,主要反映了学生与市场的脱节。一方面,学生没有甲方思维,对预算没有概念;另一方面,学生没有成本思维,对广告价格和广告成本没有概念。

(七)媒体效果:基本不提

学生作品中绝大多数是不提及媒体效果的,主要是因为学生不知道如何去体现这部分内容。一方面,他们不知道媒体效果应该体现哪些内容;另一方面,他们不知道如何预估媒体效果。

五、原因解析

（一）不重视，因为不是加分项

学生做毕业设计，追求高分，因而对不是加分项的媒介策略与广告效果评估部分没有投入较大的精力，草草带过。要改变这种现象，单单从口头上向学生强调要重视媒介策略与广告效果评估部分是起不到什么作用的，这需要我们在日常的教学中通过讲解一线实战案例、分享相关实践经验来提高学生对这一部分的重视度。

（二）没法重视，因为找不到媒体资源

有学生反馈，他们也想了解业界的媒介投放流程到底是什么样的，但他们实在接触不到这方面的资源。举个最简单的例子，学生说他们想模拟操作竞价投放的流程，但在注册账户时，竞价投放平台会要求他们提供相关的就职公司、就职岗位等信息，学生在这个环节就被卡住了。

在日后的教学实践中，我们需要为学生提供更多的媒体资源支持，并引导他们如何利用这些媒介资源。

（三）不知道如何重视，因为老师没有教

学生对媒介策略与广告效果评估部分重视不足，这不仅有学生的原因，教师的原因也占了很大的比重。我们的教师在教授媒介策略与广告效果评估时通常会出现以下误区：没有与时俱进地更新教案，传授的知识跟不上发展的需求；未能很好地引导学生对媒介策略与广告效果评估进行全面、系统的了解并搭建起相关的知识体系。这就导致学生面对这一部分知识时不知道该如何下手、如何重视。

六、指导方法

（一）思维培养

1. 甲方思维：是否满足甲方的需求

一般而言，乙方更偏向于追逐优秀出彩的传播案例，而甲方更加强调传播活动的逻辑性和全局观。甲方的侧重点在于传播活动是否能满足其品牌现阶段的发展需求。

不过，部分甲方有时对自己的核心目的和策略也不够明确，这时就需要一个具有甲方思维的乙方，他要凭借自己的专业知识，和甲方一起梳理方向，并确认传播的侧重点。

在广告界，一段良性的服务关系应该是谋士与主将的关系，乙方的义务在于协助甲方清晰地分析眼前的形势，并针对每一种可能提出合理、可行的解决方案。

如果乙方提供的服务只是几张平面图、一个H5、一个事件或者一条广告这种市场化的套路，那么其未来的路只会越走越艰难。

2. 执行思维：能不能落地执行

创意与策略要能落地和执行才有意义，媒介投放方案的可行性决定了它能否最高效地将创意部分的内容传递出去。我们要引导学生从可行性的角度，以结果导向的视角，尽可能地对目标进行多维度的量化考量，结合甲方需求、受众分析、市场分析等，聚焦到实处，务实、严谨、畅通、独立地制定媒介策略。

3. 优化思维：是否是当前最优媒体组合

面对更为复杂多变的营销环境和受众观看习惯的变化，如何优化媒介组合，提升媒介资源利用率，从而达到媒介效果的优化，增强整个广告活动的传播效果便显得尤为重要了。

学生在毕业设计的过程中，要认识到媒体快速发展所带来的媒体创新与整合趋势，从而有效地进行媒体的优化整合，如投放策略及预算分配等的优化，有意识地培养广告主提升投资回报的思维，同时发现广告传播过程中的价值洼地，使有限的资源收到最大的传播效果。

（二）能力培养

1. 情报搜集能力

情报即信息，我们要引导学生学会如何在信息时代高效、快速地收集项目所需的媒介信息，并进一步将各种信息进行筛选分析、优化组合和综合利用，以期有效地解决实际问题。拥有收集及整合信息的能力，有助于学生更好地了解各个媒体的特性，进而有助于他们基于项目的特点、需求等因素进行媒体的组合及优化。

2. 数据分析能力

对媒介投放的数据进行分析，其意义在于：

- 有助于学生了解媒介投放的质量；
- 有助于学生实时调整、控制媒介投放成本；
- 有助于学生评估媒介投放方案。

在日常的教学中，教师要引导学生学会如何使用各类数据分析工具，掌握科学的数据分析方法，通过量化的数据分析制定并优化媒介投放策略。

3. 媒体沟通能力

媒体沟通能力即与媒体保持良好关系和有效沟通的能力，对这个能力的培养主要包括以下几个方面的内容：

- 让学生学会如何搜集相关媒体资料并进行分析，及时把握媒体动向；
- 让学生学会整合所能接触到的传播媒体资源；
- 让学生学会维护并拓展日常的媒体关系网，建立和维护与媒体的良好合作关系，开拓新的媒体关系。

附　录

附录一 广告本科毕业设计管理手册

第一部分 广告学专业本科毕业设计任务与要求

一、毕业设计任务

广告系综合毕业设计采取小组项目方式进行,学生以小组形式合作完成推广全案,同时独立完成个人研究报告,共计两项任务。

(一)推广全案

以小组为单位完成整合推广全案一项,须真实课题。小组自行联络客户,经小组指导教师认可确定项目选题;小组项目进行中可充分听取全系教师指导意见,自主完成项目全案并形成文本;每个小组成员必须参加广告系统一安排的公开答辩。

为进一步增强广告系毕业设计项目的实战性,鼓励指导教师联系企业、广告公司以及其他机构提供毕业设计项目,并提供适当资助。在毕业设计开始前期,每个项目通过比稿确定两个参与项目的小组,各小组各自独立完成毕业设计项目。项目小组由系内指导教师和企业营销部门人员共同指导。

(二)个人研究报告

个人研究报告须与小组项目相关,并主要结合个人分工进行选题。研究报告须解决具体研究问题,避免泛泛而谈;不可写成工作总结或者操作过程,不可重复项目文本内容;个人研究报告写作须符合相关规范要求;严禁抄袭。

二、纪律要求

(1)所有参与项目小组的同学必须是学院确认有资格参加本专业本年度"毕业设计课程"的学生。

(2)毕业设计成果须按要求按时完整提交,逾期提交,酌情扣分;未按要求完整提交的小组或个人视为未完成毕业设计要求,取消答辩资格,毕业设计成绩记为零分。

(3)项目文本评审实行指导教师回避制,个人研究报告评审实行指导教师回避及匿名评审制。

(4)毕业设计小组项目与个人研究报告严禁抄袭,引用借鉴时,须注明出处或来源。根据《传播学院关于严明学习纪律遏制作弊行为的规定》,个人研究报告中出现30%以上的抄袭内容认定为作弊,取消第一批毕业资格并限期整改重新提交;不能在规定时间内完成整改并提交通过的学生,毕业设计成绩记为零分。小组项目的创意、设计与制作有发现剽窃的,依据情节,给予相应处罚。

(5)毕业设计小组项目应由小组成员合作独立完成,如有需要可由他人协助完成部分辅助性工作,同时须在文本中说明协助人和协助情况。

(6)项目小组成绩以及个人总评成绩统计完成后,在学院布告栏公示三天。公示期间,接受实名举报。举报须同时提供相应证据,经查实,依据学校相关规定进行处理。

三、成绩评定

小组项目相关考核内容评分标准参见附件1。

毕业设计考核内容包括推广全案、个人研究报告以及个人综合表现三方面内容。

毕业设计小组得分=项目文本得分×50%+小组答辩成绩×50%。

毕业设计个人得分=毕业设计小组得分×40%+个人答辩得分×20%+个人研究报告成绩20%+个人综合表现×20%。

(一)推广全案

推广全案包括项目文本得分、小组答辩得分以及个人答辩得分三个部分,由全系指导教师以及外请评委评定。小组答辩得分与个人答辩得分分别评定。

(二)个人研究报告

个人研究报告由指定教师评定成绩。

(三)个人综合表现

个人综合表现由小组指导教师根据个人项目参与度及专业表现,结合小组工作日志和个人工作日志进行综合评价。

此外,为鼓励学生创新探索,毕业设计小组项目设立以下奖项:全场大奖、最佳策略奖、最佳现场表现、最佳创意、最佳视觉传达、最佳文案、最佳实战、最佳合作团队等。

四、指导教师

毕业设计指导教师由广告系教师担任,每一名指导教师可指导1—2个项目小组。本年度指导教师名单如下:

(略)

传播学院广告系
＊＊＊＊年＊＊月＊＊日

第二部分　广告学系本科毕业设计各项考核内容评分标准

一、项目文本评分标准

(1)项目架构(解决问题的思路)(10%);

(2)项目分析、市场研究及定位(问题识别及推导过程)(15%);

(3)项目策略方案(含广告策略、公共关系策略、媒体策略、预算,概念表意的准确性、专业性,策略的针对性、原创性、可执行性、有效性、完整性)(20%);

(4)广告创意(主题表意的原创性、冲击力、准确性)(20%);

(5)创意执行(广告设计或制作)(创意表现能力即各类形式广告设计制作水平,例:摄影、故事板、插图、企业识别、平面广告、多媒体广告、影视广告、广播广告等)(20%);

(6)项目实施(方案或部分内容被企业采纳或者执行)(5%)

(7)文本内容的完整性、整合协调性及规范(10%)。

二、毕业答辩评分要点

(1)提案思路清晰,个人陈述表意准确、专业、简洁、完整;

(2)多媒体演示效果表达清晰、流畅;

(3)对个人完成部分的专业性评价;

(4)正确理解提问,明确回答问题。

三、个人研究报告评分要点

(1)逻辑清晰、观点明确、语言简洁通顺,不少于 5000 字;

(2)严格按照规定格式提交。包括 3—5 个关键词,200 字以内摘要,不少于 10 个(篇、网址)参考文献;

(3)选题价值较高、内容充实、原创性强。

四、个人综合表现评分要点

团队合作精神、个人完成部分专业水平、创造性思维、技术操作表现、工作态度、小组项目整体成果表现。

第三部分　广告学系本科毕业设计需提交的材料清单及要求

一、开题报告

(1)小组项目开题报告;

(2)个人研究报告开题报告。

二、小组项目文本

(1)2 份(彩色)全案打印文本;文本要求不大于 A4 基本页面,竖版,装订方式不限,不提倡过度包装;

(2)小组项目文本封面、诚信声明、个人完成工作表、客户单位鉴定表等必需内容页面,严格遵守统一格式要求及页码顺序规定;

(3)文本结构完整、条理清晰、内容表述简洁准确,每套文本原则上不超过 100 页。

三、个人研究报告

(1)个人研究报须按照传播学院本科生个人研究报告撰写规范及要求格式进行排版;

(2)个人研究报告文本封面、诚信声明等必需内容页面,严格遵守统一格式要求及页码顺序规定。

四、光盘

(1) 2套光盘电子文件,包括文本中所有内容、答辩演示文档、个人报告、小组花絮视频等内容;

(2) 光盘封面上须有毕业设计项目名称,"深圳大学传播学院××××级广告学专业"、小组成员学号与姓名、"××××年××月"等内容,勿在光盘上写字和贴纸。

五、毕业设计日志

(1) 毕业设计小组及成员须提交毕业设计小组日志与个人日志;

(2) 日志中与指导教师以及客户沟通的部分需签字确认。

第四部分 广告学系本科毕业设计过程管理材料提交清单

一、毕业设计布置与分组

(1) 专业毕业设计任务与要求;
(2) 专业毕业设计进度表;
(3) 毕业设计项目分组及指导教师一览表。

二、毕业设计中期检查

(1) 毕业设计项目进度中期情况检查表;
(2) 毕业设计个人研究报告进度中期情况检查表。

三、毕业设计初审、终审与答辩评审

(1) 项目文本初审意见表;
(2) 个人报告初审意见表;
(3) 项目文本综合评分表(终审);
(4) 个人报告成绩评审(终审);
(5) 个人综合表现评分表(终审);
(6) 毕业答辩评审表;

四、毕业设计成绩结果与情况汇总

(1) 毕业设计进展情况记录表；
(2) 项目总评成绩汇总表；
(3) 毕业设计个人总评成绩汇总表；
(4) 毕业设计项目及个人报告情况一览表；
(5) 毕业设计优秀项目汇总表。

第五部分 广告学系本科毕业设计进度安排

时间	事项	参与人员	备注
××××年××月××日	毕业设计动员，说明毕业设计要求和安排等	全体学生	毕业设计动员会，可邀请客户单位参加
××××年××月××日	确认并公布项目分组安排表，含各组组长、组员和指导教师	全体教师、全体学生	
××××年××月××日	毕业设计项目开题结束	全体教师、全体学生	安排毕业设计开题评审会
××××年××月××日	个人研究报告开题结束	各项目组同学及指导教师	指导教师与学生集中见面
××××年××月××日	个人研究报告初稿、项目进展检查以及寒假工作布置	各项目组同学及指导教师	指导教师与学生集中见面
××××年××月××日	中期评审	各项目组同学及指导教师	指导教师对所指导的小组进展情况进行评审
××××年××月××日	项目初稿提交	各项目组	
××××年××月××日	完成项目初稿预审及反馈沟通	全体教师、各项目组	
××××年××月××日	提交全部毕业设计成果	各项目组	
××××年××月××日	项目与个人报告评审	全体教师	
××××年××月××日	答辩	获答辩资格学生、全体教师	集中评审
××××年××月××日	成绩公示		

附录二　1998届—2019届广告专业毕业设计项目清单

欲知详情请扫描二维码

附录三　融合与实战:广告学专业人才培养模式的反思与改革

一、改革背景

以人工智能、区块链、云平台、大数据等为核心的数字技术融合越来越成为当代数字营销的一个主导性力量,基于数字技术基础上的创意营销实战教学成为广告创新创意创业教学转型发展的未来方向。面对数字营销人才需求的结构性改变,传统面向大众传播的广告学专业课程体系很难适应数字营销融合与实战发展的内在要求。广告学专业急需重构数字营销时代广告学专业人才培养新模式,培养适应数字创意营销实战要求的创新型人才。

(一)数字营销已成为当今广告营销的主战场

在我国广告产业近年来整体市场增长趋于平缓的背景下,网络广告市场保持着良好态势,移动广告发展势头迅猛,数字营销已成为我国广告营销的主战场。艾瑞咨询2016年度中国网络广告数据显示,中国网络广告市场规模达到2902.7亿元,同比增长32.9%。并且,2016年移动广告营销市场规模达1750亿元,同比增长75.4%,增速显著高于网络广告市场的整体增速,占网络广告市场60.3%。[①] 其中,在广告内容层面呈现出原生化、视频化、个性化趋势,原生广告、中插原创贴、互动创意贴、短视频等新的内容营销形式层出不穷,信息流广告增长迅猛;在技术层面,大数据促使广告营销不断精准化,而人工智能正在日益改变创意生产模式,规模化、程序化创意生存成为可能,这倒逼广告产业价值链不得不进行重构。

(二)数字营销背景下广告人才专业能力的重构

数字营销内容创意与数字技术的深度融合,带来了新时代广告人才专业能力的系

---

① 2017年中国网络营销发展情况分析[EB/OL].(2017-05-27).http://www.askci.com/news/chanye/20170527/10173899097.shtml.

统重构。正如北京大学陈刚教授所指出的,广告教育应着力培养具有批判创新能力的应用人才,具体包括:系统的数字化思维能力、数据分析与智能技术的应用能力、市场策略的把握与洞察能力、动态试错的优化能力、规模化个性化内容创意能力、品效合一的综合能力、管理协调能力等诸多能力的集合。①

截至2018年年底,全国有500多所院校开设了广告学专业。广告教育呈现出"量的扩张"与"质的滞后"的矛盾。大多数广告学专业课程设置以传统媒体广告传播形态为主,难以适应融合型新媒体广告传播策划、创意与设计的要求;并存在课程内容陈旧,难以适应创意产业发展需求;教学手段单一,难以调动学生学习的积极性;课堂教学与数字营销发展实际脱节,难以提升学生的就业能力等问题,尚不能有效满足内容创意与数字技术深度融合发展对广告创意人才的需求。

(三) 深圳城市发展为深圳大学广告专业培养模式改革提供了良好契机

创意营销与数字技术相结合的复合型人才成为腾讯、百度等互联网公司炙手可热的稀缺性人才。国内北京大学、中国传媒大学率先开始了此类改革,北京大学新闻与传播学院陈刚教授主持的"基于互联网大数据平台的数字营销实战教学改革与实践"获得良好反响,入选"2017年度高校教学改革优秀案例"。深圳大学应当抓住转型机遇,深度结合深圳创新科技产业企业发展的优势,深化广告人才教育培养模式的改革。

深圳作为国家创新型示范城市,在新媒体产业、信息技术和数字营销产业等方面有着得天独厚的优势。近年来,创新创意创业已成为深圳的主流文化之一。深圳的城市发展为深圳大学广告专业人才培养模式改革提供了良好契机。因此,深圳大学的广告学专业应该深深地扎根于深圳经济特区这一沃土之中,借助新型产业资源,勇于重构数字营销时代下的广告专业课程体系、实践教学体系。只有这样,深圳大学的广告学专业方能走出一条特色办学的差异化之路。

二、现状反思

在社会化媒体高度发达的今天,学生获取教学资源的途径已经非常丰富,互动已经成为他们的内在要求。因此,教师转换角色,改革以前的课堂授课形式,实现共生、共享的课堂教学模式已成为时代需要。但目前处于转型期的广告学专业在教学模式上仍然非常传统,教学体系亟待深层变革。

---

① 根据陈刚教授在"中国传播学论坛2018"上的演讲整理。

(一)以课程为中心的教学模式,难以适应数字营销产业发展需求

当前中国广告专业的教学模式仍然非常传统,整体上以课程为中心,以课程授课教师为支点进行教学设计和安排,这种教学模式的本质是重视理论教学而不经意地忽视实践教学。但单一的理论教学手段难以调动学生学习的积极性,且课堂教学内容陈旧,与业界发展实际脱节,难以提升学生的就业能力。面对广告教育转型严重滞后于新媒体创意营销实践飞速发展的问题,加强广告专业学生理论素养和创意技能的整合是人才培养的必然要求。课程内容如何适应实战化教学,如何调动学生主动学习和参与实践的积极性,是广告学专业探索改革之路的方向。

(二)单兵作战的教学设计,难以适应数字营销实战化教学需求

广告专业课程本身的授课是以教材为支点的,而教材内容本身就存在大量的重复;且教学以教师单兵作战为主,每个教师都会根据自己的经验和喜好对授课内容进行选择。这种基于个人偏好而非基于知识模块体系做出的选择,无法让学生掌握整体知识体系,更谈不上对他们进行整体性的训练。这种单兵作战的教学设计难以适应数字营销实战化教学需求。课程体系改革如何适应内容创意与技术驱动背景下的广告传播策划、创意与设计的要求,如何将创新创意创业教育融入广告教学体系改革,等等,是广告人才培养模式改革要研究的问题。

三、改革思路与目标

面对数字营销带来的内容创意与技术传播的巨变以及对学生从事数字营销实战能力的要求,深圳大学广告学专业探索出"融合型、实战化"两大主题来构建广告学专业本科教学新体系和人才培养新机制。改革通过系统重构多重融合背景下的广告学专业课程体系、教学体系和实践体系,以跨界融合的学习和竞争性的实践途径帮助学生实现能力整合、知识创新、业务创新和竞争力聚焦。改革思路分为两大方向。

(一)构建多层次融合型广告专业本科教学新体系

以大广赛、大作业构建专业核心课程整合的融合型课程体系,以创新短课和系列前沿讲座构建数字营销融合型教学体系,以课堂内外数字营销实践平台探索融合型实践体系,从而构建多层次融合型广告专业本科教学新体系,实现课堂、实验室、实习基地三者的有机融合,实现学、产、研的跨界融合。

(二)以递进式实战化教学方式探索创意人才培养新机制

项目通过以高水平学科竞赛为依托的仿真实战,为低年级学生提供初级实战化教学;通过以整合性大作业为载体的竞争性实战,设计中级实战教学环节;通过以毕业设计为载体的创新创业型实战,完成高级实战阶段。深圳大学广告系借助递进式实战化教学手段探索全程紧张型教学,通过竞争和挑战唤起学生主动学习的动力,从而实现从作业到作品,再从作品到产品的转化,深化数字营销人才培养教学方式改革。

基于对目前高校广告专业课程体系现状的梳理,不难发现,要培养实践能力强、综合素质高的人才,理论与实务的深度结合是重中之重。因此,进行课程体系和教学模式的深层变革刻不容缓。深圳大学广告学系在这种困境中摸索出的应对之法是把实战项目和理论教学融为一体,这也是广告学专业人才培养模式改革的目标所在。

1. 理论与实务的结合

"融合型、实战化"教学理念使广告专业理论与实务深度结合,让学生进行知识与技能的双向学习,他们开放的资源使学生所学得以超越课程基本知识,触摸数字营销前沿的知识与技能。同时,"融合型、实战化"培养理念也可以促使老师积极学习数字营销前沿知识,不断补充和更新自我的知识体系,源源不断地提供给学生新视野,为学生指点迷津。

2. 培养数字营销"双创"型人才

"融合型、实战化"人才培养理念旨在激发学生的学习兴趣,激发他们的创意。小组学习贯穿始终,不仅能培养学生的团队合作能力,更能让创意的大脑一起迸发一起创新,为学生今后创业打下坚实的基础。这种教学理念和体系不仅符合深圳大学"窗口大学""特区大学"的定位,更是在积极响应国家"双创"要求,弘扬"双创"精神,为跨界融合的数字营销产业输送有用人才。

四、"融合型、实战化":深圳大学广告学专业人才培养模式改革探索

以数字营销时代对广告创意人才的社会需求为导向,2010年以来,深圳大学广告学专业探索出"融合型、实战化"两大主题广告学专业本科教学新体系和人才培养新机制。该改革以创新融合型课程体系、实践体系为主要抓手,培养学生通过跨界融合学习和多元实践途径实现自己的能力整合、知识创新和竞争力聚焦;以多层次的实战化教学手段探索全程紧张型教学,通过竞争和挑战唤起学生主动学习的动力,从而实

现从作业到作品,再从作品到产品的转化,深化数字营销教学方式改革。

(一)融合型——探索广告专业数字营销教学新体系

提出融合型人才培养理念是为了改变专业教育固化、窄化、老化的弊病。融合型数字营销教学体系以激发学生自主性、创造性学习为要旨,多种途径发掘、聚合教育资源。其主要含义包括:第一,实现基础理论和专业技能教育的融合;第二,实现课堂、实验室、实习基地的融合;第三,实现数字营销学、产、研的融合;第四,实现学界和业界的融合。然后,在此基础上探索课程类型的多样化、教学模式的多样化和教学成果的多样化。其主要形式可以包括:专业核心课程的整合、与高水平营销企业合作开办的创新短课、业内前沿系列讲座、课堂内外实践教学整合平台搭建等。

1. 以大广赛、大作业构建专业核心课程整合的融合型课程体系

广告专业传统以单个课程为中心,以单个课程授课教师封闭式教学为支点进行的教学设计,容易导致教材知识点重复,教师间缺乏交流,各门课程之间的授课在内容边界、难易程度、衔接关系、系统训练等层面缺乏整体性设计安排等问题。

基于此,深圳大学广告学专业开始探索专业核心课程之间的有机整合。如在二年级下学期探索"网络营销"与"平面广告创意设计""新媒体广告前沿"等课程之间的整合,通过辅导学生参与国家大学生广告艺术大赛的方式予以整体推进;在三年级上学期,通过对三门广告专业核心课程"广告策划""广告创意"和"广告写作"的整合,通过引入企业实际营销命题,让企业参与课堂教学、期末考核,学生通过实战化大作业,教师通过知识模块分工授课、统一考核等方式实现课程知识点和创意技能的有机整合,提高教师课程讲授的针对性和学生学习的积极性。这些改革举措受到了学生和企业的广泛好评。

2. 以创新短课和系列前沿讲座构建融合型教学体系

(1)开办创新短课

伴随着数字营销的飞速发展,广告创意实践日新月异。而教育通常基于行业创新去探索、研究、提炼,形成系统的教学思想,并整理成教学当中的理论模型。这一过程往往需要一段较长的时间去沉淀和积累。如何缩短这一过程,适应当今社会互联网传播环境的瞬息万变;如何以业界发展前沿问题为导向,及时灵活地调整教学安排,提供最贴合业界需求的教学内容,培育与时俱进的广告传播人才。这些,一直是困扰广告营销学界多时的问题,也是深圳大学传播学院一直在探索研究的课题。与此同时,业

界也迫切需求大批契合当下行业发展的年轻人才。那么,如何实现业界发展与学界培养之间的无缝对接呢?

近年来,深圳大学广告系相继与全球著名广告公司——电通集团北京公司联合开设了"品牌创构战略"创新短课、与国内排名第一的数字营销公司——华扬联众联合开设了"搜索引擎营销"创新短课。以"搜索引擎营销"为例,短课主要内容为索引擎营销、搜索引擎广告与传统展示广告的区别、SEM 的工作流程、搜索引擎广告的 KPI、搜索引擎广告的初级优化方法、追踪统计以及 SEM 工具介绍等。这些短课极大地弥补了广告专业学生在企业品牌创建和搜索引擎营销等前沿专业性知识不足的遗憾,填补了目前教学内容的空白,并使学生得以通过课程训练掌握前沿技能。

(2) 举办深圳大学—电通广告创意孵化营和系列广告前沿讲座

电通株式会社(俗称"电通集团")是全球最大的广告公司,也是世界五大传播集团之一。深圳大学传播学院从 2007 年起就与电通集团建立了紧密的专业交流。电通集团总部于 2014 年在深圳大学传播学院开展中国大学生国际产学研协同创新项目,设立深圳大学—电通广告创意孵化营,由电通集团一线的创意策划团队到深圳大学指导项目并举办讲座。

2014 年 11 月 15 日,深圳大学传播学院广告系组织举办了第五届电通广告讲座,来自广东地区的 27 所高校的广告专业学生 500 余人参加了讲座,讲座深受参会师生的好评。讲座的讲师由电通集团东京总部和北京电通公司的业界精英担任,他们在讲座上介绍和阐述了数字营销的最新潮流和解决方案,为学生们提供了业界最新的经验,并在现场与学生们进行了交流,从而使这场讲座成为一次互动性极高的专业讲座。

3. 以课堂内外实践平台探索融合型实践体系

(1) 课堂内外实践结合

课堂内外实践平台以一二年级学生为主体,主要采取学生兴趣学习工作坊的形式,以学生自愿参加为前提,激励学生积极参与挑战杯、国内外各类专业竞赛,包括全国大学生广告艺术大赛、学院奖广告创意竞赛、ONE SHOW、金犊奖竞赛等。这些举措无疑为学生提供了一个互动交流的平台,为他们搭建了一个课堂之外学习实践和培养兴趣的平台。

(2) 创办"广告一番"公众号

为调动广告专业学生学习的积极性,广告专业学生创建了"广告一番"公众号,利用学校提供的开放实验室条件开展自主学习。"广告一番"发布的内容涉及比赛信息与资源、作品分享、毕业设计跟踪播报、广告前沿理论和实务分享,等等,有助于学生的自主学习。参与公众号运营的学生也受益良多,他们的图文编辑、采稿、图片处理能力等都得到了进一步提升,为进入社会打下了良好的基础。

(二)实战化——探索数字营销创意人才培养新机制

1. 初级实战——以高水平学科竞赛为依托的仿真实战

全国大学生广告艺术大赛由教育部高教司指导,是迄今为止全国规模最大、覆盖高等院校最广、参与师生人数最多、作品水平最高的国家级赛事。大二下学期,深圳大学广告系要求广告系全体学生参加全国大学生广告比赛,通过完成竞赛命题来达到仿真实战的效果。教师通过"网络营销"与"平面广告创意设计""新媒体广告前沿"等课程之间的整合,为学生提供系统性指导。学生通过自行分组,独立进行社会和市场调研、文献研究、策划创意、设计制作,完成大广赛的一项企业命题;教师在此过程中负责立项评估、项目规划和设计进程指导。

参赛有利于解决理论与实际能力脱节、校园与社会衔接等问题。以业界命题的专业竞赛课题为抓手,让学生在作业阶段就真实接触实战课题,真实演练,把作业、作品当作实战要解决的问题来对待并提交成果,这极大地提高了大学生的动手能力、实践能力、策划能力和综合能力。

深圳大学学生在教师的指导下屡获国家级、省级大奖。教师指导的学生作品分别获得了教育部高教司主办的全国大学生广告大赛、中国广告协会主办的中国广告协会学院奖以及最具专业影响力的华文大学生广告专业竞赛时报广告金犊奖最高奖项。自2005年以来,深圳大学广告专业学生获得省级以上各类专业奖项702项。

2. 设计中级实战——整合性大作业为载体的竞争性实战

在三年级上学期,通过三门广告专业核心课程"广告策划""广告创意"和"广告写作"之间的整合,引入企业实际营销命题,对学生进行全案实战训练。学生分成20多个小组,每个小组6人左右,除3位授课教师外,我们还邀请业界专家共同组成指导小组,通过5个小组共同做一个真实企业项目的方式达到参与竞争性实战的目的。学生要去做市场调研,和项目方沟通,找到项目要解决的问题,并进行策划、创意、设计,形成一个完整的方案。期末考核时,学生将进行公开答辩(提案),我们将邀请项目代表、业界专家以及3位授课教师组成评审团,对方案的质量以及提案水平进行评审并判分。整合性大作业实现了课程知识点和创意技能的有机整合,受到了学生和企业的广泛好评。

以整合性大作业为载体的竞争性实战实现了行业与课程的结合,让学生去接触企业,发现实际问题,探索市场需求,将学生直接置于真实的社会需求和专业竞争的环境中。同第一阶段不同,这一阶段的专业命题来自真实的企业,学生能够与项目方直接沟通,直面困难与挑战,实打实地到真实环境中去摸爬滚打一番。

3. 高级实战——以毕业设计为载体的创新创业型实战

从1997年开始,深圳大学广告学本科专业转变教学观念,进行毕业设计改革,以此作为探索创新型人才培养模式的突破口。广告专业毕业设计突出社会实战性,按照理论与实际结合、大学与社会结合、人才培养与竞争机制结合的新的教学观念,从项目开发到设计运行及成果验收,完全接受社会和业界的检验。这不仅保证了教学实践内容与社会市场发展的同步,而且还为学生进入业界开辟了畅通的渠道。

具体做法是:将毕业班学生按照6人左右自由组合成毕业设计小组,要求学生自己从社会上征求2—3个毕业设计预选实战性项目,经过指导教师鉴别,最终确定1个为毕业设计项目。学生项目组在指导教师和委托单位的联合指导下,经过5个月左右的时间完成大型设计。一般而言,毕业设计要包含文献研究、市场调研、定位策划、创意设计、表现制作(平面、电视、广播、网络、户外等多种表现形式的设计)、媒体计划、经费预算、效果评估等主要内容,要制订大型策划设计方案,提供文本策划、电子作品及部分实务作品以及提案报告PPT。通过客户审核、提案文本审核后,学生公开答辩,由专业教师、委托方代表、传媒和广告业界专家三方评议。

毕业设计项目普遍具有挑战性和实战性,命题来自近30个不同的行业和领域,各届学生毕业设计服务的著名品牌包括比亚迪汽车、红牛功能饮料、全球通、一致药业、VOLVO(富豪)轿车、《南方都市报》、吉之岛百货、深圳地铁、深圳航空、顺电、光大银行、金龙鱼、金帝巧克力、嘉禾影城等。这些项目设计成果大多被企业采用且评价颇高。

五、结语

面对数字营销的迅猛发展,深圳大学广告学专业的"融合型、实战化"人才培养模式探索自2010年实施以来,得到了国内同行、企业和学生的高度评价。腾讯战略总监龙鸣峰先生也参加了学生的提案会,他认为"学生的水平达到了国内广告公司的中上水平"。国家一级广告企业、深圳海王广告公司总经理王玮先生认为:"深圳大学广告学专业将课堂教学和实战完全结合起来,使学生不仅掌握了理论知识,更训练了实战能力,加深了对知识的理解和内化,是一个非常好的教学改革!"学生们认为,与单纯的以课程为单位的授课相比,他们能够通过实战训练来综合理解所学到的知识和技能,而这些知识和技能可以为他们今后进入广告行业奠定良好的基础。

而"融合型、实战化"教学体系并不是深圳大学广告学系教学探索的终点,与信息技术、数字营销更大程度上的跨界融合型教育也在我们的思考和尝试之中。未来,深圳大学广告学专业相关课程将与百度、腾讯、蓝色光标、华扬联众等业内标杆公司进行深度合作,共同建设实战型创意人才培养基地,开展基于数字技术背景下的数字营销创新实战教学模式培养改革。与此同时,深圳大学广告学专业也将部分改革毕业设计方式,开设毕业设计环节的企业实战专题,以期有效地提升毕业设计水平,加强产、学、研的融合,加大"融合型、实战化"人才培养模式改革的力度,努力开拓我国广告教育新境界。

参考文献

陈刚.数字革命与广告教育创新探索[EB/OL].https://mp.weixin.qq.com/s__biz=MjM5MDQ0NzQ3NQ%3D%3D&idx=1&mid=235869460&sn=c35e5efa149313ea0dac16fb0b711d03.

丁俊杰.我国广告教育存在的几个问题[J].大市场(广告导报),2002(8).

胡莹,吴予敏,王晓华.广告学专业教学改革与综合应用型人才培养模式研究,深圳广告26年[M].北京:社会科学文献出版社,2006.

吴予敏.高等教育的滞后制约了文化创意产业的发展[J].深圳大学学报(人文社会科学版),2009(4):65-66.

张素华,彭余.以就业为导向的广告学专业毕业设计改革初探[J].新闻传播,2009(12):128.

胡钦太,黄慕雄,张学波,赖瑜嫦.传播学专业实践创新人才培养模式探析[J].当代传播,2010(02):88-90.

杨庆同,许敏玉.广告专业毕业设计改革研究[J].广告人,2011(9):110.

张茜.面向学科竞赛的广告专业教学模式改革——以大学生广告艺术竞赛为例[J].广告大观(理论版),2013(2):104

初广志,李晨宇.数字媒体时代已来,广告教育亟待转身[J].广告大观(综合版),2013(2)

杨先顺.构建我国广告创新型教育模式的思路[J].当代传播,2008(5).

张信和,苏毅超.广告专业"业务专案组"型毕业设计的教学实践与探讨[J].成人教育,2004(12).

图书在版编目(CIP)数据

广告学专业毕业设计指导手册/王晓华主编.--北京:中国传媒大学出版社,2022.1
ISBN 978-7-5657-3043-6

Ⅰ.①广… Ⅱ.①王… Ⅲ.①广告学-毕业设计-高等学校-教学参考资料 Ⅳ.①F713.80

中国版本图书馆 CIP 数据核字(2021)第 193331 号

广告学专业毕业设计指导手册
GUANGGAOXUE ZHUANYE BIYE SHEJI ZHIDAO SHOUCE

主　　编	王晓华
策划编辑	程　平
责任编辑	程　平　姜颖昳
封扉设计	洪千惠
责任印制	李志鹏

出版发行	中国传媒大学出版社				
社　　址	北京市朝阳区定福庄东街 1 号		邮　编	100024	
电　　话	86-10-65450528　65450532		传　真	65779405	
网　　址	http://cucp.cuc.edu.cn				
经　　销	全国新华书店				
印　　刷	北京中科印刷有限公司				
开　　本	787mm×1092mm　　1/16				
印　　张	19.5				
字　　数	368 千字				
版　　次	2022 年 1 月第 1 版				
印　　次	2022 年 1 月第 1 次印刷				
书　　号	ISBN 978-7-5657-3043-6/F·3043		定　价	78.00 元	

本社法律顾问:北京李伟斌律师事务所　郭建平
版权所有　翻印必究　印装错误　负责调换